Observando a Interação Pais-Bebê-Criança

Observando a Interação Pais-Bebê-Criança

Cesar Augusto Piccinini e
Maria Lucia Seidl de Moura
(Organizadores)

© 2007 Casa Psi Livraria, Editora e Gráfica Ltda.
É proibida a reprodução total ou parcial desta publicação, para qualquer finalidade, sem autorização por escrito dos editores.

1ª Edição
2007

Editores
Ingo Bernd Güntert e Christiane Gradvohl Colas

Assistente Editorial
Aparecida Ferraz da Silva

Produção Gráfica, Capa & Editoração Eletrônica
Renata Vieira Nunes

Foto da Capa
Elaine e Cecília, *foto de Bill Johnson*

Revisão Gráfica
Jaci Dantas de Oliveira

Dados Internacionais de Catalogação na Publicação (CIP)
(Câmara Brasileira do Livro, SP, Brasil)

Observando a interação pais-bebê-criança: diferentes abordagens teóricas e metodológicas / Cesar Augusto Piccinini e Maria Lucia Seidl de Moura (organizadores). – São Paulo: Casa do Psicólogo®, 2007.

Vários autores.
Bibliografia.
ISBN 978-85-7396-521-6

1. Pais e bebês 2. Pais e filhos 3. Psicologia infantil 4. Vida familiar - Educação I. Piccinini, Cesar Augusto II. Moura, Maria Lucia Seidl de.

07-2055   CDD- 155.418

Índices para catálogo sistemático:
1. Interação pais-bebê-criança: Psicologia infantil: 869.93

Impresso no Brasil
Printed in Brazil

Reservados todos os direitos de publicação em língua portuguesa à

Casa Psi Livraria, Editora e Gráfica Ltda.
Rua Santo Antonio, 1010 Jardim México 13253-400 Itatiba/SP Brasil
Tel.: (11) 45246997 Site: www.casadopsicologo.com.br

All Books Casa do Psicólogo®
Rua Simão Álvares, 1020 Vila Madalena 05417-020 São Paulo/SP Brasil
Tel.: (11) 3034.3600 E-mail: casadopsicologo@casadopsicologo.com.br

Índice

Apresentação 7
Cesar Augusto Piccinini e Maria Lucia Seidl de Moura

Relação de autores 13

Capítulo 1
DO CONFLITO DE INTERESSES À COOPERAÇÃO: A
INTERAÇÃO MÃE-BEBÊ NUMA PERSPECTIVA
ETOLÓGICA 19
Fívia de Araújo Lopes e Maria de Fátima Arruda

Capítulo 2
A ANÁLISE DAS INTERAÇÕES PAIS/BEBÊ EM ABORDAGEM
PSICODINÂMICA: CLÍNICA E PESQUISA 37
Elizabeth Batista Pinto

Capítulo 3
A OBSERVAÇÃO DA RELAÇÃO MÃE-BEBÊ ATRAVÉS DO
MÉTODO BICK 73
*Rita de Cássia Sobreira Lopes, Aline Groff Vivian, Lisiane Machado de
Oliveira-Menegotto, Tagma Schneider Donelli e Nara Amália Caron*

Capítulo 4
A PESQUISA OBSERVACIONAL E O ESTUDO DA
INTERAÇÃO MÃE-BEBÊ 103
Maria Lucia Seidl de Moura e Adriana Ferreira Paes Ribas

Capítulo 5
RESPONSIVIDADE COMO FOCO DE ANÁLISE DA
INTERAÇÃO MÃE-BEBÊ E PAI-BEBÊ 131
Cesar Augusto Piccinini, Patrícia Alvarenga e
Giana Bitencourt Frizzo

Capítulo 6
AVALIAÇÃO QUANTITATIVA E QUALITATIVA DA INTERAÇÃO
MÃE-BEBÊ 155
Lígia Schermann

Capítulo 7
INTERAÇÕES DIÁDICAS E TRIÁDICAS EM FAMÍLIAS COM
CRIANÇAS DE UM ANO DE IDADE 177
Cesar Augusto Piccinini, Giana Bitencourt Frizzo e
Angela Helena Marin

Capítulo 8
OBSERVANDO A DÍADE PAI/MÃE-CRIANÇA EM SITUAÇÃO
CO-CONSTRUTIVA 213
Ebenézer A. de Oliveira, Angela Helena Marin, Jodi Long e
Stephane Solinger

Capítulo 9
INTERAÇÃO MÃE-CRIANÇA E DESENVOLVIMENTO ATÍPICO:
A CONTRIBUIÇÃO DA OBSERVAÇÃO SISTEMÁTICA 237
Cleonice Bosa e Ana Delias Souza

Capítulo 10
AUTISMO E ENGAJAMENTO ATENCIONAL: PROPOSTA
METODOLÓGICA PARA CODIFICAÇÃO E ANÁLISE DE
VÍDEOS CASEIROS 259
Susana Engelhard Nogueira e Maria Lucia Seidl de Moura

Apresentação

Os autores do presente livro fazem parte de alguns dos principais grupos de pesquisa brasileiros voltados à investigação das interações pais-bebê-criança e seu impacto no desenvolvimento infantil. São pesquisadores de diferentes abordagens teóricas e metodológicas, que têm se dedicado à investigação de diversos fatores associados ao desenvolvimento infantil nos primeiros anos de vida da criança. Apesar das diferenças teóricas e metodológicas, compartilham o interesse pela pesquisa observacional e pressupostos sobre a importância das interações precoces em processos psicológicos, em especial do desenvolvimento socioemocional da criança.

Estes pesquisadores vêem se reunindo periodicamente nos simpósios da Associação Nacional de Pesquisa e Pós-Graduação em Psicologia – ANPEPP (www.anpepp.org.br), num grupo de trabalho denominado *Interação Pais-Bebê/Criança*. Este grupo de trabalho tem por objetivo reunir pesquisadores de diferentes abordagens teóricas e metodológicas, que investigam os fatores associados ao desenvolvimento infantil, da gestação aos primeiros anos de vida da criança, em especial a formação dos vínculos iniciais e à interação pais/criança, no contexto do desenvolvimento típico e atípico. Entre as publicações do grupo, destaca-se o artigo *Diferentes Perspectivas*

8   Observando a Interação Pais-Bebê-Criança

na Análise da Interação Pais-Bebê/Criança.[1] Este livro estende o referido artigo, e se propõe a oferecer ao leitor um manual sobre diferentes procedimentos de observação e análise da interação pais-bebê/criança.

O estudo do desenvolvimento humano é uma das áreas mais importantes da psicologia contemporânea. Nesta área, as interfaces dos domínios intrapsíquico, interacional e intergeracional constituem um novo campo de pesquisa. Parece haver um certo consenso sobre a importância da interação social no desenvolvimento, mas há muito ainda que pesquisar.

Uma das questões ainda pouco exploradas, apesar das discussões teóricas de autores como Vygotsk e Piaget, é a da relação entre níveis inter e intrapsicológicos, e a compreensão de processos de internalização ou interiorização. É importante que se examine qual a unidade mais apropriada em cada nível de descrição e quais as articulações entre estes níveis. Podemos examinar estas interfaces a partir de diferentes perspectivas, como, por exemplo, do ponto de vista de suas bases biológicas, de seus aspectos comportamentais, de sua origem histórico-social, de seus significados subjetivos e inconscientes e de suas raízes intergeracionais. Cada um destes níveis de descrição representa uma perspectiva de pesquisa diferente, com bases teóricas e conceituais e procedimentos metodológicos específicos, e uma comunidade de pesquisadores que os adotam e os defendem. Em função disto, diferentes perspectivas se tornam, muitas vezes, incomensuráveis, na medida em que não há bases de comparação. Isto dificulta, e até inviabiliza, o diálogo entre diferentes pesquisadores e o avanço do conhecimento na área.

Os organizadores deste livro acreditam, no entanto, que conhecer diversas formas de análise da interação pais-bebê/criança pode favorecer a comunicação, o uso de uma linguagem comum e o compar-

---

1. Piccinini, C. A.; Moura, M. L. S.; Ribas, A. F. P.; Bosa, C. A.; Oliveira, E. A.; Pinto, E. B.; Schermann, L. e Chahon, V. L., 2001. Diferentes perspectivas na análise da interação pais-bebê/criança. *Psicologia Reflexão e Crítica*, *2*, 14: 469-485. Porto Alegre.

Apresentação

tilhar de conceitos, permitindo trocas mais frutíferas entre pesquisadores com diferentes orientações teóricas e metodológicas. Obviamente, este é um objetivo ambicioso, mas este livro pode representar uma tentativa inicial que, no mínimo, retrata a diversidade de conceitos e procedimentos de análise existentes na área.

Cada um dos autores foi solicitado a expor os elementos de análise que considera essenciais na interação pais-bebê/criança, enfatizando os aspectos teóricos subjacentes, destacando: o nível de análise (por exemplo: comportamento, linguagem, representação); o método (por exemplo: descrição do comportamento, análise de relatos); a unidade de análise (por exemplo: categorias de comportamento, eventos interativos); categorias e definições; o protocolo utilizado; suas aplicações e limitações. Suas respostas específicas a essa solicitação são ricas e demonstram a diversidade de perspectivas que vem sendo apontada. Cada capítulo reflete a leitura particular que os autores fazem dos eventos interativos, baseia-se em diferentes pressupostos teóricos, e, portanto, envolve enventos diversos e modos específicos de analisá-los. Acredita-se que é nessa diversidade que reside a riqueza da proposta contida no presente livro.

Este livro é dividido em duas seções. Na primeira, encontram-se os capítulos com propostas de observação de interações envolvendo bebês. Na seguinte, encontram-se capítulos que focalizam crianças pré-escolares, entre elas, crianças com desenvolvimento atípico.

No Capítulo 1, Fívia Lopes e Fátima Arruda apresentam a abordagem etológica sobre a interação mãe-bebê, que considera que essa interação foi selecionada ao longo do processo evolutivo de nossa espécie, e tem um valor de sobrevivência. São apresentados dados que demonstram o papel ativo da mãe e do bebê na construção desse laço tão importante e no estabelecimento do apego mãe-filho.

Elizabeth Batista Pinto apresenta, no Capítulo 2, uma proposta de análise das interações pais-bebê em uma perspectiva psicodinâmica, que considera os padrões de parentalidade e a dinâmica interativa, discutindo as diversas formas de avaliação da interação através de

10 Observando a Interação Pais-Bebê-Criança

instrumentos e técnicas estruturadas e apresentando um procedimento de avaliação da interação.

No Capítulo 3, de Rita Lopes, Aline Vivian, Lisiane Oliveira-Menegotto, Tagma Donelli e Nara Caron, são destacadas as potencialidades do método Bick de observação da relação mãe-bebê para a compreensão do desenvolvimento emocional primitivo. Originalmente proposto para a formação clínica de psicoterapeutas e análises de crianças, vem ganhando reconhecimento como método de pesquisa, o que é discutido e exemplificado no texto.

Maria Lúcia Seidl de Moura e Adriana Ribas discutem, no Capítulo 4, os aspectos metodológicos envolvidos na pesquisa observacional sobre interação mãe-bebê e apresentam algumas opções referentes à escolha de categorias de observação, em especial relativas à responsividade materna, chamando atenção para as vantagens e desvantagens do uso desse tipo de metodologia.

O Capítulo 5, de Cesar Piccinini, Patrícia Alvarenga e Giana Frizzo, propõe um procedimento para investigar a responsividade da mãe para com o bebê. Para tanto, baseia-se no conceito de responsividade sensível, definida como atenção e percepção consistentes, interpretação acurada e resposta contingente e apropriada aos sinais do bebê.

Lígia Shermann, no Capítulo 6, apresenta inicialmente aspectos conceituais sobre a interação mãe-criança e propõe um método de estudo e registro da interação mãe-criança que compõe um protocolo de observação voltado para o primeiro semestre de vida do bebê.

Cesar Piccinini, Giana Frizzo e Angela Marin, no Capítulo 7, tomam por base o referencial sistêmico, e estendem o procedimento de observação das interações diádicas (mãe/pai-bebê), para destacar as interações triádicas (mãe-pai-bebê), consideradas mais representativas da interação familiar.

O Capítulo 8, escrito por Ebenézer Oliveira, Angela Marin, Jodi Long e Stephane Solinger, destaca a teoria histórico-social de Vygotsk para apresentar um sistema observacional da co-construção de uma casa com blocos de madeira. A criança sozinha e a díade pai/mãe-

Apresentação

criança são observadas em fases distintas, variando em nível de envolvimento do adulto.

Cleonice Bosa e Ana de Souza tratam, no Capítulo 9, da importância da identificação precoce das síndromes do espectro do autismo, especialmente a habilidade de atenção compartilhada, em função de suas implicações para o prognóstico desta condição. São também consideradas as estratégias maternas que facilitam ou impedem a manutenção da interação da díade. É apresentado um protocolo de observação que busca viabilizar estas metas.

Por fim, no Capítulo 10, Suzana Nogueira e Maria Lúcia Seidl de Moura apresentam uma proposta para codificação e análise de vídeos caseiros, com destaque para a análise dos comportamentos de atenção conjunta, que apresenta comprometimento em crianças com síndrome de autismo.

Juntos, estes capítulos apresentam ao leitor um panorama rico e complexo de diferentes perspectivas sobre a observação das interações pais-bebê-criança, e permitem que se examinem suas aproximações e diferenças, visando demonstrar que não há uma abordagem única e consensual às interações pais-criança e seu papel no desenvolvimento infantil. Não há como ignorar a diversidade de "olhares" que levam à escolha de modos de investigação variados e coerentes com as diferentes visões. Articulações são possíveis, no entanto. Em vez de ignorar, pode-se discutir de forma respeitosa as diferenças, e buscar avançar na co-construção do conhecimento na área. Esta é a proposta dos autores do presente livro. Espera-se que a continuidade das discussões aqui iniciadas permitam o avanço e aprimoramento das propostas apresentadas e a sua articulação.

Cesar Augusto Piccinini e Maria Lucia Seidl de Moura
Organizadores

Relação de autores

Adriana Ferreira Paes Ribas – É psicóloga, doutora pela Universidade do Estado do Rio de Janeiro. Professora da Universidade Estácio de Sá, Rio de Janeiro. É pesquisadora e integrante de dois Grupos de Pesquisa do Diretório do CNPq. E-mail: aribas@globo.com

Aline Groff Vivian – É psicóloga, mestre e doutoranda pelo Programa de Pós-Graduação em Psicologia da UFRGS, onde integra o *Núcleo de Infância e Família* do GIDEP/CNPq (Grupo de Pesquisa em Interação Social, Desenvolvimento e Psicopatologia). É professora do Curso de Psicologia e do Curso de Pedagogia da ULBRA. Av. Farroupilha, 8001, sala 29, prédio 1. CEP 92.450-900. Canoas-RS. E-mail: avivian@terra.com.br

Ana Delias de Sousa – É psicóloga e mestre em psicologia do desenvolvimento pela Universidade Federal do Rio Grande do Sul. Trabalha atualmente como entrevistadora do Centro de Pesquisas Epidemiológicas – Departamento de Medicina Social. Faculdade de Medicina da Universidade Federal de Pelotas (UFPEL). E-mail: ads_psi@yahoo.com.br.

14 Observando a Interação Pais-Bebê-Criança

Angela Helena Marin – É psicóloga, mestre e doutoranda pelo Curso de Pós-Graduação em Psicologia da Universidade Federal do Rio Grande do Sul (UFRGS), onde integra o *Núcleo de Infância e Família* do GIDEP/CNPq (Grupo de Pesquisa em Interação Social, Desenvolvimento e Psicopatologia). Rua Ramiro Barcelos, 2600/111. CEP 90.035-003. Porto Alegre, RS. E-mail: ahmarin@hotmail.com

Cesar Augusto Piccinini – É professor do PPG em Psicologia da UFRGS, Rua Ramiro Barcelos 2600/111, CEP 90.035-003 Porto Alegre, RS. Fez seu doutorado e pós-doutorado na Universidade de Londres e é pesquisador do CNPq. Coordena o GIDEP (Grupo de Pesquisa Interação Social, Desenvolvimento e Psicopatologia), do Diretório do CNPq. Email: piccinini@portoweb.com.br

Cleonice Alves – É professora do PPG em Psicologia da UFRGS, Rua Ramiro Barcelos 2600/111, CEP 90.035-003 Porto Alegre, RS. Doutorado no Instituto de Psiquiatria, na Universidade de Londres. Coordena o Núcleo de Estudos e Pesquisas em Transtornos do Desenvolvimento/UFRGS. Email: cleobosa@uol.com.br

Ebenézer A. de Oliveira – É professor do Departamento de Psicologia do Malone College, 515 25th St NW, Canton, Ohio 44709, EUA. É mestre pelo Westminster Theological Seminary e pela University of Delaware, EUA, onde também completou seu Ph.D. Foi pesquisador do CNPq e atualmente dirige o Child Observation Lab. E-mail: edeoliveira@malone.edu

Elizabeth Batista Pinto – É professora aposentada do Departamento de Psicologia Clínica da Universidade de São Paulo e psicoterapeuta crianças e adolescentes do Psychotraumacentrum Zuid Nederland – International Centre for Victims of War and Political Violence, do grupo Reinier van Arkel, em 's-Hertogenbosch na Holanda. Fez mestrado em Psicologia Clínica na Pontifícia Universidade Católica de São Paulo, doutorado em Distúrbios da Comunicação Humana na Universidade Federal de São Paulo – Escola Paulista de Medicina, pós-doutorado em psicoterapia pais/criança na Universidade de Genebra (Clinique de Psiquiatrie Infantile) e na Universidade de Rouen e o curso Psiquiatria Transcultural na Universidade de Paris XIII (2005/2006). É pesquisadora do CNPq e da Fapesp. Rua Breno Pinheiro, 285, Morumbi. CEP 05.661-000. São Paulo. Email: ebatista@usp.br

Fívia de Araújo Lopes – É professora da Universidade Federal do Rio Grande do Norte e do Programa de Pós-Graduação em Psicobiologia (UFRN). Fez seu doutorado na UFRN em Psicobiologia. Trabalha atualmente com evolução do comportamento humano e investiga o comportamento social em outras espécies animais. Faz parte da Base de Pesquisa Ecologia e Comportamento Animal. Endereço: UFRN – Centro de Biociências – Departamento de Fisiologia, Caixa Postal 1.511, Campus Universitário, Natal-RN. CEP 59.078-970. E-mail: fivialopes@yahoo.com.br.

Giana Bitencourt Frizzo – É psicóloga, mestre e doutoranda pelo Curso de Pós-Graduação em Psicologia da Universidade Federal do Rio Grande do Sul (UFRGS), onde e integra o Núcleo de Infância e Família do GIDEP/CNPq (Grupo de Pesquisa Interação Social, Desenvolvimento e Psicopatologia). Rua Ramiro Barcelos, 2.600/111, CEP 90.035-003. Porto Alegre-RS. E-mail: gifrizzo@terra.com.br

Jodi Long – Graduou-se em psicologia pelo Malone College, onde atualmente faz seu mestrado em aconselhamento. Trabalha como terapeuta comportamental no Cleveland Clinic Center for Autism, em Cleveland, Ohio. E-mail: high_five23@yahoo.com

Lígia Schermann – É professora do PPG em Saúde Coletiva e do Curso de Psicologia da ULBRA, Av. Farroupilha, 8.001, Prédio 14, sala 227, Canoas-RS. Fez seu doutorado na Pontifícia Universidade Católica de São Paulo e pós-doutorado na Universidade de Uppsala,

Suécia, onde atua como pesquisadora convidada. Coordena o grupo de pesquisa Saúde Coletiva do Ciclo Vital/ULBRA. E-mail: lschermann@gmail.com

Lisiane Machado de Oliveira-Menegotto – É psicóloga e psicoterapeuta, mestre e doutoranda em Psicologia do Desenvolvimento pelo curso de Pós-Graduação em Psicologia da Universidade Federal do Rio Grande do Sul. É professora do curso de Psicologia e pesquisadora da Feevale. RS 239, 2755. Novo Hamburgo-RS. CEP 93.352-000. E-mail: lise.mo@terra.com.br

Maria de Fátima Arruda – É professora da Universidade Federal do Rio Grande do Norte e do Programa de Pós-Graduação em Psicobiologia (UFRN). Fez seu doutorado na UNIFESP em Psicobiologia. Trabalha atualmente com cuidado à prole e desenvolvimento social em primatas. Vice-coordenadora da Base de Pesquisa Ecologia e Comportamento Animal. Endereço: UFRN – Centro de Biociências – Departamento de Fisiologia, Caixa Postal: 1.511, Campus Universitário, Natal-RN. CEP 59.078-970. E-mail: arruda@cb.ufrn.br.

Maria Lucia Seidl de Moura – É professora do Programa de Pós-Graduação em Psicologia Social da Universidade do Estado do Rio de Janeiro, Rua São Francisco Xavier, 524, Rio de Janeiro-RJ. Fez seu doutorado na Fundação Getúlio Vargas, e pós-doutorado na Universidade de São Paulo, e é pesquisadora do CNPq. Coordena o Grupo de Pesquisa Interação Social e Desenvolvimento do Diretório do CNPq. E-mail: mlseidl@gmail.com

Nara Amália Caron – É médica, psiquiatra, psicanalista de crianças e adolescentes, membro efetivo da Sociedade Psicanalítica de Porto Alegre. Desenvolve trabalho de supervisão de observação da relação mãe-bebê, segundo o método Esther Bick, aplicações desta técnica especialmente em pesquisa na área de desenvolvimento emocional precoce. E-mail: nacaron@portoweb.com.br

Relação de autores

Patrícia Alvarenga – É professora do Programa de Pós-Graduação em Psicologia da UFBA, Rua Aristides Novis, 197, Estrada de São Lázaro, Salvador-BA, CEP 40.210-730. Fez seu doutorado na Universidade Federal do Rio Grande do Sul. É membro integrante do Núcleo de Estudos sobre Infância e Contextos Culturais e do Grupo de Interação Social, Desenvolvimento e Psicopatologia, do Diretório do CNPq. E-mail: p.alvarenga@bol.com.br

Rita Sobreira Lopes – É professora do Programa de Pós-graduação em Psicologia da Universidade Federal do Rio Grande do Sul, Rua Ramiro Barcelos, 2.600, Porto Alegre-RS. Fez seu doutorado na Universidade de Londres. É membro integrante do Grupo de Interação Social, Desenvolvimento e Psicopatologia, do Diretório do CNPq e vem desenvolvendo pesquisa na área de desenvolvimento emocional precoce. E-mail: sobreiralopes@portoweb.com.br

Stephane Solinger – Graduou-se em psicologia pelo Malone College e atualmente cursa o mestrado em aconselhamento no Ashland Theological Seminary, em Ohio. É estagiária do Smezter Counseling Center e também trabalha no Home Health Care Aide. E-mail: pep181982@mac.com

Susana Engelhard Nogueira – É psicóloga graduada pela Universidade do Estado do Rio de Janeiro. Fez sua residência em Psicologia Clínica-Institucional no Hospital Universitário Pedro Ernesto/ UERJ e mestrado no Programa de Pós-graduação em Psicologia Social da Universidade do Estado do Rio de Janeiro. Atualmente é doutoranda deste mesmo programa, sob orientação da Professora Maria Lucia Seidl de Moura. E-mail: susiengelhard@yahoo.com.br

Tagma Schneider Donelli – É psicóloga, especialista em Psicologia Hospitalar pela ULBRA/ Canoas, mestre e doutoranda pelo Programa de Pós-Graduação em Psicologia do Desenvolvimento da UFRGS, onde integra o Grupo de Pesquisa Interação Social, Desenvolvimento e Psicopatologia. É psicóloga e coordenadora do Serviço de Psicologia do Hospital Municipal de Novo Hamburgo. Av. Pedro Adams Filho, 6.520, Bairro Operário, Novo Hamburgo-RS, CEP 93.310-003. E-mail: tagmapsi@terra.com.br

Capítulo 1

DO CONFLITO DE INTERESSES À COOPERAÇÃO: A INTERAÇÃO MÃE-BEBÊ NUMA PERSPECTIVA ETOLÓGICA

Fívia de Araújo Lopes e Maria de Fátima Arruda
Universidade Federal do Rio Grande do Norte

Ao observamos uma mãe com o bebê no colo, ficamos, por vezes, comovidos com seu envolvimento com aquele pequeno ser. Nos impressiona como essa mãe pode parecer estar alheia ao que ocorre à sua volta, tamanha é a atenção que dedica à sua pequena cria. Logo nos vem à mente: o instinto materno é algo incrível! São impressionantes as modificações comportamentais, neurais e endócrinas que podemos listar em uma mulher após a chegada de um filho. A sensibilidade e a responsividade acentuadas ao bebê no desempenho das funções maternas são, de fato, evidentes na maioria das mulheres que se tornam mães. Mas, se estamos falando da interação dessa mulher com o seu bebê, não podemos esquecer o papel deste último nessa vital interação. Vital porque dadas as características do bebê humano, sem um mínimo de cuidados básicos ele não conseguirá sobreviver adequadamente. E não estamos só falando no sentido de alimentação e cuidados de higiene. Incluímos nessa "sobrevivência adequada" um suporte emocional extremamente importante para o desenvolvimento dessa criança para a vida em sociedade. Muito do que um bebê precisa para desenvolver habilidades sociais que lhe permitam interações sociais adequadas em momentos posteriores de seu desenvolvimento e na vida adulta dependem, em grande parte, de como se estabelece a sua primeira interação com um adulto: a interação com a sua mãe.

Neste capítulo, pretendemos discutir aspectos relacionados à interação da mãe com o bebê numa perspectiva etológica, ou seja, numa abordagem que considera como essa interação foi selecionada ao longo do processo evolutivo de nossa espécie, como foi moldado o nosso investimento parental, como o cuidado à prole surgiu, e apresentar algumas direções de como podemos estudar a interação mãe-bebê a partir dessa perspectiva.

Estudar um padrão comportamental humano a partir da perspectiva etológica requer um conhecimento mínimo desta abordagem ao estudo do comportamento. Tendo como referência a teoria da evolução, a questão adaptativa na expressão do comportamento é de fundamental importância. A abordagem etológica, de modo geral, relaciona os comportamentos com suas pressões evolutivas e benefícios no ajustamento com o ambiente (Caramaschi, 1993).

Desenvolvida por Nikolaas Tinbergen e Konrad Lorenz, na década de 50, esta forma de estudar o comportamento abordava inicialmente estudos com animais em seu ambiente natural, observando estímulos do ambiente (tanto físico quanto social) que pudessem desencadear os padrões comportamentais observados e os fatores internos do próprio indivíduo (mecanismos neurais, modificações hormonais), que pudessem agir como desencadeadores, bem como o desenvolvimento de tais comportamentos. Tais informações eram integradas a uma compreensão funcional dos mesmos, ou seja, de que forma aquele comportamento teria sido selecionado ao longo do processo de evolução da espécie em questão e que benefícios traria para os indivíduos que o apresentasse (Holekamp e Sherman, 1993).

Para o estudo do comportamento humano, essa é uma abordagem relativamente recente, mas que vem ganhando adeptos das mais diversas áreas de estudo, uma vez que apesar de única, somos apenas "mais uma espécie única", como bem definiu Foley (1993). Uma certa resistência em relação a uma abordagem evolutiva para qual-

DO CONFLITO DE INTERESSES À COOPERAÇÃO: A INTERAÇÃO... **21**

quer padrão comportamental humano tem sido observada, e talvez esteja associada à preocupação de alguns teóricos com a noção de dotação genética. Isso porque um dos pilares da teoria da evolução diz respeito à transmissão das características bem sucedidas de um indivíduo à sua prole, e isso se dá através dos genes. Como discutido por Ribeiro, Bussab e Otta (2004) falar em dotação é diferente de falar em determinação. O processo de seleção natural modela uma espécie à sua ecologia, ou seja, ao ambiente ao qual a espécie está ajustada, e irá ocorrer sobre qualquer traço, seja ele físico, fisiológico ou comportamental (Geary e Flinn, 2001).

Cabe perguntar então, por que uma abordagem etológica para compreendermos mais amplamente a relação mãe-bebê? Qual seria a importância de nos valermos da seleção natural para olharmos para essa díade, quando um dos pilares da evolução com base na seleção natural é a própria competição entre indivíduos? Abordar a interação mãe-bebê numa perspectiva que considere a evolução de tal comportamento é discutir algumas predisposições comportamentais que em interação com determinados tipos de ambientes fazem surgir padrões comportamentais característicos de nossa espécie. Ambientes variáveis favoreceriam, portanto, a variabilidade na expressão comportamental.

Sempre que nos remetemos à relação mãe-bebê, todos os aspectos parecem conduzir a associação de interesses comuns. No entanto, algumas evidências apontam para um conflito constante de interesses nessa díade, tal como propôs Trivers (1972; 1974), no qual muitas vezes as demandas da prole são maiores do que os pais estariam dispostos a investir, uma vez que tal investimento influencia diretamente as suas chances de reprodução futura (Kölliker e Richner, 2001). Alguns autores sugerem que tal conflito se inicia ainda no útero (Cartwright, 2000; Haig, 1993), e que também pode ficar evidenciado no momento do desmame (Martin, 1995).

O cuidado com os bebês envolve um balanço entre cuidadores e prole. Uma avaliação em termos de custos e benefícios para cada uma das partes poderia ser expressa como tendo custos (oferta de

22 Fívia de Araújo Lopes e Maria de Fátima Arruda

alimento, proteção, termorregulação) e benefícios (a possibilidade de sobrevivência de sua própria prole) elevados para os cuidadores, e custos reduzidos e benefícios elevados para os bebês (Bjorklund e Pellegrini, 2000; Martin, 1995). De acordo com Cartwright (2000), apesar de ser difícil quantificarmos tais custos e benefícios, há evidências qualitativas que dão suporte às expectativas teóricas. Uma das predições da teoria de Trivers (1974) é a de que a prole irá preferir que os pais invistam recursos diretos para eles mesmos (especialmente quando eles são jovens), do que dirigir tais esforços para produzir uma nova prole (coloquialmente falando, casais jovens que acabaram de ser pais concordam que o melhor contraceptivo são as crianças). À medida que a interação vai se consolidando, os envolvidos nessa relação passam a agir de forma coordenada, a fim de tirarem o maior benefício individual da relação.

Um dos primeiros psicólogos a utilizar a abordagem etológica numa tentativa de ampliar os conhecimentos sobre a relação mãe-bebê foi John Bowlby (1984). Bowlby foi o responsável pela denominação de "ambiente de adaptabilidade evolutiva", ou seja, introduziu a preocupação de nos remetermos aos nossos ancestrais e vislumbrar que tipos de pressões seletivas eles sofreram, para compreender o comportamento atual (Hrdy, 2001). Tal noção assume extrema importância, pois nos leva a olhar para as características únicas da espécie humana, entre elas o tamanho do cérebro, com um neocórtex comparativamente maior do que o das demais espécies de primatas, que possibilita competências sociais bastante complexas, e associá-las com um desenvolvimento infantil prolongado quando comparado a primatas e mamíferos de tamanho equivalente, além do cuidado materno e paterno (Geary e Flinn, 2001).

O cuidado parental envolve qualquer atividade dos pais que possa aumentar a aptidão da sua prole, entre elas a proteção, o provisionamento de alimento e a vigilância durante e após a independência alimentar (Clutton-Brock, 1991; Geary, 2000). Entre os humanos, destaca-se o padrão intensivo de cuidado durante o longo período de imaturidade (Geary e Flinn, 2001). Caracterizar o comporta-

DO CONFLITO DE INTERESSES À COOPERAÇÃO: A INTERAÇÃO...   23

mento de cuidar da prole seria pensar os padrões atuais de interação mãe-bebê, como reflexo de padrões que foram selecionados em um contexto natural que envolvia não apenas o ambiente físico diferente do atual, mas que apresentava características específicas, como também predadores ou presas e ainda o ambiente social, composto pelos parceiros, filhotes e demais membros do grupo (Bussab, 1998). Durante boa parte da existência humana, ser uma criança sem mãe, ou uma criança sem pais e amigos mais velhos era uma desvantagem ameaçadora da vida (Blum, 2002; Hrdy, 2001), o que parece ser crítico para a competência social dos indivíduos adultos, que pode variar em função da complexidade da ecologia social da espécie.

No entanto, nas sociedades modernas, a ausência relativamente longa da mãe é possível, uma vez que dispomos de recursos (creches, babás, alimentos industrializados, entre outros) que permitem o seu afastamento sem riscos ao bebê. Nunca na história da humanidade tantos bebês privados de contato social e de proximidade contínua de seus cuidadores sobreviveram tão bem a ponto de atingirem eles próprios a idade reprodutiva (Hrdy, 2005). O modo como criamos os nossos bebês atualmente pode reduzir suas oportunidades de exibir partes importantes de seu repertório comportamental inicial (Ribeiro *et al.*, 2004), o que poderia conduzir a limitações na interpretação do papel do bebê na interação com sua mãe. Contudo, a interação mãe-bebê continua sendo o foco das preocupações de estudiosos, terapeutas e educadores, quando se pensa no desenvolvimento de uma criança e, a despeito das adaptações específicas de cada cultura, há consideráveis universalidades nas interações mãe-bebê, sobretudo quanto à estimulação oferecida pela criança.

De acordo com Bussab (1998), apesar de o bebê humano apresentar uma grande imaturidade geral, ele é surpreendentemente competente de vários pontos de vista de regulação social, em especial a relacionada aos cuidados e à formação de vínculos afetivos e filiais. Um princípio da psicologia evolucionista aplicada ao desenvolvimento humano é que a partir da seleção natural, características cognitivas e sociais permitem a sobrevivência do indivíduo em cada estágio do

24 Fívia de Araújo Lopes e Maria de Fátima Arruda

desenvolvimento. Nem todas as características desse período são uma preparação para a sobrevivência e reprodução na fase adulta. Relações sociais nessa fase inicial e, também, nas fases seguintes da infância seriam amplamente relacionadas com a sobrevivência do indivíduo.

Claramente, a relação primária na infância é entre o bebê e seus pais, ou, mais especificamente, com a mãe (Geary e Bjorklund, 2000). A emergência das competências sociais deve necessariamente resultar da interação genes/ambiente, ou seja, o resultado de um processo epigenético[2] (Bjorklund e Pellegrini, 2000). Características genéticas asseguram que infantes estejam atentos e processem as formas adequadas de informação social e se envolvam em comportamentos específicos da espécie. O conhecimento e as competências necessárias para competir na ecologia social local são moldadas a partir da brincadeira, interação social e influência parental. A complexidade e a gama de redes sociais estão, portanto, na base das relações sociais humanas. A família e as redes de parentesco funcionariam para criar uma ecologia social que facilita a alimentação e a proteção das crianças e dão suporte durante o longo período de desenvolvimento necessário para aquisição das competências sócio-competitivas. É nesse contexto que o cuidado parental se insere: prover o contexto social que permita a aquisição das competências sócio-competitivas.

Os contatos mãe-bebê no período inicial do desenvolvimento parecem gerar estimulações recíprocas relevantes para o desenvolvimento ajustado dos comportamentos maternais e filiais (Bussab, 1998). O contato físico com a mãe mantém o bebê numa temperatura adequada, reafirma o laço entre os dois e fornece uma base segura e protegida a partir da qual o bebê pode explorar o ambiente (Nicolson, 1987; Pryce, 1995). O bebê tende a preferir essa figura a todas as

---

2. De acordo com Bjorklund e Pellegrini (2000), a epigênese reflete uma relação bidirecional entre todos os níveis de fatores biológicos e da experiência, de forma que a atividade genética tanto influencia como é influenciada pela maturação estrutural, que é bidirecionalmente relacionada à função e à atividade desempenhada.

DO CONFLITO DE INTERESSES À COOPERAÇÃO: A INTERAÇÃO...

outras, persistindo a preferência mesmo na ocorrência de uma separação, o que denota a capacidade precoce de reconhecimento individual, sugestiva da importância da vinculação individualizada (Pedrosa, Bussab e Carvalho, no prelo), conhecida como apego (Bowlby, 1984). De acordo com Hofer (2005), o apego pode ser caracterizado nas diferentes áreas da psicologia a partir de três componentes: um tipo de ligação emocional ou laço afetivo que se desenvolve entre o bebê e o seu cuidador, que mantém o bebê fisicamente próximo; uma série de respostas à separação que constituem a resposta emocional do infante à interrupção ou ruptura da relação; e a existência de diferentes padrões ou qualidades das interações entre os infantes e as mães que persistem ao longo do tempo como representações mentais que levam a diferenças equivalentes em relações afetivas ao longo da vida e até mesmo se estendendo à repetição do padrão de cuidado materno pelas filhas na próxima geração.

Bowlby (1984) integrou conceitos de psicanálise e conceitos de apego da etologia, para propor que a interação de apego entre mãe-bebê é uma característica humana universal que teria evoluído para aumentar as chances de sobrevivência da prole. A despeito de inúmeras críticas que recebeu, sobretudo de alas mais feministas da ciência, a teoria do apego de Bowlby ainda contém aspectos essenciais à compreensão da interação mãe-bebê (Hrdy, 2001). A variação interindividual nas relações de apego sugere que o apego emerge através de um processo epigenético, ou seja, a sua expressão tem uma base biológica, porém as nuances da relação (o fenótipo mensurável) são moldadas pela natureza da relação genitor-criança.

Por que os diferentes tipos de apego? Temos aí uma interação que se estabelece entre dois indivíduos em momentos diferentes na sua história de vida. Assim, o desenvolvimento dessa interação depende de fatores advindos de ambos os indivíduos, que possam influenciar as características das interações entre eles. Os vários aspectos que estão envolvidos na determinação do comportamento materno de acordo com o modelo bio-social de maternidade em primatas (incluindo os seres humanos) proposto por Pryce (1995) são: um genótipo para uma personalidade segura e sensível, um ambiente de desenvolvimento que inclua um apego seguro para se tornar uma mãe adequada, a experiência de interações com infantes, uma gravidez e um período pós-parto sem estresse, a identificação do infante e um controle neurobiológico ótimo e o apoio social de modo que a mãe torne-se fortemente atraída para o seu bebê, ficando sensível ao choro, mas não de forma aversiva, e respondendo sem neofobia à presença do bebê. A variação em qualquer dos aspectos acima citados traz como conseqüência apegos que vão diferir qualitativamente.

Ainsworth, Blehar, Waters e Wall (1978), a partir de seu trabalho com bebês com o que denominaram de situação estranha[3], estabeleceram três padrões de apego, baseados nas características da resposta do bebê em cada contexto: seguramente apegados à mãe, ansiosamente apegados à mãe e esquivos ou ansiosamente apegados à mãe e resistentes. Essa classificação estaria embasada num sistema comportamental selecionado para, a partir do seu aparato sensorial, se manter informado de eventos relevantes, que ele precisa registrar e avaliar continuamente: a presença de perigo potencial ou estresse e a localização e acessibilidade da figura de apego (Bowlby, 1984). Essas diferenças na qualidade do apego podem refletir diferentes soluções adaptativas para diferentes ambientes físicos e sociais, de modo que um apego inseguro não deveria ser visto automaticamente como pior que os apegos seguros (Bjorklund e Pellegrini, 2000).

A responsividade materna também pode ser modulada pelas características dos bebês (Vieira e Prado, 2004). Além das características neotênicas, que mantêm no bebê traços de imaturidade evocando na mãe um período de investimento mais prolongado (Bjorklund,

---

3. O experimento denominado de situação estranha foi planejado para avaliar diferenças individuais na organização do comportamento de apego à mãe, em bebês de 12 meses de idade. Resumidamente, consiste numa série de episódios de três minutos, com duração total de vinte minutos, nos quais a criança é observada numa sala pequena, confortável e com um número generoso de brinquedos, mas que lhe era estranha, primeiro em companhia da mãe, depois sem ela e, finalmente após a sua volta (cf. Ainsworth, Blehar, Waters e Wall, 1978).

DO CONFLITO DE INTERESSES À COOPERAÇÃO: A INTERAÇÃO... **27**

1997), o choro pode servir para aproximar a mãe do bebê, facilitando o apego (Bowlby, 1984). Lummaa, Vuorisalo, Barr e Lehtonen (1998) sugerem que o choro pode indicar uma situação de estresse devido à separação física dos pais (o que no ambiente ancestral poderia significar abandono por parte dos mesmos) ou, ainda, que aumentaria a sobrevivência do bebê ao sinalizar para os pais o seu vigor, pois a qualidade da prole afetaria a probabilidade de ocorrer infanticídio. Além do choro, a mãe também rapidamente aprende a identificar outras características de seu bebê tais como o odor e traços faciais poucas horas após o parto (Eidelman e Kaitz, 1992; Kaitz, Lapidot e Bronner, 1992).

Logo após o parto, os bebês apresentam uma prontidão, por cerca de seis horas, com predominância de estado de alerta e com possibilidades de atenção, troca de olhares e outras trocas interacionais (Bussab, 1998).

> O bebê humano é curioso. Não é um passivo recipiente de conhecimento. Ele nasce perguntando pela mãe e querendo saber qual é a língua que deve decifrar e como são os objetos... quer conhecer logo os usos e costumes, as regras e toda a sua cultura. E não é só nem principalmente cognitivo. Sua curiosidade é emocionada e afetiva e deve ser uma inspiração para a nossa (Ribeiro *et al.*, 2004, p. 277).

A estimulação social considerada eficaz na promoção do comportamento de apego está baseada numa combinação de estímulos visuais, auditivos, táteis e olfativos, à qual o bebê passa a responder mesmo antes do nascimento (Bowlby, 1984). No terceiro trimestre da gravidez, os fetos podem ouvir e ouvem através do útero; seus corações, quando é tocada uma fita com gravação da voz da mãe, batem mais depressa do que quando a voz é de uma estranha (Schaal *et al.*, 1980). Horas após o nascimento, quando testado, o bebê reconhece e prefere a voz de suas próprias mães (De Casper & Fifer, 1980). Esta forma de aprendizado fetal parece desempenhar um papel adaptativo no preparo do bebê para o seu primeiro encontro extra-uterino com sua mãe (Hofer, 2005).

No aspecto visual, os bebês, já ao nascer, não processam estímulos aleatórios, mas buscam e fixam-se em padrões específicos, como os componentes de um rosto humano. As expressões faciais de choro e de sorriso, apesar da sua complexidade muscular, são expressas muito precocemente pelos bebês (Caramaschi, 1993). Além disso, um dos eliciadores mais poderosos para o bebê é a visão da face humana, particularmente familiar e sorridente (Stern, 1997). Reissland (1988) descreve bebês com uma hora de vida capazes de imitar diferentes posições dos lábios; também com poucos dias de vida (entre 12 e 21 dias) o bebê é capaz de imitar expressões faciais de forma bastante precisa (Meltzoff e Moore, 1977). Os bebês humanos também são capazes de uma locomoção lenta sobre o abdome de suas mães e localizar o seio que apresenta o odor do líquido amniótico em preferência ao outro seio sem tal aroma (Varendi, Porter e Winberg, 1996). Uma outra evidência interessante é oferecida por Sullivan *et al.* (1991). Em seu trabalho, eles associaram um odor desconhecido ao toque no bebê por um adulto. Quando esse odor era apresentado ao bebê com apenas um dia de vida e ele então era acariciado simulando o cuidado materno, no dia seguinte à situação, ele se tornava ativo e movimentava a cabeça preferencialmente na direção daquele odor.

Todas as evidências acima descritas apontam para uma prontidão para o aprendizado bastante precoce nos bebês, o que nos remete a uma compreensão de aprendizagem tal como sugerido por Vieira e Prado (2004): "um processo de reorganização comportamental construído com base nas predisposições herdadas geneticamente" (p. 185). Também a prontidão para responder aos estímulos táteis, olfativos, auditivos e visuais advindos da mãe indica que o aparato neurobiológico que o bebê apresenta ao nascimento permitem que ele responda de forma diferenciada muito precocemente à mãe, o que indica que os comportamentos do feto e do bebê não são simples reflexos como se imaginava anteriormente, mas guiados sensorialmente e modificáveis a partir da experiência desde situações mais precoces (Hofer, 2005).

DO CONFLITO DE INTERESSES À COOPERAÇÃO: A INTERAÇÃO... **29**

Do ponto de vista do bebê, estar junto com a mãe seria sempre a primeira prioridade, mesmo se a mãe pudesse beneficiar-se de mais distância (Hrdy, 2001). Como referido anteriormente, as relações mãe-bebê diferem em qualidade e necessariamente envolvem diferentes níveis e padrões de regulação comportamental e fisiológica numa variedade de sistemas que se refletirá na natureza de diferentes representações mentais nas crianças à medida que estas se desenvolvem (Hofer, 2005). Os reguladores maternos podem modelar o desenvolvimento através de sua capacidade de aumentar ou diminuir o nível de funcionamento dos sistemas comportamentais, neuroendócrinos e autonômicos do bebê ao longo da infância (Hofer, 2005; Kuhn e Schanberg, 1998). Modificando seu comportamento em relação a modificações circunstanciais tanto no ambiente físico quanto social, as mães são capazes de regular os fatores-chave que influenciam a sobrevivência dos seus filhotes (Gomendio, 1995). Da mesma forma podemos pensar, dadas as indicações discutidas anteriormente, que apesar de aparentemente indefeso, o bebê também é capaz de ser um forte agente regulador da expressão do comportamento materno. Tais indícios nos reafirmam a importância da interação mãe-bebê.

Estudos realizados com outras espécies de primatas não-humanos têm demonstrado um elevado grau de consistência nas dimensões básicas do comportamento materno, mesmo se utilizadas diferentes espécies, situações ambientais e métodos de análise (Fairbanks, 1996). A interação mãe-bebê é responsável pelas mudanças comportamentais momento a momento que ocorrem no bebê, como também pelas mudanças graduais desencadeadas por todos os estímulos ao longo do período de desenvolvimento (Pryce, 1995). Ainda de acordo com este autor, de imediato o cuidado materno vai aumentar em resposta aos comportamentos do bebê (por exemplo, choro ou tentativas de ficar próximo) e, a longo prazo, considerando que o cuidado materno tenha sido adequado, o produto da sobrevivência do bebê é a sua gradual independência.

Como investigar a interação mãe-bebê a partir de uma perspectiva etológica?

A maior parte dos estudos realizados a partir desta perspectiva baseia-se principalmente em dados observacionais. A busca pela compreensão de como ocorre a interação entre a mãe e seu bebê não está baseada em um protocolo experimental específico. A força desta abordagem está, sobretudo, concentrada na interpretação que pode ser fornecida por uma leitura numa esfera mais ampla, que exatamente remete à evolução de nossa espécie. Nem todas as nossas hipóteses podem ser testadas, uma vez que experimentos que controlassem as inúmeras variáveis que estão presentes na interação mãe-bebê poderiam conduzir a situações de extrema artificialidade, além de apresentarem fortes questões éticas. Ao contrário, buscamos algumas situações que fogem do padrão mais comum observado para nossa espécie, e avaliamos os possíveis prejuízos que essas situações atípicas podem oferecer ao comportamento observado.

Flacking, Ewald, Nyqvist e Starrin (2006) verificaram que mães de crianças prematuras, que necessitam de hospitalização após o nascimento, demonstraram grande dificuldade em "se tornarem mães". Os autores discutem que o contexto hospitalar torna difícil o desenvolvimento do vínculo com seus bebês. As mulheres relataram que não sentiam uma reciprocidade na interação com seus bebês, que geralmente ocorria sem privacidade, e por períodos que se restringiam basicamente ao momento da amamentação. O vínculo afetivo, portanto, não conseguia ser estabelecido de forma satisfatória. A importância do não estabelecimento desse vínculo pode trazer conseqüências em fases posteriores do desenvolvimento. Kobak, Little, Race e Acosta (2001), avaliando adolescentes institucionalizados que apresentavam distúrbios de interação afetiva, verificaram uma correlação desses distúrbios com o histórico de privação em fases mais precoces do desenvolvimento. A gravidade desses distúrbios era proporcional à duração e à precocidade da ausência de uma figura de apego.

DO CONFLITO DE INTERESSES À COOPERAÇÃO: A INTERAÇÃO... **31**

Além disso, utilizamos paralelos etnográficos e nos remetemos à compreensão dos padrões de interação de outras espécies, sobretudo primatas, que nos oferecem componentes importantes na compreensão do nosso próprio comportamento. Macacos *rhesus* cativos, submetidos a diferentes condições de criação (a saber, criados com suas mães, criados com companheiros de mesma idade e criados por mães artificiais), apresentaram respostas de estresse mais intenso, mensuradas a partir dos níveis de cortisol, quando eram separados de suas mães do que nas outras duas situações de criação (Shannon, Champoux e Suomi, 1998). Tal reação sugere que os laços de apego vão ser importantes para o desenvolvimento das respostas do organismo ajustadas a diferentes condições, ou seja, crescer num ambiente afetivamente pobre (característico principalmente da situação da mãe artificial) pode trazer prejuízo na capacidade de resposta às condições perturbadoras do ambiente. Também em estudos com macacos *rhesus*, Bastian, Sponberg, Sponberg, Suomi e Higley (2003) verificaram que experiências pobres em fases precoces do desenvolvimento, tais como ausência de uma figura de apego ou interações sociais limitadas, podiam interferir no estabelecimento das relações sociais quando adultos.

Nosso tempo evolutivo é muito recente para esperarmos transformações completas nos padrões de interação mãe-bebê; muito do que somos hoje ainda é reflexo das pressões que enfrentamos milhares de anos atrás. Em outras palavras,

... os bebês não têm como saber que a mãe que saiu da cidade a negócios não está morta, que os tigres dentes-de-sabre estão extintos, os jaguares são raros, o abandono é ilegal ou como poucas mães modernas, de fato, considerariam tal possibilidade. Com efeito, os bebês são planejados para proceder como se nenhuma mamadeira tivesse sido ainda inventada, nenhuma lei tivesse sido ainda promulgada (Hrdy, 2001, p. 530).

REFERÊNCIAS BIBLIOGRÁFICAS

AINSWORTH, M. D.; BLEHAR, M. C.; WATERS, E. & WALL, S. (1978). *Patterns of attachment: Assessed in the strange situation and at home.* Hillsdale, Lawrence Erlbaum.

BASTIAN, M. L.; SPONBERG, A. C.; SUOMI, S. J. & HIGLEY, J. D. (2003). *Long-term effects of infant rearing condition on the acquisition of dominance rank in juvenile and adult rhesus macaques (Macaca mulatta).* Developmental Psychobiology, 42(1), 44-51.

BJORKLUND, D. F. (1997). The role of immaturity in human development. *Psychological Bulletin, 122*, 153-169.

BJORKLUND, D. F. & PELLEGRINI, A. D. (2000). Child development and evolutionary psychology. *Child Development, 71*(6), 1.687-1.708.

BLUM, D. (2002). *Love at GOON Park – Harry Harlow and the science of affection.* New York: The Berkley Publishing Group.

BOWLBY, J. (1984). *Apego e perda.* (Tradução de A. Cabral). v. 1, São Paulo, Martins Fontes.

BUSSAB, V. S. R. (1998). Uma abordagem psicoetológica do comportamento materno. In: PARANHOS DA COSTA, M. J. R. & CROMBERG, V. U. (orgs.). *Comportamento materno em mamíferos – bases teóricas e aplicações aos ruminantes domésticos.* São Paulo, SBEt.

CARAMASCHI, S. (1993). Alguns paradigmas da etologia. *Anais de Etologia, 11*, 1-12.

CARTWRIGHT, J. (2000). *Evolution and human behavior.* London, MacMillian Press.

CLUTTON-BROCK, T. H. (1991). *The evolution of parental care.* Princeton, Princeton University Press.

DE CASPER, A. J. & FIFER, W. P. (1980). Of human bonding: Newborns prefer their mother's voices. *Science, 4448*, 1174-1176.

EIDELMAN, A. I. & KAITZ, M. (1992). Olfactory recognition: A genetic or learned capacity? *Journal of Developmental and Behavioural Pediatrics, 13*(2), 126-127

FAIRBANKS, L. A. (1996). Individual differences in maternal style – causes and consequences for mother and offspring. In: ROSENBLATT, J.

DO CONFLITO DE INTERESSES À COOPERAÇÃO: A INTERAÇÃO...

S. & SNOWDON, C. T. (orgs.). *Parental care – evolution, mechanisms and adaptative significance*. San Diego: Academic Press Inc.

FLACKING, R.; EWALD, U.; NYQVIST, K. H. & STARRIN, B. (2006). Trustful bonds: A key "to becoming a mother" and to reciprocal breastfeeding. Stories of mothers of very preterm infants at a neonatal unit. *Social Science & Medicine, 62*, 70-80.

FOLEY, R. (1993). *Apenas mais uma espécie única*. São Paulo, Editora da Universidade de São Paulo.

GEARY, D. C. (2000). Evolution and proximate expression of human paternal investiment. *Psychological Bulletin*, 126(1), 55-77.

GEARY, D. C. & BJORJLUND, D. F. (2000). Evolutionary developmental psychology. *Child Development. 71*(1), 57-65.

GEARY, D. C., & FLINN, M. V. (2001). Evolution of human parental behavior and the human family parenting. *Science and Practice, 1*(1,2), 5-61.

GOMENDIO, M. (1995). Maternal styles in Old World primates: their adaptative significance. In: PRYCE, C. R.; MARTIN, R. D. & SKUSE D. (orgs.). *Motherhood in human and nonhuman primates* (pp. 59-68). Basel, Karger.

HAIG, D. (1993). Genetic conflicts in human pregnancy. *Quarterly Review of Biology, 68*, 495-519.

HOFER, M. A. (2005). The psychobiology of early attachment. *Clinical Neuroscience Research, 4*, 291-300.

HOLEKAMP, K. E. & SERMAN, P. W. (1993). Why male ground squirrels disperse. In: SHERMAN, P. W. & ALCOCK, J. (orgs.). *Exploring Animal Behavior* (pp. 41 a 48). Sunderland, Sinauer Associates.

HRDY, S. B. (2001). *Mãe Natureza – uma visão feminina da evolução. Maternidade, filhos e seleção natural.* (Traduzido por A. Cabral). Rio de Janeiro, Editora Campus.

HRDY, S. B. (2005). On why it takes a village. In: BURGESS, R. L. & MacDONALD (orgs.). *Evolutionary perspectives on human development.*. Thousand Oaks (California): Sage Publications.

KAITZ, M.; LAPIDOT, P. & BRONNER, R. (1992). Parturient women can recognize their infants by touch. *Developmental Psychobiology, 1*, 35-39.

KOBAK, R.; LITTLE, M.; RACE, E. & ACOSTA, M. C. (2001). Attachment disruptions in seriously emotionally disturbed children: Implications for treatment. *Attachment & Human Development, 3*(3), 243-258.

KÖLLIKER, M. & RICHNER, H. (2001). Parent-offspring conflict and the genetics of offspring solicitation and parental response. *Animal Behaviour, 62*, 395-407.

KUHN, C. M. & SCHANBERG, S. M. (1998). Responses to maternal separation: mechanisms and mediators. *International Journal of Developmental Neuroscience, 16*(3/4), 261-270.

LUMMAA, V.; VUORISALO, T.; BARR, R. G. & LEHTONEN, L. (1998). Why cry? Adaptative significance of intensive crying in human infants. *Evolution and Human Behavior, 19*, 193-202.

MARTIN, R. D. (1995). Phylogenetic aspects of primate reproduction: the context of advanced maternal care. In: PRYCE, C. R.; MARTIN, R. D. & SKUSE, D. (orgs.). *Motherhood in human and nonhuman primates*. Basel, Karger.

MELTZOFF, A. N. & MOORE, M. K. (1977). Imitation of facial and manual gestures by human neonates. *Science, 198*, 75-78.

NICOLSON, N. A. (1987). Infants, mothers and other females. In: SMUTS, B. B.; CHENEY, D. L.; SEYFARTH, R. M.; WRANGHAM, R. W. & STRUHSAKER, T. T. (orgs.). *Primate Societes*. Chicago, University of Chicago Press.

PEDROSA, M. I.; BUSSAB, V. S. R. & CARVALHO, A. M. A. (no prelo). Encontros com o outro: empatia e intersubjetividade no primeiro ano de vida. *Psicologia USP.*

PRYCE, C. R. (1995). Determinants of motherhood in human and nonhuman primates – A biosocial model. In: PRYCE, C. R.; MARTIN, R. D. & SKUSE, D. (orgs.). *Motherhood in human and nonhuman primates*. Basel, Karger.

REISSLAND, N. (1988). Neonatal imitation in the first hour of life: observations in rural Nepal. *Developmental Psychology, 24*, 464-469.

RIBEIRO, F. L.; BUSSAB, V. S. R. & OTTA, E. (2004). De colo em colo, de berço em berço. In: MOURA, M. L. Seidl de (org.). *O bebê do século XXI e a psicologia em desenvolvimento*. São Paulo, Casa do Psicólogo.

DO CONFLITO DE INTERESSES À COOPERAÇÃO: A INTERAÇÃO... **35**

SCHAAL, B.; MONTAGNER, H.; HERTLING, E.; BOLZONI, D.; MOYSE, A. & QUICHON, A. (1980). Les stimulations olfactives dans les relations entre l'enfant et la mere. *Reproduction Nutrition Develompment, 20,* 843-858.

SHANNON, C.; CHAMPOUX, M. & SUOMI, S. J. (1998). Rearing condition and plasma cortisol in rhesus monkey infants. *American Journal of Primatology, 46 (4),* 311-321.

STERN, J. M. (1997). Offspring-induced nurturance: animal-human parallels. *Developmental Psychobiology, 31,* 19-37.

SULLIVAN, R. M.; TABORSKY-BARBA, S.; MENDOZA, R.; ITANO, A.; LEON, M.; COTMAN, C. W.; PAYNE, T. F. & LOTT, I. (1991). Olfactory classical conditioning in neonates. *Pediatrics, 87*(4), 511-518.

TRIVERS, R. L. (1972). Parental investiment and sexual selection. In: CAMPBELL, B. (org.). *Sexual selection and the descent of man.* Chicago, Aldine.

TRIVERS, R. L. (1974). Parent-offspring conflict. *American Zoologist, 14,* 249-264.

VARENDI, H.; PORTER, R. H. & WINBERG, J. (1996). Atractiveness of aminiotic fluid odor: evidence of prenatal olfactory learning? *Acta Pedriatrica, 85*(10), 1223-1227.

VIEIRA, M. L. & PRADO, A. B. (2004). Abordagem evolucionista sobre a relação entre filogênese e ontogênese no desenvolvimento infantil. In: MOURA, M. L. Seidl de (org.). *O bebê do século XXI e a psicologia em desenvolvimento.* São Paulo, Casa do Psicólogo.

Capítulo 2

A ANÁLISE DAS INTERAÇÕES PAIS/BEBÊ EM ABORDAGEM PSICODINÂMICA: CLÍNICA E PESQUISA

Elizabeth Batista Pinto

Diversos autores, desde os clássicos da psicanálise como Sigmund Freud e Melanie Klein, até teóricos mais recentes como Winnicott (1969 e 1982) e Bowlby (1969 e 1982), com seus estudos sobre o vínculo, e Stern (1977 e 1985), com suas análises da subjetividade do bebê, contribuíram para o desenvolvimento dos conhecimentos teóricos básicos sobre as interações precoces. Considerando a abordagem psicanalítica, seguindo os pioneiros como Bick (1964 e 1968) em Londres, Fraiberg (Fraiberg, Adelson e Shapiro, 1975 e Fraiberg, 1980) em São Francisco, Lebovici (Lebovici, 1983 e Lebovici, Mazet e Visier, 1989) em Paris, e Cramer (1974, 1985, 1987 e 1988) em Genebra, nos últimos anos, vários outros importantes estudos sobre as interações precoces foram publicados (Mazet, Cukier-Hemeury, Latoch, Rosenblun e Sitbon, 1989; Mazet e Stoleru, 1990; Lebovici, 1992 e 1994; Cramer e Palacio-Espasa, 1993; Cramer, 1997 e 1999; Lebovici, 1996 e 1998; Golse, 1998; Guedeney e Lebovici, 1999; Mazet, 1999 e Solis-Poton, 2002, publicado em português como Silva e Solis-Poton, 2004).

Pesquisas provenientes de outras abordagens teóricas, como a Psicologia do Desenvolvimento e a Psicologia Sistêmica, também têm contribuído para o desenvolvimento dos conhecimentos sobre a interação mãe/criança e o vínculo precoce, destacando-se os estudos pioneiros de Brazelton (Brazelton, 1962 e Brazelton e Als, 1981), Ainsworth (Ainsworth, 1969, Ainsworth, Bell e Stayton, 1974 e Ainsworth, Blehar, Waters e Wall, 1978) e outros.

Os estudos sobre interação precoce podem estar embasados em diferentes parâmetros, com enfoques mais qualitativos ou quantitativos e em situações diversas – naturais, experimentais, clínicas – tendo como objetivo descrever e/ou analisar os distúrbios precoces da interação e muitas vezes propor medidas terapêuticas e preventivas. Tais estudos têm em comum a consideração da importância da interação do bebê com a mãe para a constituição do vínculo primário, elemento fundamental para o desenvolvimento psíquico da criança.

Pretendo neste capítulo contribuir para a compreensão e a análise das interações precoces, tendo por base a abordagem psicodinâmica, mas considerando também os conhecimentos provenientes de estudos e pesquisas de outras áreas que foram assimilados e que são compatíveis com esta orientação.

O bebê e o círculo maternante

Muitos estudos (Gauthier, 1979; Greenspan & Lieberman, 1980; Cosnier, 1984; Field, 1987; Kreisler, 1989; Montagner, 1988) abordaram o comportamento do bebê, sua reatividade às solicitações e às estimulações do ambiente, assim como suas competências, especialmente no âmbito das relações sociais e das interações com o círculo maternante.

O bebê recém-nascido tem para si o desafio de iniciar o seu desenvolvimeno psíquico a partir de um estágio indiferenciado, onde não há distinção id/ego e não existe superego nem pensamento simbólico ou mecanismos de defesa. A longa e estimulante jornada de progressivas diferenciações das pulsões, funções e estruturas deve seguir na direção da construção de sua própria subjetividade e individualidade como um ser diferenciado, inserido em um mundo social.

A ANÁLISE DAS INTERAÇÕES PAIS/BEBÊ EM ABORDAGEM PSICODINÂMICA   39

Esta jornada implica na construção de uma história pessoal vivenciada, que ocorre no meio familiar e social, com suas relações, estimulações, normas, crenças, representações e limitações.

O apego, definido por Bowlby (1982) como a propensão dos seres humanos a estabelecerem fortes vínculos afetivos com outros e de explicarem as diferentes formas de consternação emocional que ocorrem quando da separação ou perda involuntárias do outro, é construído a partir do processo de interação entre o bebê e as pessoas que formam o círculo maternante.

A família (Ackerman, 1971), considerada como unidade básica do desenvolvimento, experiência, realização, fracasso, saúde e enfermidade, forma uma membrana semipermeável entre seus membros e o grupo social, sofrendo pressões de diversas naturezas (costumes/normas, forças históricas etc.) cabendo aos pais as funções centrais de defesa da vida, os cuidados físicos, a transmisssão e criação de normas culturais e a educação até o indivíduo ter condições para realização de atividade produtiva e inserção profissional.

No entanto, a influência dos pais em sua dimensão afetiva e estruturante persiste por toda a vida, e o seu registro psíquico transcende à sua presença física e mesmo à sua morte, podendo elementos das relações estabelecidas influenciarem gerações posteriores em uma transmissão transgeracional, a qual se dá, principalmente, de forma inconsciente.

As influências da família na psicogênese dos distúrbios mentais são básicas e iniciam antes do nascimento e até mesmo da fecundação óvulo/espermatozóide, quando são consideradas as dimensões fantasmáticas transgeracionais. Tais influências também são afetadas pelas expectativas dos pais quanto ao sexo, ao aspecto físico, aos dotes intelectuais, às capacidades, ao ritmo de interação, à personalidade e ao comportamento da criança.

Outros aspectos importantes relativos à família também devem ser considerados: o ambiente e a organização familiar, as relações entre os pais, o planejamento familiar (e como a criança considerada se insere na família), as relações pais/filhos, as condições pré, peri e pós-natais e o desenvolvimento da criança em seus múltiplos âmbitos. Ampliando-se a visão, deve-se levar em conta a família inserida em determinada comunidade e grupo social, com influências da cultura e do momento histórico.

Na criança, o desenvolvimento do psiquismo e da subjetividade tem por base o vínculo estabelecido com as figuras primárias: são as relações familiares que regulam a corrente emocional, influenciam a eleição de defesas e modelam o alcance do impacto fantasia/realidade.

No entanto, para o bebê, a família restringe-se principalmente ao círculo maternante, ao qual cabe a interpretação das suas necessidades físicas e psíquicas, assim como o provimento de circunstâncias que atendam estas necessidades e favoreçam a regulação dos estados e a organização dos sistemas de biorritmo.

Winnicott (1982) referiu-se à importância da forma como a mãe segura/acolhe o seu bebê, denominada por ele de *holding*, e da forma como trata o seu bebê, o *handling,* como elementos básicos do círculo maternante, essenciais para o desenvolvimento do vínculo.

Elementos do processo interativo

A regulação recíproca

Inicialmente, o bebê vai conhecer o mundo que o cerca a partir do círculo maternante, sendo a mãe e o pai intermediários que devem funcionar como barreiras seletivas, semipermeáveis, entre o bebê e o exterior, que barram situações e estímulos que possam ser prejudiciais ao seu desenvolvimento físico ou psíquico.

A interação, entre o bebê e o círculo maternante, se dá em um interjogo de trocas físicas e emocionais entre parceiros, no qual um influencia o outro em um processo contínuo de desenvolvimento, a partir de mecanismos de regulação recíproca do funcionamento físico e psíquico. No processo interativo de construção do vínculo, que inclui tanto as interações vivenciadas como também as interações fantasiadas, o bebê não é apenas submisso às influências do ambien-

A ANÁLISE DAS INTERAÇÕES PAIS/BEBÊ EM ABORDAGEM PSICODINÂMICA 41

te, mas é também um parceiro ativo, que gera importantes modificações no seu meio.

Pode-se definir interação como "*a reação recíproca de dois fenômenos*" (Mazet e cols., 1989, p.19), acentuando a noção de reciprocidade e interdependência entre eles, e partindo-se do princípio de que a relação do bebê com o círculo maternante se dá em um processo bi-direcional. A interação é considerada então, de forma geral, como um processo constituído por um "conjunto de fenômenos dinâmicos que ocorrem ao longo do tempo entre o bebê e sua mãe" (Mazet e cols., 1989, p.20).

Entretanto, o amor e as trocas identificatórias mãe/criança e pai/criança podem favorecer ou dificultar para os pais a sua adaptação às necessidades da criança. A mãe e o pai devem responder à dependência da criança com um comportamento complementar, no qual cada um possa se sentir seguro na crença de que a sua criança terá um bom desenvolvimento. É principalmente do olhar, da voz e do comportamento da mãe e do pai, que o bebê recebe estímulos emocionais para construir seu narcisismo primário e encontrar seu apego à vida.

Deste modo, o narcisismo parental deve ser investido no bebê, e quando a mãe ou o pai toma conta do bebê real, eles estão ao mesmo tempo negociando com o bebê imaginário, que foi construído no seu desejo de gravidez e de maternidade/paternidade.

A reapropriação materna e paterna das suas projeções colocadas na criança é um elemento essencial na dinâmica das trocas nas interações, mas devem também ser considerados os fatores de vulnerabilidade e de resiliência da criança face às projeções parentais (Batista Pinto, 2002). É o "ideal de ego que, ao longo do processo identificatório, contribui para a organização do superego" (Lebovici citado por Batista Pinto, 2002, p. 295).

A capacidade dos pais de observar as mudanças no estado mental da criança a cada momento é a essência de um apego sólido e fornece a base psicosocial necessária à criança para a aquisição da compreeensão do pensamento (Fonagy citado por Batista Pinto, 2002).

Assim, é possível pensar que o processo de subjetivação, que mantem a estrutura da organização psíquica da criança, permite que esta seja então "capaz de fazer uma rede narcísica a qual fará com que ela supere o período no qual ela não será o principal objeto de amor de seus pais" (Lebovici, 1998, p. 119).

Portanto, o relacionamento que é construído no processo interativo, torna o vínculo a necessária unidade de ser do sujeito. É a qualidade da resposta emocional que o bebê recebe de seus pais que irá estruturar a sua força psíquica e "as suas identificações e a sua resistência aos distúrbios psicológicos" (Batista Pinto, 2004a).

A mutualidade psíquica

É no processo de interação mãe/bebê e pai/bebê que se constitui uma *mutualidade psíquica* (Cramer citado por Batista Pinto, 2004b), a qual estabelece um fluxo emocional através do qual os aspectos fantasmáticos dos pais influenciam a organização psíquica da criança. Porém cada um dos participantes da interação – bebê, mãe e pai – tem manifestações que dependem do seu próprio funcionamento psíquico. Isto significa que, como em qualquer relação interpessoal, além das pessoas diretamente envolvidas, com suas características reais, há elementos representacionais imaginários e fantasmáticos.

Stern (1997) discutiu em profundidade esta relação, que pode ser ilustrada com o seguinte modelo:

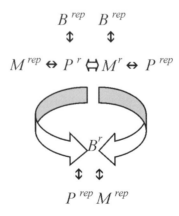

A ANÁLISE DAS INTERAÇÕES PAIS/BEBÊ EM ABORDAGEM PSICODINÂMICA   43

No modelo acima *r* indica real e *rep* indica representação, e *B* = bebê, *M* = mãe e *P* = pai. As setas ⇄ indicam as interações reais e as setas ⟷ indicam as representações mentais.

As representações englobam as fantasias, os temores, os desejos, as distorções, as percepções seletivas atribuídas etc. de cada um dos parceiros da díade, ou da tríade, com relação ao outro, estando implicados tanto elementos imaginários, acessíveis ao consciente, como elementos fantasmáticos e identificações inconscientes.

O conceito de *representação* "no sentido proposto por Kant em *Vorstellung*" (Lebovici, 1998, p. 116), e utilizado por Freud, designa o *pensamento* ou *idéia* e remete à noção de fantasma.

As representações maternas e paternas são, portanto, modeladas a partir das experiências diárias da mãe e do pai, da sua dinâmica como casal e como fundadores da sua família atual, mas também da dimensão transgeracional. Esta dimensão engloba os conflitos que estão associados às gerações anteriores, e que vão, de forma inconsciente, determinar comportamentos e interações atuais.

O mandato transgeracional

A importância fundamental do conceito de mandato transgeracional, desenvolvida por Lebovici (1983, 1996 e 1998) ampliou a consideração quanto à relevância da dinâmica das famílias de origem nas interações pais/criança.

Os aspectos psíquicos da mãe e do pai, ou seja, das pessoas que formam o círculo maternante, são elementos fundamentais implicados na relação com a criança, e sua consideração deve levar em conta a história dos pais enquanto crianças e filhos de seus próprios pais.

Explicando de outra maneira, a capacidade de ser mãe/pai está relacionada com a capacidade da mulher/homem de retornar simbolicamente a um estado no qual ela/ele era um bebê de sua própria mãe e de seu próprio pai, com tudo o que isto pode significar em sua história de vida.

Assim, a mãe e o pai têm que se identificar com a criança, mas também com sua própria mãe e seu próprio pai da maneira que estes estão interiorizados. Conseqüentemente, o inconsciente da mãe e do pai e sua imaginação fazem parte da sua relação com a criança, servindo para enriquecê-la ou empobrecê-la. Este é o mandato transgeracional, que pode vir como um mito e ser imposto de uma geração à outra de forma inconsciente.

As características do mandato transgeracional, inconscientemente transmitidas ao bebê, incluem os fantasmas de competência/incompetência e elementos do Ego e do Superego dos pais que influenciam profundamente o vínculo que se estabelece entre eles e o seu bebê. São os fantasmas maternos e paternos que aparecem quando a mãe ou o pai toma conta do bebê na vida real ou imaginária. Além disso, é o mandato transgeracional que provê a base para a criança elaborar a sua própria história, que ficará registrada na sua memória episódica, pois as interações fantasmáticas formam a base a partir da qual a criança vai se lembrar de seu passado.

São principalmente as interações da criança com os pais que regulam a corrente emocional, influenciam a eleição de defesas e modelam o alcance do impacto fantasia/realidade na criança, sendo as interações reais um correlato das interações fantasmáticas (Cramer, 1974).

A investigação da transmissão transgeracional mostra que, algumas vezes, fatos pequenos ou mínimos podem determinar a representação dos pais e a memória da criança. É dessa forma que se constitui a *Árvore da Vida* que conduz o processo de filiação (Lebovici, 1998).

As interações patológicas e de risco

Na constante troca interativa, diversos distúrbios podem ocorrer, seja por aspectos ligados ao adulto e suas representações, seja por elementos da criança que repercutem no adulto de forma negativa e dificultam a interação.

Assim, as representações tanto podem ser constituídas por elementos positivos que favorecem a elaboração e a resiliência, como

A ANÁLISE DAS INTERAÇÕES PAIS/BEBÊ EM ABORDAGEM PSICODINÂMICA 45

também por aspectos patogênicos que afetam a interação e conduzem ao aparecimento na criança de distúrbios psicofuncionais, do desenvolvimento ou psicopatologias.

Deve-se considerar também as interações de alto risco: no caso de crianças que apresentam deficiências, crianças filhas de pais HIV$^+$ (cujo número vem aumentando consideravelmente em nossa população), crianças nascidas prematuramente ou que viveram intervenções médicas no período neonatal, ou ainda problemas associados à mãe, por exemplo, depressão ou psicose pós-parto, transtornos psíquicos da mãe, morte ou doença grave da mãe após o parto e outros fatores associados.

Na primeira infância, os padrões disfuncionais de regulação da dinâmica da interação por parte dos pais, e principalmente da figura materna, podem gerar na criança distúrbios psicofuncionais, atrasos no desenvolvimento tanto físico como mental ou desordens emocionais.

Sabe-se que nos primeiros meses de vida da criança há uma série de manifestações somáticas e do comportamento que são próprias da faixa etária e necessitam de um período para atingirem uma boa regulação. Espera-se que o bebê possa, com o tempo, regular seus estados de sono/vigília, fome/saciedade, atenção/habituação e atividade/repouso. É evidente que os parâmetros de comportamento vão-se modificando com a passagem dos meses, mas também sofrem a influência do ambiente próximo e de características individuais da criança (Batista Pinto, Vilanova e Vieira, 1997).

Em todas as fases do desenvolvimento, é fundamental que se conheça bem como se dá o funcionamento do comportamento da criança, considerando-se o esperado na faixa etária, compreendendo-a em seu contexto geral e seu ambiente próximo, na sua dinâmica familiar, levando-se em conta que esta se estabelece a partir de circunstâncias e situações tanto do presente como da história de vida de cada um dos envolvidos.

Assim, considerando-se o comportamento como manifestação da subjetividade humana, pode-se avaliar na criança, desde bebê, qual a qualidade da atenção que ela tem para o mundo que a cerca, o tipo de temperamento e de humor que expressa, as atividades que prefere, suas reações frente aos estímulos e às modificações do ambiente, sua modalidade de apego e a relação que estabelece com as figuras parentais, seu limiar e o nível de responsividade às solicitações e estímulos externos, suas condições psicológicas atuais, sua disponibilidade para a interação.

Os graus menos extremos de distúrbios na interação pais/criança ou na dinâmica funcional dos pais como casal, podem estar implicados nos distúrbios psicofuncionais da criança.

Assim os distúrbios psicofuncionais são manifestações de natureza principalmente somática e do comportamento da criança, sem causa orgânica, que estão associadas a um determinismo psicológico e sinalizam, de forma geral, dificuldades na interação mãe/bebê ou pais/bebê (Batista Pinto, 2004b).

Os distúrbios psicofuncionais mais freqüentes, na fase inicial de vida, são os distúrbios de sono, distúrbios alimentares, distúrbios digestivos e gástricos; distúrbios respiratórios, problemas de pele e os distúrbios de comportamento caracterizado por temperamento difícil, irritação e choro freqüente, baixa consolabilidade, ansiedades e medos constantes, dificuldades de vínculo ou de separação etc.

A análise da interação

A importância de se avaliar a interação pais/criança e os seus distúrbios nos primeiros anos de vida visa uma intervenção que seja preventiva quanto ao surgimento e/ou agravamento de distúrbios psicofuncionais e psicopatologias.

Considerando-se que as bases da subjetividade da criança são construídas a partir dos seus primeiros vínculos, e que os distúrbios psicofuncionais e psicopatologias podem indicar dificuldades na interação com os pais, o foco de análise deve, portanto, ir além das especificidades dos distúrbios apresentados pela criança, e deter-se detalhadamente na interação pais/criança.

A ANÁLISE DAS INTERAÇÕES PAIS/BEBÊ EM ABORDAGEM PSICODINÂMICA   47

Se a interação é essencial para o desenvolvimento psíquico da criança, é fundamental que se possa conhecê-la e compreendê-la da forma mais ampla possível. No entanto, como afirmado anteriormente, a interação está em estreita relação com as representações maternas e paternas com respeito à sua criança e, portanto, será diferente para cada um dos pais em relação a cada filho, porque cada criança nasce em um determinado momento da história de vida da mãe e do pai, tendo significados que lhe são específicos e diferentes dos outros filhos que eles possam ter tido ou vir a ter.

Assim, deve ser analisado cuidadosamente o tipo de distúrbio que a criança apresenta, sua intensidade e freqüência, sua história e os processos relacionados, mas também a qualidade da interação com o pai e com a mãe, os aspectos preservados e os patológicos destas interações, procurando compreender as representações maternas e paternas e o mandato transgeracional relacionados à criança.

Considera-se também importante analisar as situações de ruptura na interação, nas quais mudanças significativas no ciclo de vida da criança e/ou dos pais e familiares próximos possam ter ocorrido em função de abandono, adoção, institucionalização, doença grave (tanto dos pais como dos filhos), família monoparental, morte, gemealidade, configuração familiar com filho único ou muitos filhos ou filhos com deficiências graves ou distúrbios importantes nas relações familiares.

A análise das situações de rupturas deve incluir ainda elementos que podem ter sido traumáticos na história de vida da criança ou de sua família, tais como situações de violência – estupro, assalto etc. – situações sociais perversas, como desemprego e condições econômicas precárias, e situações dramáticas para as relações interpessoais como imigração, divórcio e outras.

É importante também obter informações sobre o apoio que a mãe e a criança recebem tanto do pai como de suas famílias e de outros membros da rede de apoio e da comunidade.

Todos os fatores acima referidos podem afetar a dinâmica da interação. Por exemplo, a mãe ou o pai pode ter um comportamento retraído, com pouca iniciativa, ou o oposto, um comportamento

48 Elizabeth Batista Pinto

intrusivo, com excesso de estimulação das novas competências, ou mesmo um comportamento ambivalente, caracterizado pela alternância entre intrusão e retraimento, ou um comportamento sensível, empático e gratificante.

As relações pais/criança com uma dinâmica interacional excessivamente intrusiva, ou superestimuladora e controladora, podem conduzir a um hiperdesenvolvimento defensivo da criança, próprio dos quadros de neuroses e fobias.

Por outro lado, relações pais/criança com interação insuficiente tais como o abandono, a hospitalização prolongada, a institucionalização e a falta de sensibilidade e sintonia às necessidades físicas ou psíquicas da criança, podem conduzir a distúrbios graves do desenvolvimento, distúrbios pervasivos, quadros autísticos ou psicoses.

Deve-se também salientar que, quando se considera a extrema dependência da criança pequena, a sua interação com o adulto é sempre assimétrica e principalmente não-verbal, o que dificulta sua análise, compreensão e interpretação.

Na situação clínica, a investigação da história da criança e de sua interação com os pais deve ocorrer idealmente em uma consulta terapêutica. A observação das interações precoces pais/criança, em consulta terapêutica ou em situações de observação estruturada ou livre, deve ter como foco o comportamento da criança na interação e o comportamento da mãe e do pai em seu modo de estar com a criança, considerando-se como elementos básicos: os *padrões de parentalidade* – comportamental, afetivo e fantasmático (incluindo o mandato transgeracional) – e a *dinâmica interativa*.

Quanto aos padrões de parentalidade, em seus aspectos comportamental e afetivo, devem ser observados os elementos saudáveis, enfatizando-se os aspectos positivos como os pais desempenham suas funções centrais de defesa da vida e da saúde, de cuidados físicos, de promoção de experiências iniciais, de favorecimento do desenvolvimento físico e psíquico, de transmisssão e criação de normas culturais e de educação até o indivíduo ter condições para uma vida independente. Devem ser identificados também os aspec-

A ANÁLISE DAS INTERAÇÕES PAIS/BEBÊ EM ABORDAGEM PSICODINÂMICA 49

tos associados à parentalidade patogência (seja por omissão, depreciação, rejeição, descontinuidade, abandono ou outros elementos), que podem conduzir a desarmonias na interação, a sintomas psicofuncionais na criança, a distúrbios emocionais ou outras psicopatologias.

Na observação, deve-se considerar tanto os aspectos comportamentais conscientes – falas, queixas e informações trazidas pelos pais – como também os aspectos inconscientes, e que vão exigir do investigador um olhar mais atento, e que, em geral, são observados nos elementos mais sutis dos comportamentos materno e paterno, e que seriam uma tradução em ação das suas representações.

No aspecto fantasmático deve-se considerar as fantasias e expectativas dos pais com relação à criança, como eles percebem a si próprios como pessoas e como pais, como percebem seu cônjuge na interação, como percebem seus próprios pais enquanto pessoas e pais, e quais as modificações em suas relações com seus pais a partir do nascimento da sua criança.

Por exemplo, no aspecto fantasmático, no caso de famílias de imigrantes pode haver uma grande expectativa dos pais depositada no filho, de que ele desempenhe o papel de inserir a sua família no grupo social que os pais escolheram para viver. Isso pode ser uma situação de risco para a interação, no caso da criança não se mostrar com condições de desempenhar bem o papel que lhe foi atribuído pela família, por exemplo, por apresentar dificuldades de desenvolvimento ou de aprendizagem.

Quanto à dinâmica interativa, deve-se considerar os mecanismos de troca interativa, tais como a percepção e sensibilidade dos pais para com as comunicações verbais e não-verbais da criança, reveladas através das expressões faciais, vocais ou do comportamento, assim como a interpretação que dão a tais sinais, a qualidade e o tempo das suas respostas, o tipo de controle no ritmo das trocas interativas e a escolha e estruturação das atividades levando em conta a idade, as condições e o desenvolvimento da criança e a situação interativa.

A análise da dinâmica interativa deve incluir a forma como a mãe e o pai estimulam a criança: o excesso ou a falta de estimulação, o tipo de reciprocidade e sincronicidade que se estabelece (por exemplo, se a mãe espera o ritmo do bebê ou é uma mãe muito ansiosa, intrusiva, que atropela e não dá à criança tempo para ela reagir), como os pais negociam frente às dificuldades e conflitos e se eles permitem uma transformação na interação de acordo com o desenvolvimento da criança ou se a relação fica como que congelada em uma fase muito anterior, ou ao contrário, envolve um nível de exigência ao qual a criança não é capaz de corresponder.

Por outro lado, quando se analisa a dinâmica interativa, também se deve observar o comportamento do bebê: suas iniciativas e recusas, os conflitos que mostra na interação, como se aproxima e se esquiva, o tipo de brincadeira que faz, como reage às negociações propostas pelo adulto, enfim toda a sua forma de interagir com a mãe e o pai.

Por exemplo, um bebê pode ter um limiar de estimulação alto e necessitar de mais estímulos para reter sua atenção; outro pode ser muito sensível aos estímulos sendo que estes desencadeiam reações de susto, outro pode cansar-se rapidamente da estimulação e passar a ter comportamento de esquiva como olhar para outro lado, fechar os olhos etc.

As possibilidades dos pais de preverem as transformações da criança, denominadas em inglês *previewing*, são também elementos importantes nos ajustes da interação. O *previewing*, ou seja, a previsibilidade, é a capacidade de antecipação das modificações que o crescimento e o desenvolvimento implicam, principalmente nas mudanças de alimentação, sono, comportamento, atividades etc. (Trad, 1997).

A partir da observação da interação mãe/criança e pai/criança pode-se realizar um diagnóstico do tipo de interação, considerando-se os padrões de apego propostos por Ainsworth e Main (Ainsworth, 1969; Ainsworth e cols., 1978; Main e Weston, 1981 e Main e Solomon, 1990):

- Apego seguro – quando a criança demonstra uma boa experiência de interação. A mãe e o pai mostram-se bem coordenados,

A ANÁLISE DAS INTERAÇÕES PAIS/BEBÊ EM ABORDAGEM PSICODINÂMICA

sensíveis e são raramente superestimuladores, sendo capaz de reestabilizar as respostas emocionais desorganizadas da criança. Na presença da/do mãe/pai a criança explora o ambiente e evita pessoas estranhas. Na ausência mesmo breve da/do mãe/pai, a criança fica perturbada e busca contato ao retorno materno/parteno;

• Apego ansioso/evitativo – quando a ativação emocional da criança não é re-estabilizada pela/pelo mãe/pai e a criança é superestimulada por condutas parentais intrusivas. Neste caso, a criança pode regular seus afetos de modo a evitar situações sentidas como perturbadoras. Na presença da/do mãe/pai, a criança explora o ambiente, mas não se mostra muito ansiosa com a separação breve e pode não buscar contato ao retorno desta ou mesmo preferir o contato com uma pessoa estranha. Por exemplo, a mãe superestimuladora pode ser invasiva, estabelecer um ritmo precipitado ou muito forte que o bebê tenta de todo modo reduzir, seja desviando o olhar, cochilando etc. O bebê tende a apresentar ou um apego excessivo ou uma esquiva ativa. Em casos de persistência de uma intensidade de estimulação que o bebê não consegue acompanhar, este tende a desenvolver distúrbios de sono ou distúrbios digestivos como cólicas, espasmos de glote ou soluços.

• Apego ansioso/resistente – quando a criança mostra um baixo limiar frente às situações que sente como ameaçadoras, e se mostra frustrada inclusive quando o contato está disponível fazendo tentativas para despertar uma resposta da/do mãe/pai. Na presença da mãe a criança explora o ambiente, mas fica muito perturbada na separação breve da/do mãe/pai, e pode mostrar agitação, tensão e dificuldades para se organizar. A presença da mãe e suas tentativas para acalmar o bebê fracassam e a ansiedade e raiva da criança podem impedi-la mesmo de obter alívio com a presença materna/paterna. Quando a/o mãe/pai sub-estimula, não reage aos sinais do bebê, não responde ao que o bebê precisa, e, ao contrário, o bebê busca o contato e a estimulação mas sem encontrar correspondência, podem surgir distúrbios alimentares como a anorexia ou digestivos como a regurgitação, os vômitos etc., que poderiam estar associados à ausência de interação materna/paterna.

*   Apego desorganizado/desorientado – quando a criança manifesta comportamentos sem um fim aparente, tem maneirismos, balanceios de cabeça etc., demonstrando o desejo de escapar da situação. Em geral revela uma relação ambivalente com a/o mãe/pai, motivada por graves conflitos. Neste caso podem surgir distúrbios psicopatológicos mais graves como comportamentos autísticos.

Como o modelo de apego estabelecido pela criança no início de sua vida serve de protótipo para as suas relações ulteriores, e é relativamente estável ao longo do ciclo vital (Lebovici, 1996 e Collins e Read citados por Fonagy, 1999), há uma tendência à persistência transgeracional, isto é, a uma perpetuação do modelo de apego de uma geração à outra.

Todas as considerações acima discutidas mostram a importância de se identificar os padrões de parentalidade, a dinâmica interativa e as situações de rupturas nas relações familiares, e suas influências na interação pais/criança. Essas observações e análises podem permitir que se conheça melhor as relações entre os elementos da interação e o tipo e qualidade do apego estabelecido entre a criança e seus pais.

As entrevistas clínicas iniciais para a obtenção dos dados básicos da anamnese da criança e para o estabelecimento de um clima de confiança entre pais e o pesquisador ou terapeuta, são essenciais para uma análise qualitativa mais fidedigna da interação pais/criança.

É também nas entrevistas iniciais que se podem investigar alguns aspectos da interação fantasmática, incluindo a dimensão transgeracional. Incluem-se nesta dimensão as expectativas, fantasi-

A ANÁLISE DAS INTERAÇÕES PAIS/BEBÊ EM ABORDAGEM PSICODINÂMICA 53

as e identificações da mãe e do pai com relação à criança – sexo, aparência física, nome, saúde, comportamento etc.; a percepção da mãe e do pai de si próprios, como pais e como pessoas, e de seu parceiro conjugal, também em seu papel de pai/mãe e como pessoa; a percepção da mãe e do pai de seus próprios pais, como pais e como pessoas e as mudanças nas relações dos pais com as próprias mães e pais a partir do nascimento da criança.

Procedimentos e instrumentos para a análise das interações

Seja na abordagem clínica como em pesquisa, diversos procedimentos e instrumentos foram elaborados para favorecerem a análise da interação pais/criança.

Em uma investigação mais aprofundada pode-se utilizar diferentes técnicas em situações diversas para a análise das interações precoces, como: a observação direta em situação natural (Bick, 1968), a observação clínica em consulta terapêutica (Mazet e Stoleru, 1990), as técnicas estruturadas tipo roteiro de entrevista (Stern e cols., 1989a), os questionários específicos tipo *Check-list* (Robert-Tissot e cols., 1989), a aplicação de escalas de desenvolvimento em situação interativa (Batista Pinto, Vilanova e Vieira, 1997), as situações controladas com registro em vídeo (Stern e cols., 1989b), os roteiros de análise da observação da interação (Biringen e cols., 2000) e outros.

Considera-se também que a utilização de instrumentos para a análise da interação em vídeo muito tem enriquecido os conhecimentos na área, pois o vídeo é uma forma eficiente de registro, que favorece diversos tipos de análise e a memória para posterior recuperação dos dados (Acoca Trigano, citada por Batista Pinto, 2001).

Descreve-se a seguir, de forma comentada breve, alguns dos principais instrumentos psicológicos que podem ser utilizados para avaliar diferentes aspectos da criança e da sua interação:

54 Elizabeth Batista Pinto

✓ a *Symptom Check-List* (Robert-Tissot e cols., 1989) é um roteiro de entrevista a ser realizado com a mãe para a avaliação dos sintomas psicofuncionais da criança, que pode ser bastante útil principalmente para pesquisas;

✓ o roteiro *Entrevista – R* (Stern e cols., 1989a) propõe uma detalhada entrevista dirigida com a mãe, na qual são abordados principalmente os aspectos representacionais e fantasmáticos da interação, incluindo elementos da transmissão transgeracional;

✓ a *Escala de Desenvolvimento do Comportamento da Criança* (Batista Pinto e cols., 1997) é um instrumento detalhado e padronizado para a criança brasileira (a padronização francesa se encontra em andamento) que inclui diversos itens para a avaliação do desenvolvimento do comportamento da criança, incluindo a interação com o adulto, considerando principalmente os elementos estimulados e os comunicativos deste comportamento.

Completam esta série de importantes instrumentos para a análise da interação o *KIA-Profil* (Stern e cols., 1989b) e a *Escala de Predisposição Emocional – EAS* (Biringen e cols., 2000), que serão analisados a seguir de forma detalhada.

Considerando os estudos acima apontados, desenvolvemos o *Procedimento de Avaliação da Interação – IAP* (*Interactional Assessment Procedure*)[4], uma proposta para a análise da interação pais/bebê-criança, que pode ser aplicada tanto na situação clínica como em pesquisas. Esta metodologia utiliza um roteiro inspirado no *KIA-Profil* (Stern e cols., 1989b) para a seqüência das atividades interativas a serem registradas em vídeo, mas propõe uma análise qualitativa mais global das trocas interativas para a realização de um julgamento clínico da interação e do apego, baseando-se nos elementos clínicos acima discutidos e na *Escala de Predisposição Emocional – EAS* (Biringen e cols., 2000).

---

4. Protocolo em anexo ao final do capítulo.

A ANÁLISE DAS INTERAÇÕES PAIS/BEBÊ EM ABORDAGEM PSICODINÂMICA 55

Descrevemos a seguir mais detalhadamente os instrumentos no qual nos inspiramos e o procedimento de registro em vídeo e de análise da interação, e a situação na qual o estamos aplicando.

O *KIA-Profil*, cujo nome original em inglês é *The Kiddie-Infant Affect Profile* (Stern e cols., 1989b), é um instrumento clínico e de pesquisa para a avaliação dos estados afetivos da criança pequena. Na modificação do instrumento original, realizada pela equipe da Clínica de Psiquiatria Infantil da Universidade de Genebra, Suíça, o intrumento foi aplicado em crianças de 3 a 30 meses de idade, visando avaliar a influência da psicoterapia pais/bebê sobre os estados afetivos do bebê.

O *KIA-Profil* (Stern e cols., 1989) propõe a análise do registro em vídeo de uma seqüência interativa breve e pré-determinada mãe/criança, que inclui: a interação sem e com brinquedos, o ensinar uma atividade, o ignorar, o separar e o reunir.

A análise do protocolo inclui a avaliação de cada episódio de interação (que constitui uma unidade de análise) de 2 a 3 minutos. A expressão afetiva da criança é analisada considerando os seguintes afetos: alegria, tristeza, medo, cólera, aversão, tensão, agressão.

A expressão afetiva inclui diferentes formas de externalizá-la: a expressão facial, a voz, os gestos e as posturas. Cada uma dessas formas de expressão é codificada tomando por base a sua amplitude, em uma escala de 5 pontos, da seguinte forma: 0 = *jamais observado*; 1 = *raramente observado* (1 ou 2 vezes); 2 = *observado ocasionalmente* (mais de 2 vezes e menos da metade do tempo); 3 = *freqüentemente observado* (mais do que a metade do tempo, mas não constantemente); 4 = *presente quase que constantemente*.

Consideramos o *Kia-Profil* (Stern e cols., 1989) um instrumento interessante para a análise da interação pois, leva em conta as situações de separação e de reunião adulto/criança. No entanto, a proposta de avaliação do protocolo presupõe um registro em vídeo bem detalhado, no qual tenham sido focalizados os rostos e os corpos do adulto e da criança, sincronizados no tempo e na interação, demandando recursos especializados de filmagem e edição, mais compatíveis com as situações de pesquisa e, em geral, de difícil adaptação à situação clínica.

A avaliação do *KIA-Profil* (Stern e cols., 1989), também requer equipamento específico de edição, para o recorte das unidades de análise da interação, que podem ser de até 30 segundos.

Assim, nos inspiramos no roteiro proposto no *KIA-Profil* (Stern e cols., 1989), mas propusemos a interação mãe/criança e pai/criança, separadamente, como o foco de nossa análise, considerando ambos os participantes da seqüência interativa. Também a forma de análise que sugerimos é principalmente qualitativa, o que a torna mais compatível com a situação clínica, tendo-se acrescentado novos elementos para a análise da observação, baseados na teoria e na experiência clínica.

Já a *Escala de Predisposição Emocional* – EAS (Biringen e cols., 2000) é um método de análise que busca uma integração com a teoria do vínculo, e propõe um julgamento clínico, holístico, no qual o observador usa pistas contextuais para inferir o comportamento apropriado de ambos os participantes da interação.

A EAS considera a interação diádica e analisa seis dimensões, das quais quatro dimensões são referentes ao comportamento da mãe ou pai – sensibilidade, estruturação, não-intrusividade, não-hostilidade – e duas dimensões são relativas ao comportamento da criança.

Procedimento de Avaliação da Interação

O *Procedimento de Avaliação da Interação – Interactional Assessment Procedure* – IAP – foi por nós desenvolvido, com a colaboração das psicólogas Francine Leenders, Marianne Went, Nicole Schreurs e Judith Vroomen, para ser aplicado no serviço de psiquiatria infantil de Herlaarhof, em Vught, na Holanda, com crianças de 0 a 4 anos e seus pais.

O IAP implica na realização de um registro em vídeo de uma sequência interativa mãe/criança ou pai/criança, baseado no roteiro do *KIA-Profil* (Stern e cols., 1988), com uma análise baseada na *Escala de Predisposição Emocional* (Biringen e cols., 2000).

Descrevem-se a seguir elementos importantes para a realização do IAP.

A ANÁLISE DAS INTERAÇÕES PAIS/BEBÊ EM ABORDAGEM PSICODINÂMICA   57

No IAP, propõe-se à mãe e ao pai a realização do registro em vídeo da interação de cada um deles com a sua criança. Antes da filmagem, o procedimento é explicado aos pais que, quando de acordo, assinam um termo de consentimento livre e esclarecido.

É preferível que a sala de filmagem não disponha de muitos estímulos que possam interessar à criança, para facilitar que ela permaneça no local da filmagem. Também é desejável que não haja outras pessoas presentes na sala, com exceção do adulto que interage com a criança e da pessoa que realiza a filmagem.

O material necessário inclui uma caixa com alguns brinquedos. É interessante incluir na caixa brinquedos adequados, outros mais simples e outros mais avançados, considerando a idade da criança. É importante também incluir brinquedos que favoreçam a interação. A caixa pode, por exemplo, conter: 1 boneca tipo bebê, 2 carrinhos pequenos, 1 jogo de médico, 1 livrinho com figuras de animais, 1 pequena bola, 1 jogo de beleza para bonecas (com pente, escova etc.), 1 quebra-cabeças simples de madeira, 1 jogo de encaixe para crianças pequenas (tipo casinha com chaves) etc.

As instruções gerais, são dadas ao adulto antes de iniciar a sessão, explicitando-se a seqüência de atividades da filmagem:

"Eu gostaria de fazer uma filmagem da sua criança brincando com você neste tapete. Esta filmagem tem a seguinte seqüência: primeiro vocês brincam sem brinquedos e em seguida eu lhes dou uma caixa com alguns brinquedos. Depois eu gostaria que você ensinasse à sua criança a montar um quebra-cabeças que eu vou lhe dar. Depois de alguns minutos vou pedir para você se sentar nesta cadeira e pretender ler uma revista, sem dar atenção à criança. Após mais alguns minutos você pode sair da sala e deixar a criança brincando com a caixa de brinquedos. Você poderá retornar brevemente. Eu vou lhe mostrar um papel com as instruções por escrito, assim você saberá a seqüência das atividades".

A seguir o adulto (mãe ou pai) e a criança são convidados a se acomodarem em um tapete (de aproximadamente 2 x 1 metros) no centro da sala, dentro da visão da câmera de vídeo. É importante

58 Elizabeth Batista Pinto

também deixar uma cadeira para o adulto se sentar, dentro do mesmo ângulo de visão. Sobre esta cadeira deve estar uma revista para o adulto.

As instruções são também apresentadas por escrito, gradualmente por escrito conforme a seqüência de atividades, de modo que o adulto não precise memorizá-las e, ao mesmo tempo, não seja preciso interrromper a interação com instruções verbais. A seqüência de atividades é a seguinte:

1. Brincar sem objetos

Tempo aproximado: 2 a 3 minutos.

A mãe/pai brinca com a criança sem utilizar qualquer objeto ou brinquedo. O examinador não deve interferir na escôlha da brincadeira, que pode incluir, por exemplo, cantar, conversar, realizar jogo interativo com o corpo etc. A instrução fornecida é: *"Brinque com a sua criança como você está acostumada(o) a brincar em casa."*

2. Brincar com objetos

Tempo aproximado: 7 a 8 minutos.

Após a etapa 1, coloca-se próximo à criança e ao adulto a caixa de brinquedos. Propõe-se ao adulto, mãe ou pai, brincar com a criança utilizando os brinquedos. A instrução fornecida é a mesma da etapa 1: *"Brinque com a sua criança como você está acostumada(o) a brincar em casa."*

3. Ensinar

Tempo aproximado: 2 a 3 minutos.

Após a etapa 2, coloca-se próximo à criança e ao adulto um brinquedo que seja um pouco mais avançado, considerando a idade da criança, e que o adulto deva realizar com a criança. Pode ser, por exemplo, um pequeno quebra-cabeças adequado, mas não muito simples para a idade da criança. A instrução fornecida é: *"Tente fazer a sua criança montar este quebra-cabeças, mesmo que seja um pouco difícil para ela/ele."*

A ANÁLISE DAS INTERAÇÕES PAIS/BEBÊ EM ABORDAGEM PSICODINÂMICA

4. Ignorar
Tempo aproximado: 2 a 3 minutos.
Após a etapa 3, pede-se para o adulto sentar na cadeira e olhar uma revista. A instrução fornecida é:
"Agora você irá deixar os brinquedos com a criança, sentar-se na cadeira e pretender ler a revista, não lhe dando atenção. Eu gostaria de conhecer as reações de dela(e) quando você não lhe dá atenção."

5. Separar
Tempo aproximado: 2 a 3 minutos.
Após a etapa 4, pede-se para o adulto deixar a sala. A instrução fornecida é:
"Saia da sala, mas fique próxima(o) à porta. Você pode retornar após alguns instantes."

6. Reunir
Tempo aproximado: 3 a 5 minutos.
O adulto entra na sala e se reune à criança. Neste item não se fornece instruções específicas ao adulto, mas se faz uma observação dos comportamento do adulto e da criança quando se reúnem novamente.

A avaliação da seqüência interativa em vídeo proposta pelo Procedimento de Análise da Interação – IAP considera, em uma análise qualitativa, a interação comportamental e a interação afetiva, avaliadas seguindo a proposta da EAS (Biringen e cols., 2000).

Assim, o vídeo é observado considerando os comportamentos do adulto (mãe/pai), o comportamento da criança e a interação da díade, seguindo o protocolo de observação.

Comportamentos da mãe ou pai:

1. Sensibilidade:
A sensibilidade da mãe ou do pai é analisada em uma escala contínua de 1 a 9, com a seguinte graduação: *9 = excelente; 7 = boa; 5 = inconsistente; 3 = fraca* e o *1 = inexistente.*

São indícios de elevada sensibilidade parental os seguintes comportamentos:

A mãe/pai apresenta em relação à criança:
- ✓ um comportamento emocional positivo, apropriado e criativo;
- ✓ expressão facial e tom da voz que indicam prazer, não se verificando mudanças bruscas na tonalidade emocional;
- ✓ interesse, prazer e diversão genuínos, autênticos e congruentes, como se pode observar pelos sorrisos calorosos, contato olho-a-olho interessado, contato físico reconfortante e brincalhão etc.;
- ✓ comportamento flexível e adaptável, de acordo com a demanda da situação específica;
- ✓ uma leitura acurada dos sinais da criança, mesmo os mais sutis e reações apropriadas na interação;
- ✓ senso de ritmo temporal na troca interativa bem desenvolvido, com transição suave e adequada entre os estados e as atividades;
- ✓ mostra uma quantidade elevada de interação;
- ✓ quando separado da criança, mantém uma conexão emocional à distância, seja através do olhar ou da fala;
- ✓ apresenta comunicações verbais e visuais que não são constantes e extremas;
- ✓ realiza declarações afirmativas sobre a criança demonstrando aceitação;
- ✓ tem um tempo de latência breve aos sinais de tensão, buscando explorar e compreender as comunicações da criança;
- ✓ lida com as situações de conflito de forma suave e afetiva, de modo a evitar longas quebras no relacionamento.

Os comportamentos acima podem ser observados na interação altamente sensível da mãe/pai com a criança.

A sensibilidade na interação avaliada como *9 = excelente* indica uma qualidade especial que pode ser observada na interação; na avaliação *7 = boa*, o comportamento dos pais é semelhante ao comportamento altamente sensível, mas sem uma qualidade excelente nas

A ANÁLISE DAS INTERAÇÕES PAIS/BEBÊ EM ABORDAGEM PSICODINÂMICA 61

trocas interativas, indicando mãe/pai suficientemente boa/bom; na pontuação *5 = inconsistente,* apesar de haverem mostras de sensibilidade parental, o observador julga difícil afirmar que o comportamento da mãe/pai seja bem saudável, seja por inconsistências, ambivalências ou flutuações; o resultado *3 = fraca,* corresponde a um estilo ativo/rude ou seu oposto, passivo/deprimido e afetivamente pouco expressivo (plano), onde, no entanto, se pode observar ainda alguns aspectos positivos; e o *1 = inexistente,* o adulto mostra um nível baixo de interação positiva com a criança, e muitas vezes apresenta uma afetividade negativa.

Completando a avaliação da sensibilidade parental, incluem-se 3 tipos de inconsistências que podem ser observadas: 1) inconsistência entre o conhecimento declarado e o comportamento emocional/afetivo, com uma "aparência de sensibilidade" associada a afetos inapropriados (hiperexagerado ou pretencioso ou meloso ou ansioso etc.); 2) inconsistência entre uma afetividade calorosa e uma falha em prover o que é apropriado para o desenvolvimento da criança, e 3) inconsistência na díade mãe/criança ou pai/criança, quando apesar dos esforços parentais a criança se mostra pouco responsiva e o adulto segue buscando outras estratégias sem considerar o estilo interativo da criança.

2. Estruturação

A capacidade de estruturação da mãe ou do pai é analisada em uma escala contínua de 1 a 5, com a seguinte graduação: *5 = excelente; 3 = inconsistente* e *1 = inadequada.*

Os seguintes comportamentos são indícios de excelente estruturação parental:

A mãe/pai apresenta em relação à criança:

✓ um comportamento com apropriado grau de estruturação, com o qual a interação se mostra bem sucedida;

✓ a possibilidade que a criança dirija a interação, oferecendo principalmente o apoio, isto é, possibilitando à criança a exploração da situação tomando como base a estrutura que a mãe/pai lhe oferece;

62 Elizabeth Batista Pinto

✓ um comportamento ativo na interação e na brincadeira, fornecendo informações adequadas, apoio para avançar no desenvolvimento, ajuda para realizar atividades mais complexas etc.;
✓ limites claros e firmes (mas não rudes);
✓ comportamento que inclui medidas preventivas, sempre que possível, relativas por exemplo a problemas, dificuldades, comportamentos inadequados ou perigosos da criança;
✓ nos jogos ou brincadeiras, aumenta a possibilidade da criança vencer, mas provendo regras e regulações apropriadas à idade da criança.

A estruturação parental na interação avaliada como *5 = excelente,* indica que a mãe ou o pai demonstra que se sente bem na situação, fornece excelente estruturação para a criança e é bem sucedido; uma pontuação *3 = inconsistente,* significa que há inconsistências na forma como o adulto estrutura ou estabelece limites para a criança, por exemplo quando mostra tentativas repetitivas de estruturar a atividade que não são bem sucedidas; e o resultado *1 = inadequada,* sugere que a mãe ou pai não coloca limites e não provê estrutura para a criança, por exemplo sendo passivo ou indulgente, realizando brincadeira paralela, ou permitindo que a criança estruture totalmente a brincadeira, sem fornecer limites adequados.

3. Não-intrusividade

A capacidade de não-intrusividade da mãe ou do pai também é analisada em uma escala contínua de 1 a 5, com a seguinte graduação: *5 = não-intrusivo; 3 = parcialmente intrusivo* e o *1 = intrusivo.*

São indícios de não-intrusividade parental um comportamento apropriado, correspondente à zona proximal de desenvolvimento do comportamento da criança, e afinado às reações da criança.

Por outro lado, são indícios de intrusividade parental: a hiper-diretividade, hiper-estimulação, inferência ou super-proteção; tratar a criança como mais jovem do que ela é; ter comportamentos que diminuam a autonomia apropriada para a criança etc.

A não-intrusividade parental na interação avaliada como *5 = não-intrusivo,* demonstra que o adulto tem a qualidade de estar afetivamente presente na interação sem que dela se apodere; deixa a criança liderar e oferece as bases da brincadeira de acordo com a liderança da criança, favorecendo o espaço para uma interação suave; na avaliação *3 = parcialmente intrusivo,* a mãe/pai freqüentemente estabelece os passos da interação, faz perguntas, dirige o curso da brincadeira, faz sugestões, propõe mudanças para temas opostos àqueles escolhidos pela criança; é um comportamento que se parece mais como diretivo e super-protetor do que propriamente intrusivo; e a avaliação como *1 = intrusivo,* indica uma mãe/pai super-estimulador, que não oferece espaço suficiente para a criança explorar e conduzir.

4. Não-hostilidade

O comportamento de não-hostilidade da mãe ou do pai também é analisado em uma escala contínua de 1 a 5, com a seguinte graduação: *5 = não-hostil; 3 = hostilidade encoberta* e o *1 = hostil.*

São indícios de hostilidade parental o comportamento marcado por expressão facial ou vocal de hostilidade dirigida à criança. A natureza da interação é ameaçadora e/ou amedrontadora.

A não-hostilidade parental na interação avaliada como *5 = não-hostil* demonstra que o adulto não apresenta qualquer indício de hostilidade (óbvia ou encoberta) para com a criança; uma avaliação *3 = hostilidade encoberta* significa que o adulto mostra alguns sinais de hostilidade como impaciência, desconforto, aborrecimento, provocação, elevação da voz, atitude de sofrimento etc. que podem estar acobertados; e avaliação *1 = hostil,* o adulto é claramente rude para com a criança, seja na expressão facial, vocal ou no comportamento, podendo ameaçar com separação ou comportamento abusivo, ou mesmo sarcasmo ou frieza.

Comportamentos da criança:
1. Responsividade

A responsividade da criança diz respeito à sua predisposição para a troca interativa com o adulto. Considera a resposta da criança a uma tentativa de interação da mãe/pai, em termos da existência da resposta e de sua qualidade afetiva.

A responsividade pode aparecer em dois aspectos do comportamento da criança: 1) a avidez e disposição para a interação com o adulto, seguindo uma tentativa de troca interativa por parte deste e; 2) a demonstração clara de prazer na interação.

A responsividade da criança é analisada em uma escala contínua de 1 a 7, com a seguinte graduação: *7 = excelente*; *5 = moderada; 3= fraca* e o *1 = inexistente*.

A responsividade da criança na interação avaliada como *7 = excelente*, indica um excelente equilíbrio entre responsividade ao adulto e autonomia nas atividades, combinado com uma postura afetiva positiva; a criança responde às tentativas da mãe/pai mas sem urgência e ansiedade, demosntrando prazer; a pontuação *5 = moderada*, implica nas mesmas qualidades apresentadas anteriormente, mas bem menos expressivas, por exemplo, demonstrando prazer menos freqüente, ou necessitando maior encorajamento para interagir; a avaliação *3 = fraca* indica uma séria preocupação com relação à responsividade afetiva e comportamental da criança com relação à mãe/pai; e a pontuação *1 = inexistente*, é dada quando a criança raramente mostra responsividade afetiva e comportamental as tentativas de interação da mãe/pai.

2. Envolvimento

O envolvimento da criança na interação diz respeito ao grau no qual ela segue e se envolve na brincadeira da mãe/pai.

O envolvimento da criança é analisado também em uma escala contínua de 1 a 7, com a seguinte graduação: *7 = excelente*; *5 = moderada; 3= fraca* e o *1 = inexistente*.

O envolvimento da criança na interação avaliado como *7 = excelente*, significa que ela mostra um equilíbrio entre ser autônoma nas atividades e conduzir o adulto para a interação, o que é demonstrado através de contato visual, físico ou verbal, sem tensão ou urgência; a pontuação *5 = moderado* implica em uma interação na qual a criança mostra mais interesse na atividade do que no engajamento na

A ANÁLISE DAS INTERAÇÕES PAIS/BEBÊ EM ABORDAGEM PSICODINÂMICA 65

interação, mas periodicamente demanda alguma atenção do adulto; a graduação *3 = fraco* é dada quando a criança não tenta conduzir o adulto para a interação, podendo ter um comportamento de evitação ou desinteresse na atividade e na interação; e a avaliação como *1 = inexistente* significa que a criança não se orienta com relação à mãe/ pai, e não propõe nem elabora a troca interativa.

Assim, as observações e análises propostas no *Procedimento de Análise da Interação* – IAP permitem que se conheçam aspectos importantes de cada um dos participantes da díade e sua interação, inferindo-se o tipo de apego estabelecido entre a criança e a mãe ou o pai.

Na análise do vídeo da interação pais/criança, segundo a proposta do *Procedimento de Análise da Interação* – IAP, deve-se avaliar cada item do comportamento do adulto – sensibilidade, estruturação, não-intrusividade e não-hostilidade – e da criança – responsividade e envolvimento. É necessário também fazer uma descrição qualitativa, especificando os comportamentos interativos que expliquem e justifiquem a pontuação de cada item, considerando os elementos fundamentais da interação, tais como a regulação recíproca das trocas interativas, a mutualidade psíquica mãe/pai/criança, o mandato transgeracional e os padrões de parentalidade da mãe/pai em seus aspectos comportamentais e afetivos.

Concluindo, a análise da interação mãe/pai com a criança através do Procedimento da Análise da Interação – IAP possibilita a detecção precoce das dificuldades de desenvolvimento emocional da criança e de distúrbios da interação (Batista Pinto, 2000), sendo um procedimento importante e fundamental para o diagnóstico psicológico da criança de 0 a 4 anos de idade, e para o planejamento da intervenção psicológica na dinâmica familiar.

REFERÊNCIAS BIBLIOGRÁFICAS

ACKERMAN, N. W. (1971). *Diagnostico y tratamiento de las relaciones familiares. Psicodinamismos de la vida familiar.* Buenos Aires, Paidós.

AINSWORTH, M. D. S. (1969). Object relations, dependency and attachment: a theoretical review of the infant-mother relationship. *Child Development.* 40:969-1025.

AINSWORTH, M. D. S.; BELL & STAYTON (1974). Infant-mother attachment and social development. In: RICHARDS, M. P. (org.). *The introduction of the child into a social world.* (pp. 99-135). London, Cambridge University.

AINSWORTH, M. D. S.; BLEHAR, M. C.; WATERS, E. & WALL, S. (1978). *Patterns of attachment: A psychological study of the Strange Situation.* Hillsdale, New Jersey, Erlbaum.

BATISTA PINTO, E.; VILANOVA, L. C. P. & VIEIRA, R. M. (1997). *O desenvolvimento do comportamento da criança no primeiro ano de vida: padronização de uma escala para a avaliação e o acompanhamento.* São Paulo, Fapesp/Casa do Psicólogo.

BATISTA PINTO, E. (2000). Psicoterapia breve mãe/bebê. In: ROHENKOHL, C. F. (org.). *A clínica com o bebê.* São Paulo, Casa do Psicólogo.

_____. (2001). L'alchimiste des interactions. *Journal des Psychologues. La passion des bébés: Serge Lebovici.* Hors-série. 72:73. Paris.

BATISTA PINTO, E.; GRAHAM, S.; IGERT, B. & SOLIS-POTON, L. (2004a). A criança prematura: implicações da parentalidade. In: SILVA, M. C. P. e SOLIS-POTON, L. (org). *Ser pai, ser mãe: a parentalidade, desafio para o terceiro milênio.* São Paulo, Casa do Psicólogo.

BATISTA PINTO, E. (2004b). Os sintomas psicofuncionais do bebê. *Estudos de Psicologia.* Rio Grande do Norte. 9(3) 451:457.

BICK, E. (1964). Notes on infant observation in psychoanalytic training. *International Journal of Psychoanalysis. 45:* 558-566.

BICK, E. (1968). The experience of the skin in early object relations. *International Journal of Psychoanalysis. 49:* 484-486.

BIRINGER, Z.; ROBINSON, J. L. & EMDE, R. N. (2000). Appendix B: The emotional availability scales (3rd ed.; and abridged infancy/early childhood version). *Attachment & Human Development.* 2(2):256-270.

BOWLBY, J. (1969). *Attachment and loss.* v. 1. London, Hogarth.

_____. (1982). *Formação e rompimento dos laços afetivos.* São Paulo, Martins Fontes.

A ANÁLISE DAS INTERAÇÕES PAIS/BEBÊ EM ABORDAGEM PSICODINÂMICA   67

BRAZELTON, T. B. (1962). Crying in infancy. *Pediatrics.* 29:121-128.

BAZELTON, T. B . & ALS, H. (1981). Quatre stades précoces au cours du développement de la relation mère-nourisson. *Psychiatrie de l'enfant,* 24(2), 397-418.

COSNIER, J. (1984). Observation directe des interactions précoces ou les bases de l'épigénèse interactionnelle. *Psychiatrie de l'enfant.* 27(1):107-126.

CRAMER, B. (1974). Interaction réelle et interaction fantasmatique. Réflexion au sujet des thérapies et des observations du nourisson. *Psychothérapies.* 1:39-47.

_____. (1985). Psychothérapies du nourrisson. In: LEBOVICI, S.; DIATKINE, R. & SOULÉ, M. (Eds.). *Traité de psychiatrie de l'enfant et de l'adolescent.* v. 2. Paris, Presses Universitaires de France.

_____. (1987). Objective and subjective aspects of parent-infant relations: an attempt at correlation between infant studies and clinical work. In: OSOFSKY, J. D. *Handbook of infant development.* New York, John Wiley.

_____. (1988). *Psychiatrie du bébé, nouvelles frontières.* Paris/ Genève, Eshel.

_____. (1997). *Segredos femininos: de mãe para filha.* Porto Alegre, Artes Médicas.

_____. (1999). Técnica das terapias breves pais/crianças pequenas. In: GUEDENEY, A. & LEBOVICI, S. (orgs.). *Intervenções psicoterápicas pais/bebê.* Porto Alegre, Artes Médicas.

CRAMER, B. & PALACIO-ESPASA, F. (1993). *Técnicas psicoterápicas mãe/bebê: estudos clínicos e técnicos.* Porto Alegre, Artes Médicas.

FIELD, T. (1987) Interaction and attachment in normal and atypical children. *Journal of Consulting Clinical Psychology. 55:* 853-859.

FONAGY, P. (1999). Persistencias transgeneracionales del apego: una nueva teoría. *Aperturas psicoanaliticas: hacia modelos integradores.* Recuperado em 9 de setembro de 2005. http://www.aperturas.org/ temariogeneral.html.

FRAIBERG, S.; ADELSON, E. & SHAPIRO, V. (1975). Ghosts in the nursery: a psychoanalytic approach to the problems of impaired mother-infant relationships. *Journal of the American Academy of Child Psychiatry. 14:*387-421.

FRAIBERG, S. (1980) *Clinical studies in infant mental health: the first year of life.* New York, Basic Books.

GAUTHIER, Y. (1979). De la "mauvaise mère" à lavulnerabilité de la relation parents-enfant. *Canadian Journal of Psychiatry.* 24:633-664.

GOLSE, B. (1998). Attachement, modèles opérants internes et métapsychologie, ou comment ne pas jeter l'eau du bain avec le bébé. In: BRACONNIER, A. & SIPOS, J. *Le bébé et les interactions précoces.* Paris, Presses Universitaires de France.

GREENSPAN, S. I. & LIEBERMAN, A. F. (1980). Infants, mothers and their interaction: a quantitative clinical approach to developmental assessment. In: GREENSPAN, S. I. & POLLOCK, G. H. *The course of life: psychoanalitical contributions toward understanding personality development.* v. I, Infancy and early childhood. National Institute for Mentl Health. Washington, D.C., US Government.

GUEDENEY, A. & LEBOVICI, S. (1999). *Intervenções psicoterápicas pais/ bebê.* Porto Alegre, Artes Médicas.

KREISLER, L. (1989). Sémiologie et classification en psiquiatrie du jeune enfant. In: LEBOVICI, S. & WEIL-HALPERN, F. Traité de psychopathologie du noussisson. Paris, Presses Universitaires de France.

LEBOVICI, S. (1983). *Le bébé, la mère et le psychanalyste: les interactions precoces.* Paris, Le Centurion.

_____. (1992). La théorie de l'attachement et la métapsychologie freudienne. *Devenir.* 4(4): 33-48.

_____. (1994). L'homme dans le bébé. *Revue Française de Psychanalyse. LVIII* (3): 661-680.

_____. (1996). La transmission intergénérationnelle ou quelques considérations sur l'utilité de l'étude de l'arbre de vie dans les consultations thérapeutiques parents/bébé. In: DUGNAT, M. *Troubles relationnels père-mère/bébé: quels soins?* Ramonville St Agne, Érès.

_____. (1998). L'arbre de vie. *Journal de psychanalyse de l'enfant. Les psychothérapies psychanalytiques.* 22: 98-127.

LEBOVICI, S.; MAZET, P. & VISIER, J.-P. (Eds.). (1989). *L'évaluation des interactions précoces entre le bébé et ses partenaires.* Paris, Eshel.

A ANÁLISE DAS INTERAÇÕES PAIS/BEBÊ EM ABORDAGEM PSICODINÂMICA 69

MAIN, M. & SOLOMON, J. (1990). Procedures for identifying infants as disorganized/disoriented during Ainsworth strange situation. In: GREENBERG, M. T.; CICHETTI, D. & CUMMINGS, E. M. (Eds.). *Attachment in the preschool years.* Chicago, University of Chicago Press.

MAIN, M. & WESTON, D. R. (1981). The quality of the toddler's relationship to mother and to father: Related to conflict behavior and the readiness to establish new relationships. *Child Development.* 52:932-940.

MAZET, P. (2005). The contribution of the study of the earliest interactions to the understanding of the early parent child relationships. Recuperado em 9 de Setembro de 2005. http://www.kaimh.org/mazet.htm.

MAZET, P.; CUKIER-HEMEURY, F.; LATOCH, J.; ROSENBLUM, O. & SITBON, H. (1989). Étude historique et critique. In: LEBOVICI, S.; MAZET, P. & VISIER, J.-P. (Eds.). *L'évaluation des interactions précoces entre le bébé et ses partenaires.* Paris, Eshel.

MAZET, P. & STOLERU, S. (1990). *Manual de psicopatologia do recém-nascido.* Porto Alegre, Artes Médicas.

MONTAGNER, H. (1988). L'attachement. *Les débuts de la tendresse.* Paris, Odile Jacob.

ROBERT-TISSOT, C.; RUSCONI-SERPA, S.; BACHMAN, J.-P.; BESSON, G.; CRAMER, B.; KNAUER, D.; MURALT, M. de; PALACIO-ESPASA, F. (1989). Le questionnaire "Sympton Check-List". In: LEBOVICI, S.; MAZET, P. & VISIER, J.-P. (Eds.). *L'évaluation des interactions précoces entre le bébé et ses partenaires.* Paris, Eshel.

SILVA, M. C. P. & SOLIS-POTON, L. (orgs.). (2004). *Ser pai, ser mãe: a parentalidade, desafio para o terceiro milênio.* São Paulo, Casa do Psicólogo.

SOLIS-POTON, L. (org.). (2002). *La parentalité, défi pour le troisième millénaire.* Paris, Presses Universitaires de France.

STERN, D. N. (1977). *The first relationship infant and mother.* Cambridge, Harvard University.

_____. (1985). *The interpersonal world of the child. A view from Psychoanalysis and Developmental Psychology.* New York, Basic Books.

STERN, D. N.; ROBERT-TISSOT, C.; BESSON, G.; RUSCONI-SERPA, S.;

MURALT, M. de; CRAMER, B. & PALACIO-ESPASA, F. (1989). L'entretien "R": une méthode d'évaluation des representations maternelles. In: LEBOVICI, S.; MAZET, P. & VISIER, J.-P. (Eds.). *L'évaluation des interactions précoces entre le bébé et ses partenaires.* Paris, Eshel.

STERN, D. N.; ROBERT-TISSOT, C.; MURALT, M. de & CRAMER, B. (1989). Le Kia-profil: un instrument de recherche clinique pour l'évaluation des états affectifs du jeune enfant. In: LEBOVICI, S.; MAZET, P. & VISIER, J.-P. (Eds.) *L'évaluation des interactions précoces entre le bébé et ses partenaires.* Paris, Eshel.

STERN, D. N. (1997). *A constelação da maternidade: o panorama da psicoterapia pais/bebê.* Porto Alegre, Artes Médicas.

TRAD, P.V. (1997). *Psicoterapia breve pais/bebê.* Porto Alegre, Artes Médicas.

WINNICOTT, D. W. (1969). De la pédiatrie à la psychanalyse. Paris, Payot.

_____. (1982). *O ambiente e os processos de maturação: estudos sobre a teoria do desenvolvimento emocional.* Porto Alegre, Artes Médicas.

A ANÁLISE DAS INTERAÇÕES PAIS/BEBÊ EM ABORDAGEM PSICODINÂMICA

Procedimento de Avaliação da Interação
Interactional Assessment Procedure – IAP
E. Batista Pinto, 2005

Nome do Examinador:_____

Data do IAP:_____

Nome da criança: _____

Idade:_____

Data de Nascimento:_____

Nome da mãe:_____

Nome do pai:_____

Interação observada com: Mãe ( ) Pai ( ) Outro adulto ( )

Observações sobre o processo de registro em vídeo:

Avaliação: Comportamento do adulto:

1. Sensibilidade

1	3	5	7	9
Inexistente	Fraca	Inconsistente	Boa	Excelente

2. Estruturação

1	3	5
Inadequada	Inconsistente	Excelente

3. Não-intrusividade

1	5	3
Intrusivo	Parcialmente intrusivo	Não intrusivo

4. Não-hostilidade

1	3	5
Hostil	Encoberta	Não hostil

Avaliação: Comportamentos da criança:

1. Responsividade

1	3	5	7
Inexistente	Fraca	Moderada	Excelente

2. Envolvimento

1	3	5	7
Inexistente	Fraco	Moderado	Excelente

Análise descritiva do processo:

Capítulo 3

A OBSERVAÇÃO DA RELAÇÃO MÃE-BEBÊ ATRAVÉS DO MÉTODO BICK

Rita de Cássia Sobreira Lopes, Aline Groff Vivian,
Lisiane Machado de Oliveira-Menegotto, Tagma Schneider Donelli,
Nara Amália Caron

O método psicanalítico de observação de bebês foi originalmente proposto por Esther Bick (1964), em 1948, com o objetivo de auxiliar na formação de psicoterapeutas infantis. Foi incluído como parte do curso de formação da Clínica de Tavistock, em Londres, e, em 1960, foi incorporado ao plano de estudos no Instituto de Psicanálise Britânico. O método foi trazido da Inglaterra para o Brasil por Virgínia Leone Bicudo e Lygia Alcântara do Amaral, ambas psicanalistas (Neuman & Faria, 1997) onde foi bastante difundido. Nos estados do Rio de Janeiro e São Paulo, o método faz parte do currículo dos candidatos à formação psicanalítica há mais de 20 anos. Na Sociedade Brasileira de Psicanálise do Rio de Janeiro, a disciplina de observação de bebês, enfocando o método Bick, é ministrada desde 1974. Em Porto Alegre, algumas instituições vêm utilizando o método em cursos de graduação em medicina e na formação de psicoterapeutas, com o intuito de familiarizar o aluno com a observação direta da relação mãe-bebê, capacitá-lo a observar as ações da dupla mãe-bebê, identificar os padrões de vínculo que se estabelecem na díade, além de compreender o desenvolvimento emocional da criança (Kompinsky, 2000).

Segundo Bick (1964), o método oferece uma oportunidade de se observar o desenvolvimento de um bebê desde o nascimento e estu-

74 Rita Lopes, Aline Vivian, Lisiane Menegotto, Tagma Donelli e Nara Caron

dar como se originam e se desenvolvem as relações da criança com seu meio, assinalando, principalmente, os aspectos relacionais da dupla mãe-bebê.

A duração de dois anos, proposta pelo método, permite que a observação percorra o período mais importante, porque fundante, da vida emocional do ser humano. Como assinala Winnicott (1963/1988b), autor que se dedicou ao estudo do desenvolvimento emocional primitivo, o bebê nasce em um estado de dependência absoluta – depende do ambiente para a sua sobrevivência. Para Winnicott (1960/1988a), existem tendências individuais herdadas, as quais dependem de uma provisão ambiental suficientemente boa para que sejam desenvolvidas. É através do *holding* que, segundo o mesmo autor, se caracteriza pelo *holding* físico na vida intra-uterina e se estende para todo o cuidado adaptativo posterior com o bebê, que o desenvolvimento dessas tendências herdadas se torna possível.

No início, em geral, a mãe faz uma adaptação quase perfeita às necessidades do bebê. Ela pode fazer isso porque entra num estado especial, que se inicia na gravidez, denominado *preocupação materna primária* (Winnicott, 1956/2000). Trata-se de um estado regressivo, de sensibilidade aumentada, que possibilita à mãe se identificar com o bebê. Ela torna-se capaz, assim, de compreender exatamente o que o bebê necessita, no momento em que necessita. Através de sua presença constante e receptiva, a mãe ajuda a construir um elemento essencial da relação com o bebê, que é a confiabilidade. A confiabilidade, na teoria winnicottiana, significa previsibilidade – a mãe evita que alguma coisa inesperada interrompa a continuidade de ser do bebê (Dias, 2003). A comunicação da confiabilidade, no início silenciosa, é baseada na empatia materna. Trata-se de uma comunicação "em termos de anatomia e fisiologia de corpos vivos" (Winnicott, 1969/1994, p. 200).

O método Bick oferece ao observador a oportunidade de explorar as comunicações primitivas, e a linguagem não-verbal, ambas ligadas a etapas iniciais do desenvolvimento infantil (Furhmeister & col., 2001). Por sua postura sensível e receptiva, o observador en-

A OBSERVAÇÃO DA RELAÇÃO MÃE-BEBÊ ATRAVÉS DO MÉTODO BICK

contra-se numa posição privilegiada para captar as comunicações não-verbais da mãe e do bebê. Como assinalado por Chiappini e Miyares (1997), o bebê transmite estados emocionais primitivos, os quais devem ser transformados psiquicamente. O observador recebe, com sua emocionalidade, sua fantasia e até o próprio corpo, as comunicações do bebê e seu entorno. Adquire uma visão binocular: observa o que se passa no exterior e se observa desde o interior. O método Bick de observação foi desenvolvido a partir do método clínico da Psicanálise. Por isso, há uma tendência a usar princípios técnicos psicanalíticos, tais como a atenção flutuante, a transferência e a contratransferência. Neste sentido, o observador ocupa papel de destaque no método, uma vez que, despojando-se de preconceitos teóricos e pré-julgamentos morais, coloca-se como observador participante, tendo o cuidado de produzir o mínimo de interferência possível, para assim, captar o inesperado. O observador deve criar em si um espaço psíquico livre de *a priori* (Houzel, 1997).

Apoiando-se na metapsicologia como a teoria do enquadre que permite a exploração de alguns aspectos do funcionamento psíquico, Houzel (1997) apontou três postulados fundamentais que estão na base do método de observação de bebês: 1) existem processos de pensamento inconscientes; 2) o psiquismo é organizado em instâncias; e 3) há uma dinâmica que se exprime nos fenômenos de transferência e contratransferência. Em relação ao primeiro postulado, o inconsciente é o instrumento do observador para captar as mensagens explícitas e implícitas do bebê e seu entorno. No que se refere ao segundo postulado, o trabalho do observador se distribui em tempos e lugares sucessivos: o tempo da observação, o tempo das anotações e o tempo da supervisão, fazendo uma associação com as três instâncias da atividade psíquica, as quais foram objeto de descrição das tópicas freudianas (inconsciente, pré-consciente e consciente). O terceiro postulado implica que o observador se deixe tomar pelo fluxo das trocas conscientes e inconscientes do bebê com o seu ambiente. Ele deve estar atento aos mínimos detalhes que compõem a cena observada.

76 Rita Lopes, Aline Vivian, Lisiane Menegotto, Tagma Donelli e Nara Caron

O observador que se deixa envolver na atividade de observação do bebê, pode realizar um uso positivo da contratransferência, procurando nos personagens da observação algo com que possa entrar em contato. O maior risco que o observador corre é o de se impermeabilizar, na tentativa de proteger-se de sentimentos despertados pela observação através de reações fóbicas ou paranóides. Baseada nas idéias de Winnicott, Ramos (1994) chamou a atenção para o fato de que o medo de ser inundado por sentimentos como o amor, o ódio e a angústia que a situação de observação costuma despertar, pode conduzir à negação destes mesmos sentimentos.

Para Reid (1997), o que vemos, ao observar as relações humanas tão de perto, é em geral extraordinariamente comovente e bonito, mas pode ser também profundamente perturbador. Pode ser comparado à observação das relações humanas, como através de um microscópio, focalizando os mínimos detalhes envolvidos em qualquer troca humana. De acordo com a referida autora, levar em consideração as percepções e as reações transferenciais parece ser uma pré-condição do observador para o entendimento das situações familiares.

Bick (1964) sugeriu que em função do material infantil ser mais primitivo, o estresse associado à contratransferência no analista de crianças é maior do que em analistas de adultos, devido aos conflitos inconscientes que afloram na relação com os pais da criança e à natureza do material da criança – projeções violentas e concretas que tornam difícil a contenção. Neste sentido, o método Bick seria uma importante alternativa de aprendizagem, uma vez que permite ao observador reconhecer e conter os sentimentos contratransferenciais, através das supervisões.

A regularidade das observações, que ocorrem no mesmo lugar e na mesma hora, demarca um *setting* constante, o que permite ao observador acompanhar a formação original das estruturas psíquicas precoces e observar a emergência da personalidade do bebê, em interação com seus cuidadores (Rustin, 1997). O *setting* mostra o estreito vínculo com a psicanálise, ou seja, atenção aos mínimos detalhes, observação do contexto, estudo da continuidade genética, tipo

A OBSERVAÇÃO DA RELAÇÃO MÃE-BEBÊ ATRAVÉS DO MÉTODO BICK

de contrato de trabalho, supervisão continuada – de preferência com psicanalista experiente – compreensão dos conflitos e sentimentos com seus dinamismos.

Este método de observação não comporta uma hipótese de trabalho, nem uma categoria de fatos a observar *a priori*, pois a atenção flutuante deve ser respeitada e tudo o que ocorrer deve ser observado (Shuttleworth, 1995). A partir da atenção flutuante, o observador pode receber comunicações explícitas e implícitas, sendo estas percebidas com ou sem o seu conhecimento. Bick (1964) ressaltou que o observador não deve tomar notas durante a observação, uma vez que esta atitude seria uma interferência na atenção flutuante. A observação pelo método Bick não é estruturada em protocolos, medidas ou convenções relatadas e codificadas.

Um dos pontos positivos dessa atividade, segundo Bick (1964), é o desenvolvimento, no observador, da capacidade de observar e de sentir, antes mesmo de teorizar: ele aprende a tolerar e até a apreciar a forma como cada mãe cuida do seu filho. Assim, os futuros analistas infantis têm a oportunidade de se desprenderem de idéias pré-concebidas sobre a melhor ou a pior maneira de cuidar de um bebê, e de se tornarem mais flexíveis em relação a isso. Nessa mesma direção, Bydlowski (2003) recomendou que antes da realização de práticas de intervenção é preciso realizar a observação com o registro e a supervisão do material.

Apesar de não ter um foco previamente definido, Rustin (1989) apontou alguns pontos que têm sido objeto das preocupações do observador, tais como: o interesse nas experiências e sensações corporais do bebê, que são vistas como a base da emergência dos estados emocionais e mentais; a natureza das relações do bebê com a sua mãe nos primeiros meses de vida, especialmente em relação à alimentação, mas incluindo todo o cuidado infantil; o processo de desmame e seu significado para mães e bebês; o desenvolvimento das capacidades infantis de expressar e explorar os estados da mente simbolicamente, através do brinquedo, especialmente em relação ao desmame e à tolerância da ausência materna e ao crescimento da consciência do contexto maior da família; as reações dos adultos frente a um novo bebê e suas demandas, incluindo as formas como a mãe pode experienciar seu bebê, como a insatisfação, o sofrimento, a fúria ou a rejeição; os estados da mente e sentimento dos irmãos, especialmente, os imediatamente mais velhos do que o bebê; as relações de mães com outros adultos significativos ao redor dela, em especial, o pai e os avós do bebê, e a forma como eles podem oferecer um ambiente de sustentação e cuidado infantil.

Uma vez apontados alguns princípios teóricos do método Bick, bem como a sua importância para a compreensão do desenvolvimento emocional infantil, passamos, a seguir, a descrever os procedimentos metodológicos envolvidos nesse tipo de observação.

Procedimentos metodológicos

O observador deve estabelecer contato com os pais durante o período de gestação. A escolha da família dá-se com o auxílio de um intermediário que apresenta o observador. O método de observação de bebês do tipo padrão consiste em visitas semanais do observador à casa do bebê, durante uma hora, desde o nascimento até o segundo ano de vida da criança.

O método Bick divide-se em três momentos: observação, relato da observação e supervisão em grupo. Durante o primeiro momento, de observação, é de fundamental importância que o observador se sinta incluído no ambiente familiar, para poder experimentar o impacto emocional criado pelo nascimento de um bebê, sem, no entanto, sentir-se comprometido a desempenhar papéis que lhe possam ser atribuídos, como o de conselheiro ou o de juiz. Isto não exclui a possibilidade do observador se mostrar útil em algumas ocasiões, como um observador participante e, portanto, privilegiado, nas palavras de Bick (1964). Como dito anteriormente, não são tomadas notas durante as observações, para não interferir na atenção flutuante. O relato de cada visita é feito posteriormente, tentando o observador excluir

A OBSERVAÇÃO DA RELAÇÃO MÃE-BEBÊ ATRAVÉS DO MÉTODO BICK 79

qualquer interpretação teórica. O material escrito é supervisionado, semanalmente, em grupo (Bick, 1964).

É importante salientar que o método Bick privilegia o olhar repetidas vezes e a observação dos detalhes, dos gestos, das trocas, das sensações, dos encontros e desencontros da dupla mãe-bebê, promovendo a descoberta ou redescoberta da comunicação não-verbal e da regressão no observador. Como precisa contar com uma disponibilidade interna, um certo vazio interior, para poder aceitar as projeções do bebê e/ou dos pais, tanto positivas quanto negativas, o observador fica numa condição eminentemente receptiva, sendo facilmente envolvido pela situação observada. Este estado é denominado de atenção flutuante. Freud (1912/1996) aconselhou: "o médico deve voltar seu próprio inconsciente, como órgão receptor, na direção do inconsciente transmissor do paciente" (p. 154).

O observador sofre intensa mobilização interna, provocada por sensações, emoções e fantasias impactantes que o atingem de diferentes graus e maneiras, conforme sua estrutura pessoal, influenciando sua função de observador. À medida que os meses passam, na seqüência das visitas, o observador vai se deixando capturar e mergulhar num clima de identificações projetivas mútuas (mãe-bebê, mãe-observador, bebê-observador), sem, contudo, nele permanecer.

A observação de bebês não é apenas uma atividade visual (Chbani e Pérez-Sanchez, 1998), mas envolve todos os sentidos. Há um intenso processo de comunicação inconsciente mãe-bebê-observador, que se reflete na *reação-surpresa* do observador, ou *reação-ao-estranho*, como denominada, em um trabalho realizado por um grupo de observação de bebês supervisionado por uma das autoras deste capítulo (Caron, Matte, Cardoso, Lopes e Dalcin, 2000). Ressalta-se, portanto, o quanto é impactante, violento, o contato com o humano, com suas cruezas, incertezas, medos e ilusões/desilusões. O observador e o grupo entram em contato com tendências comuns, sentimentos de ambivalência, angústia, agressividade, presentes no ser humano, mas em geral vivenciados como alheios ou *estranhos*, para utilizar expressões de Freud (1919/1987). O medo de invadir também é muito comum neste tipo de observação. No entanto, na sutileza e delicadeza do cotidiano, o observador é invadido e surpreendido pela violência de palavras, sensações e gestos ambivalentes, bem como pelos medos mais primitivos de solidão, escuridão e desamparo.

O trecho a seguir, retirado de um relato de observação, baseado no primeiro contato telefônico com a mãe, ilustra o quão impactante pode ser essa experiência para o observador:

> Resolvi ligar na segunda-feira, por volta das 19 horas, na esperança de conseguir agendar um horário com Elaine ainda nesta semana. Liguei para seu celular e ela atendeu. Apresentei-me e disse que gostaria de conversar com ela sobre o trabalho de observação. Ela me pareceu uma pessoa muito expansiva e simpática, mas ao mesmo tempo, me assustou um pouco. Ela parece muito ansiosa, fala rápido, acho que é difícil para ela escutar os outros, pois tive dificuldade em falar ao telefone com ela sem que ela tentasse interromper a todo instante, nem que fosse para dizer "ahã, é, pois é", ou coisa assim. Tentei deixar um horário combinado, mas ela fez questão que eu fosse até a loja em que trabalha a qualquer hora, isto é, que eu ligasse antes e, então, aparecesse. Frisou a importância de ligar antes, pois às vezes ela está fazendo algum trabalho na rua, ou então não vai trabalhar, ou tem outro compromisso. Ainda não fui falar com ela. Posso argumentar que é falta de tempo e que, provavelmente, só o terei na próxima terça-feira, mas acho que é mais. Medo, talvez. E, afinal, ela não está ganhando o bebê, falta mais de um mês. Por que a pressa?

A observadora confirma as suas primeiras impressões, ao se encontrar pessoalmente com a mãe, no final da gravidez. Segue sendo invadida por sensações, pelo medo do estranho, do desconhecido.

A mãe começou falando de como aquela gravidez era especial para ela, pois tinha custado muito para engravidar. Também come-

A OBSERVAÇÃO DA RELAÇÃO MÃE-BEBÊ ATRAVÉS DO MÉTODO BICK

çou a falar dos seus planos para quando o bebê nascer. Contou que a pessoa que vai ajudaá-la com o serviço da casa já começou a trabalhar com ela e, mais tarde, talvez seja a pessoa que também ajude a cuidar do bebê. Enquanto contava seus planos, Elaine disse que o seu filho se mexe muito, é muito agitado, como ela própria é, o chamou pelo nome e lembrou de me apresentar: "ah, esse é o Marcos!". Também acariciava muito a barriga durante a conversa e se voltava para ela, dizendo "né, meu filho", ou coisas assim... Também falou que eu poderia ir à casa dela sem problemas, afinal era só uma hora por semana, mas destacou que sua casa é bem simples, que eles ainda estão construindo e, por isso, não está acabada. Mas, ao mesmo tempo, acrescentou que eu entenderia. Também disse que tem um cachorro, uma Rotweiller muito brava, mas que ela já pediu para o marido fazer um canil no terreno ao lado da casa, que também é deles, para evitar problemas do cachorro com o Marcos (e com as visitas!), pois quer o pátio só para o filho. Elaine fala muito, fala rápido, emenda um assunto no outro; trocava de assunto sem que eu conseguisse acompanhar seu raciocínio. Ela se mostra aberta e disponível, mas acho que isso também a assusta e, quando se dá conta, quer fechar as portas, mas não consegue, é estranho... Quando estávamos nos despedindo, falou alguma coisa sobre o bebê, disse que está passando uma gravidez muito tranqüila, que se sente muito bem, passou a mão na barriga e disse "ai, ele está com soluço de novo". Como assim, soluço? E ela me convidou a dar minha mão para ela, para sentir também. Fiquei tão emocionada, estava vendo o bebê pela primeira vez! E senti seu soluço, que impressionante! Não sei bem como explicar o que senti. Fiquei tão emocionada... Já interagi com ele, com o Marcos, que legal, mas estranho... Dá um medinho, é tão desconhecido, mas está ali, tão perto... Não sei como explicar.

No primeiro encontro em casa, após o nascimento do bebê, seguem os sentimentos de estranheza. A casa não era como a observadora havia imaginado, tampouco o bebê. A aparência da mãe estava diferente, mas ela segue falando muito, invadindo a observadora com seus medos e seus próprios sentimentos de estranheza.

No contato anterior, a mãe havia me pedido para que eu não reparasse, pois a casa era simples e não estava pronta. Ela disse que tinha um terreno ao lado da casa, onde colocariam a Rotweiller, e que sua casa estava em construção. Mas realmente me surpreendi com o que encontrei. É um lugar calmo, bem residencial, e tipicamente alemão: digo isso porque os descendentes de alemães do interior costumam ter casas impecáveis, sempre bem conservadas. Entro, cumprimento Elaine, e ela me apresenta Marcos. Fiquei encantada com Marcos: ele é loirinho, mas bem cabeludo! A pele é clarinha e ele dorme tranqüilamente, com as mãozinhas sobre o peito, levemente cruzadas. Que doce! Como deve estar bom dormir ali, ele está tão bem acomodado! E eu também, ao seu lado, num lugar especial. Mas o que será que ele tem de diferente do que eu imaginei? Sei que não é o bebê que havia imaginado, mas ao mesmo tempo o identifico, é confuso. A mãe contou que esses primeiros dias estão sendo difíceis, que é tudo muito diferente da gravidez. Perguntou novamente se eu tinha filhos, e disse que quando eu os tiver, vou saber do que ela está falando. Disse: "aí tu vai ver como é, é tão estranho...". Acho que ela não sabe muito bem o que está sentindo, mas disse que se assusta com a responsabilidade, pois antes, na gravidez, onde ela ia, o bebê ia junto, que não precisava se preocupar, mas agora é tudo diferente. Ela disse também que sempre foi muito ativa, e que agora está mais parada, seu ritmo diminuiu (está presa?). Elaine me conta que o bebê dorme bastante, mas que, à noite, gosta de acordar. Acha que ele está trocando o dia pela noite, por isso deixa ele dormindo perto da claridade durante o dia, e não evita os barulhos normais da casa. Também disse que ele mama bastante, que já está até com um "calinho" no lábio superior. Contou que chorou bastante na semana anterior, por nada, que seu marido se assustou, pois ela é um pouco deprimida (disse que já teve depressão!), mas que agora, aos poucos, ela está

A OBSERVAÇÃO DA RELAÇÃO MÃE-BEBÊ ATRAVÉS DO MÉTODO BICK

melhor. Em relação a sua aparência, quando cheguei para a observação, me espantei, pois achei Elaine muito diferente da primeira vez que a vi: seu cabelo parecia mais comprido e mais escuro, e acho que senti falta da barriga! Conta que, nos primeiros dias, teve muita dor no seio, e ficou com fissuras. Seu leite também demorou para descer, e Elaine disse que esse fato a deixou muito tensa e preocupada: imaginava amamentar seu bebê e, de repente, achou que não conseguiria. Elaine ainda contou, durante a observação, sobre o dia que recebeu 11 visitas, ao mesmo tempo, na sua casa, e tal ocorrido foi referido várias vezes durante a observação. Disse que, naquele dia, teve um ataque de choro, e que sua mãe acabou evitando que viessem mais parentes. Desde então, a mãe tem passado os dias com ela. Hoje, dia da observação, ela disse para sua mãe que não precisava vir...

O observador se vê próximo e frente a uma situação que provoca intensa reação emocional: a mãe, que está em final de gravidez ou com um bebê recém-nascido, encontra-se regredida, fusionada ao bebê imaginário, numa condição difícil, desafiadora e de muita solidão. Sofreu intensas modificações físicas, fisiológicas e psicológicas. É comum o observador ver a mãe se apavorar diante das emoções dessa etapa inicial do desenvolvimento, que se caracteriza por intensas vivências emocionais. São reações comuns, mas em geral vividas como alheias ou estranhas. Ao se conectar com angústias primitivas e com a sensação de estranheza que as acompanha, o observador desempenha uma função continente importante. Ajuda a conter as angústias da mãe, o seu desamparo, à medida que acompanha o processo de separação e vinculação mãe-bebê. A simples presença empática do observador, que olha sem julgar, parece exercer uma função tranqüilizadora ou continente de angústias.

O relato escrito que corresponde ao segundo momento da observação, assim como a participação no grupo de supervisão semanal, que consiste no terceiro momento, ajudam o observador a colocar em palavras as sensações bizarras experimentadas durante a observa-

84 Rita Lopes, Aline Vivian, Lisiane Menegotto, Tagma Donelli e Nara Caron

ção. O observador pode compreender, organizar e dar sentido às experiências cruas e concretas da observação, podendo resgatar mais facilmente a sua função. O relato do observador atinge o grupo de supervisão, permeando e contaminando seus participantes, que se distribuem em papéis e funções, num trabalho de decodificação das comunicações primitivas do texto. O grupo se deixa tocar e surpreender pela experiência viva da dupla mãe-bebê e do observador.

No relato de supervisão do caso apresentado anteriormente, aparece a seguinte referência do grupo à observação:

> Que trabalho terá a observadora para dar conta de uma mãe que transborda de sentimentos e expectativas, falando muito. A mãe abre todas as portas, depois quer fechá-las, não sabe o que fazer com tanta emoção. É uma proximidade e intimidade muito grandes que parecem constrangê-las em alguns momentos – a observadora sente-se cansada.

O grupo de supervisão pode ajudar a identificar algumas projeções que operam sobre o observador e que intensificam seus próprios conflitos internos (Bick, 1964). Compreender, interpretar as situações inconscientes, vivenciadas na relação observador-mãe-bebê, recria um espaço de reflexão, traz alívio, reduz a tensão, restabelecendo-se, assim, a função do observador. O observador pode, então, deixar-se invadir pela violência de palavras, gestos ou sensações, passando a enxergá-los na sua crueza e simplicidade. Pode-se constatar que o trabalho de elaboração subjetiva do observador, com a ajuda do grupo de supervisão, acaba retornando, de alguma forma, à mãe e ao bebê, mesmo que sem palavras, através da sua postura observacional manifesta (Stern, 1997).

Sobre a Aplicação do Método em Pesquisa

Bick (1964) criou um método de observação, com o objetivo de auxiliar a formação de psicoterapeutas e psicanalistas de cri-

A OBSERVAÇÃO DA RELAÇÃO MÃE-BEBÊ ATRAVÉS DO MÉTODO BICK   85

anças, mas logo se percebeu o seu potencial de gerar novos conceitos sobre o desenvolvimento do bebê e da relação mãe-bebê. A própria Bick (1964) deixou implícito o potencial do método para a pesquisa, ao considerar a possibilidade de a observação ajudar a compreender mais claramente a experiência infantil nos primeiros anos de vida, bem como ao destacar a sua utilidade para conhecer a conduta não-verbal da criança que não fala e não joga. O fato de o trabalho de observação passar por um grupo de supervisão permite, também, a possibilidade de comparar e distinguir diferentes casos de observação. Além disso, Bick (1964) mencionou alguns benefícios da observação como treinamento para coleta de dados científicos e para o desenvolvimento do pensamento científico. Desde o início, percebe-se o quão difícil é *observar*, isto é, coletar fatos isentos de interpretação. Para Briggs (2004), Bick tinha uma suspeita em relação às palavras, pois estas poderiam obscurecer as coisas da visão e fazer perder a oportunidade de se ver algo se desenvolvendo.

A aplicação do método Bick de observação à pesquisa tem sido impulsionada pelo valor atribuído aos relatos de observação. São descrições valiosas de seqüências de comportamento do bebê, da mãe, do pai e da relação do bebê com seus familiares. Sendo assim, o estudo de caso proveniente da observação de bebês é uma excelente ferramenta de pesquisa e a própria observação de bebês pode ser reconhecida como equivalente a estudos de casos psicanalíticos em seu potencial de gerar novas idéias e influenciar a técnica clínica. Dois pesquisadores da Clínica de Tavistock, em Londres, Reid (1997) e Rustin (1989), que têm dado grande incentivo à aplicação do método na pesquisa, propuseram que cada bebê observado pode ser considerado como um estudo de caso.

Rustin (1997) ressaltou o potencial do método de observação de bebês como gerador de descobertas científicas e mencionou o artigo de Esther Bick (1968/1987), *The experience of the skin in early object relations*, como um exemplo clássico de descoberta psicanalítica a partir da observação de bebês.

86 Rita Lopes, Aline Vivian, Lisiane Menegotto, Tagma Donelli e Nara Caron

Uma área na qual a observação de bebês tem se mostrado teoricamente fértil é a investigação de estágios iniciais do desenvolvimento, como, por exemplo, o trabalho de Piontelli (1995). A autora citada desenvolveu um estudo de acompanhamento do comportamento fetal, através de ultra-sonografia, e seu impacto sobre o desenvolvimento pós-natal dos bebês. Demonstrou, através de sua pesquisa, que há continuidade nos padrões de interação dos bebês no período pré e pós-natal. Para isso, observou 11 fetos mensalmente, através de ultra-sonografias, a partir da décima-sexta semana de gestação até pouco antes do nascimento. Seguiu observando esses bebês semanalmente, até completarem um ano de vida, uma vez por mês até o segundo ano e de duas a três vezes por ano até completarem quatro anos. Negri (1997) também realizou aplicação do método Bick no contexto da ultra-sonografia, estudando o comportamento intra-útero do feto e sua relação com a mãe.

No Rio Grande do Sul está sendo desenvolvido um projeto de pesquisa longitudinal (Caron & Lopes, 2001), baseado no trabalho pioneiro de Piontelli (1995), cujo objetivo é investigar o desenvolvimento da relação mãe-bebê, desde a gestação até o terceiro ano de vida. Toda a coleta de dados é feita através de observações inspiradas no método Bick, realizadas por observadores previamente treinados no método padrão. Na gestação, um grupo de observadores acompanhou os exames de ultra-sonografia e o nascimento do bebê. Outro grupo passou a observar a dupla mãe-bebê após o nascimento, em casa, como prevê o método originalmente proposto por Bick (1964). Outros dois grupos independentes observaram os vídeos dos exames ultra-sonográficos: um deles visou apreender o clima emocional despertado apenas pelas imagens do feto, enquanto o outro se deteve na quantificação dos movimentos fetais. Todo o material foi submetido a supervisões sistemáticas, e atualmente encontra-se em fase de análise.

Outros estudos, desenvolvidos com base no método Bick de observação, também merecem ser mencionados. Lisa Miller (2002) desenvolveu um estudo sobre como um bebê de um ano desenvolve o senso de estar separado e individualizado. Já Lynda Miller (2002)

A OBSERVAÇÃO DA RELAÇÃO MÃE-BEBÊ ATRAVÉS DO MÉTODO BICK

discutiu o caráter terapêutico do método Bick, uma vez que identificou, através da observação, que pode haver uma comunicação terapêutica entre o observador e a criança observada, a partir da receptividade por parte do observador. Cowsill (2000) desenvolveu um estudo sobre a influência dos aspectos transgeracionais no desenvolvimento do bebê, ao observar um bebê que apresentara dificuldades em manter contato olho-a-olho, dificuldades para dormir e mamadas curtas e associar tais formações sintomáticas ao suicídio do avô materno e aos sentimentos de perda e luto da mãe. Somerville (2000) estudou o desenvolvimento de características autísticas em um bebê, cuja mãe teve histórias de significativas perdas, separações e mortes, resultando em uma dificuldade em lidar com a fragilidade e a dependência do bebê. Em Londres, a aplicação do método Bick de observação tem contribuído para a formação profissional e o uso de idéias psicanalíticas em intervenções com crianças e suas famílias nas comunidades (Trowell & Milles, 1996).

Outros relatos de pesquisa foram obtidos a partir da aplicação do método Bick de observação em contextos e situações atípicas. Rustin (1989) é um autor que defende a idéia de adaptar o método Bick de observação para casos atípicos. No final da década de 80, Druon (1997) observou, através do método Bick, bebês prematuros internados em uma Unidade de Tratamento Intensivo Neonatal. Este trabalho foi supervisionado pela referida autora e realizado por enfermeiras e puericultoras da Maternidade de Cochin Port Royal, em Paris, França. O trabalho precisou sofrer alguns ajustes em função de estar inserido em um ambiente hospitalar, diferente do que prevê o método padrão. As observações eram realizadas com a maior freqüência possível, isto é, todos os dias nos quais a observadora se encontrava presente ao serviço, e sempre no mesmo horário. Após a observação, era feito um relato, posteriormente supervisionado pela autora. As conclusões do estudo foram que os bebês se beneficiam de ter um observador que apenas os olha, sem fazer nenhum procedimento doloroso. Além disso, o trabalho de observação teve um efeito na equipe de enfermagem, que passou a ver os bebês desde uma outra ótica.

88 Rita Lopes, Aline Vivian, Lisiane Menegotto, Tagma Donelli e Nara Caron

Baseado no estudo anteriormente especificado, Wirth (2000) empreendeu uma aplicação do método Bick em uma Unidade de Tratamento Intensivo Neonatal em um hospital da cidade de Novo Hamburgo, Rio Grande do Sul, Brasil. O trabalho consistiu em observações semanais, com uma hora de duração, pelo período de três meses. O foco destas observações foi sempre o bebê, assim como o estudo de Druon (1997), referido anteriormente. Após o período inicial de três meses, a observadora passou também a ficar à disposição dos pais para entrevistas.

Na Clínica de Tavistock, em Londres, Reid (1997) vem desenvolvendo um trabalho de investigação de patologias precoces, como o autismo. A mesma autora observou crianças autistas, e pôde mostrar o desenvolvimento precoce de defesas autistas, apontando o valor do método de observação infantil para a compreensão do autismo, através da utilização de estudo de caso único.

Já no Rio Grande do Sul foi realizado um trabalho de observação pelo método Bick em casos de malformação fetal congênita, através de diagnóstico de ultra-sonografia (Caron & Maltz, 1994). O acompanhamento iniciava-se logo após o diagnóstico e era realizado até o desenlace. Foram acompanhados 12 casos graves de fetos malformados, com apenas dois bebês sobreviventes. A relação mãe-feto foi acompanhada, seguindo-se as observações na clínica, no hospital, nas casas, quando do parto e/ou pós-parto e após o nascimento. As autoras sugeriram que a observação tem caráter terapêutico, uma vez que o observador se coloca como continente das angústias vividas pelos pais.

Outra experiência que levou os autores a considerar a função terapêutica do método Bick de observação foi o estudo de Rajon, Rosé e Abadie (1997), que aplicaram o método Bick de observação no contexto do diagnóstico perinatal de malformação congênita em um hospital universitário. Os autores acima sugerem que a presença de um observador como terceiro participante faz continência a toda desorganização, através da empatia e da identificação, podendo servir de matriz de apoio e favorecendo uma reorganização.

A OBSERVAÇÃO DA RELAÇÃO MÃE-BEBÊ ATRAVÉS DO MÉTODO BICK

Também têm sido encontrados trabalhos de pesquisa e aplicação clínica do método Bick em diferentes instituições. Cresti e Lapi (1997) realizaram uma aplicação do método no contexto hospitalar, buscando uma abordagem mais atenta à dimensão emocional e mental das relações interpessoais e estendendo a visão da díade para a tríade mãe-bebê-hospital. As referidas autoras sugeriram que o hospital, como instituição, pode ou não ser continente da relação mãe-bebê. Matte e colaboradores (2000) fizeram considerações importantes sobre como o método Bick de observação pode ser útil e adequado para compreender os fatos que cercam o parto e o nascimento. Segundo as mesmas autoras, o nascimento é um momento intenso, repleto de surpresas, e uma pessoa disponível psiquicamente, com o objetivo de apreender o clima emocional da situação pode tornar-se cúmplice das emoções despertadas, tanto para a mãe quanto para a própria equipe médica. Appell (1997) também propôs um trabalho de aplicação do método Bick de observação a crianças pequenas em uma instituição. A autora citada observou melhoras na gestão das micro-separações e rupturas, sendo que a comunicação pré-verbal passou a ser levada em conta e utilizada de forma mais rica. Além disso, a observação também teve efeitos na postura do adulto, que se tornou mais afetuoso, atencioso, mais engajado e mais autêntico. Ainda sobre um trabalho institucional, Jardin Detry, Denis, Moreau e Silbermann (1997) apresentaram a sua experiência com o método Bick de observação numa creche e num setor de psiquiatria infantil, contando com uma equipe multidisciplinar que visa o cuidado precoce da criança pequena e o apoio da função parental. Todos os estudos anteriormente referidos apontam para a possibilidade de se fazer observação através do método Bick, de uma forma terapêutica, dentro de uma instituição.

Apesar de o método Bick estar sendo aplicado em diferentes contextos, seu uso em pesquisa ainda não se encontra muito difundido, especialmente no meio acadêmico. Appio e Matte (1999) relataram uma experiência de observação de um caso único, com dois anos de duração, apontando uma das possíveis aplicações do método em pesquisa qualitativa. Este estudo converge com a afirmação de

90 Rita Lopes, Aline Vivian, Lisiane Menegotto, Tagma Donelli e Nara Caron

Sonzogno (1998) de que o método Bick é, por excelência, um instrumento adequado para fins de pesquisa qualitativa. No Rio de Janeiro, Chahon (em Piccinini & cols. 2001) apontou para a importância do método Bick de observação e suas várias possibilidades de desdobramento, aplicação e pesquisa em diferentes contextos da universidade e da comunidade, tais como o Serviço Materno-Infantil do Hospital Universitário da Universidade Federal Fluminense (UFF), o Serviço de Psicologia Aplicada, Juizados da Infância e Adolescência e Conselhos Tutelares. Cordeiro, Pereira, Andrade, Mourão e Picanço (2004) relataram a inserção da observação na creche da UFF, na qual as crianças eram acompanhadas inicialmente em casa e depois na creche, através da observação pelo método Bick. No Rio Grande do Sul, estão sendo feitas aplicações do método por um grupo de pesquisa da Universidade Federal do Rio Grande do Sul, composto pelas autoras do presente capítulo. Um dos trabalhos desenvolvidos pelo grupo consiste na aplicação do método Bick na observação de um bebê portador de síndrome de Down (Oliveira-Menegotto, 2004). Outro trabalho do mesmo grupo está sendo realizado no contexto hospitalar, tendo por objetivo a observação de parturientes na sala de parto (Donelli, 2005). Finalmente, um terceiro estudo do grupo consiste na aplicação do método Bick numa pesquisa, cujo foco é o desenvolvimento emocional durante o primeiro ano de vida de um bebê, em uma família numerosa, constituída pelos pais e por outras três crianças pequenas, na faixa etária de dois a quatro anos de idade (Vivian, 2006).

Potencialidades e limitações do método Bick

O método Bick é freqüentemente comparado com o próprio método de observação em psicanálise, sendo este associado aos fundamentos da técnica psicanalítica, fornecendo as bases para a teoria da associação de idéias. De acordo com Rosa (1995), existem muitos pontos em comum entre ambos os métodos – da técnica psicanalítica

A OBSERVAÇÃO DA RELAÇÃO MÃE-BEBÊ ATRAVÉS DO MÉTODO BICK 91

e de Bick – como a premissa de observar os mesmos fenômenos repetidas vezes, até que estes *comecem a falar*, fazendo emergir padrões de comportamento passíveis de entendimento. Outro ponto em comum seria o fato de ambos métodos trabalharem com a falta de acesso direto às produções da mente humana, tais como: fantasias, emoções, ansiedades, mecanismos mentais e representações. Mesmo quando há palavras envolvidas, estas nem sempre revelam, em seu conteúdo imediato, o que se quer saber, pois as palavras são, elas próprias, transformações à espera de reconhecimento no domínio do relacionamento humano.

Além disso, tanto no método Bick como na observação em psicanálise, a questão da comunicação não-simbólica se faz presente, e pode ser amparada na teoria da identificação projetiva. Para Rosa (1995), a identificação projetiva não é uma forma simbólica de comunicação, pois o impacto direto de um estado mental de uma mente sobre outra pode ter um potencial comunicativo que ultrapassa a esfera dos símbolos.

Rustin (2001a) diferenciou o método Bick do método de pesquisa empírica tradicionalmente utilizado pela psicologia do desenvolvimento infantil. Para o autor citado, o referido método é, em geral, de tipo analítico, isto é, procura analisar formas complexas de comportamento e de interação, identificando e estudando separadamente os seus elementos. Já na observação de bebês, procura-se identificar padrões recorrentes de comportamentos envolvidos nos relacionamentos familiares. Assim, o método Bick seria de tipo sintético, mais comprometido em compreender e descobrir significados, do que propriamente explicá-los.

Outras divergências entre o método Bick de observação e os outros métodos que os empiristas, críticos da psicanálise, reconhecem como válidos podem ser apontadas (Borensztejn, 2001). O método Bick é intensivo e não possibilita realizar estudos comparativos sobre o desenvolvimento. Seu maior potencial está na possibilidade de gerar novas hipóteses e seu alcance consiste na profundidade da análise, não na quantidade. O trabalho pertence ao contexto da des-

92 Rita Lopes, Aline Vivian, Lisiane Menegotto, Tagma Donelli e Nara Caron

coberta, assim como na psicanálise, mais do que ao da validação. Portanto, o método Bick de observação é compatível com as ciências humanas, pois considera um ponto de vista específico, um marco definido que seleciona aspectos do mundo para seu estudo sistemático. Esta seletividade de interesses é totalmente compatível com as normas de consistência lógica e exatidão empírica na aplicação de teorias e conceitos à experiência.

Uma distinção epistemológica importante no que se refere à metodologia observacional é feita por Houzel (1997). O autor ressaltou a importância de não se confundir os estudos de alguns psicanalistas que recorreram a observações do tipo experimental, como Spitz (1979), ou que se inspiraram neste tipo de observação, como Bowlby (1988), com os estudos de observação psicanalítica. Houzel (1997) também referiu-se ao fato de que a observação experimental visa pôr em evidência um fenômeno previsto por hipótese teórica, que serve de suporte e referência ao experimento, de tal forma que se possa estabelecer uma relação de causa e efeito entre o fenômeno observado e as variáveis do contexto experimental. Neste caso, geralmente, não são considerados os estados psíquicos internos do sujeito observado, nem do observador.

O método Bick possui traços em comum com alguns métodos das ciências sociais, especialmente da sociologia e da antropologia, pois requer um observador capaz de não substituir de forma antecipada e precipitada a observação em si por teorias, conceitos e expectativas (Rustin, 1989). Apesar disso, pressume-se que o observador tenha em mente uma série de concepções e expectativas latentes, com as quais possa dar coerência e forma às suas experiências e que, ao mesmo tempo, mantenha sua mente aberta e receptiva para situações e eventos particulares aos quais venha a estar exposto.

Ainda no que concerne à observação psicanalítica, além de considerar o estado emocional do observador e do observado, a definição da pesquisa ocorre a partir do enquadre, sendo que seus limites constituem o objeto da atenção e do rigor do observador. Na observação psicanalítica, há limites espaço-temporais, que permitem defi-

A OBSERVAÇÃO DA RELAÇÃO MÃE-BEBÊ ATRAVÉS DO MÉTODO BICK

nir o espaço concreto da observação, além de limites psíquicos e contratuais, que formam o enquadre e dependem das capacidades do observador, não somente daquilo que recebe por seus sentidos, mas também daquilo que percebe por sua capacidade de pensar. Embora este enquadre seja cuidadosamente definido, os fenômenos não são observados para provar a correlação com algum tipo de parâmetro previamente estabelecido ou previsto teoricamente.

A observação psicanalítica não comporta a intencionalidade de se confirmar uma hipótese. A regularidade do método Bick permite que o sentido surja com o tempo, na articulação do intrapsíquico com o interpsíquico ou intersubjetivo. Houzel (1997) referiu que a *observação de bebês* está muito associada à atenção, cuja função está no cerne da atitude analítica. Para o referido autor, a observação de bebês consiste em dar atenção aos pais que, por sua vez, dão atenção ao filho. O rigor que o método Bick transmite não deve ser entendido como tentativa de reduzir a observação aos seus fatos, mas sim de desenvolver e aprofundar o entendimento sobre o fenômeno a ser estudado.

O método Bick é, portanto, diferente de outros métodos utilizados por estudiosos do desenvolvimento infantil. No método Bick, o observador é orientado a suspender, tanto quanto possível, seus hábitos terapêuticos, desejos e teorias de apoio. Deve estar receptivo às situações e ocorrências específicas às quais está exposto, e mais disponível para pensar e responder às novas experiências na observação (Caron, 1995; 2000). Neste sentido, a observação de crianças em seu ambiente natural tem contribuído para uma exploração e revisão de temas do desenvolvimento infantil primitivo, bem como para ampliar a prática clínica nos atendimentos às crianças (Briggs e Meltzer, 2002; Farias e Turcheman, 1988; Feldman, 2002; Houzel, 1989; Reid, 1997; Totens, 1988).

Por fim, o método Bick de observação não consiste apenas em se prestar atenção à relação mãe-bebê. Implica na disponibilidade e no comprometimento de realizar um registro do que o observador vê e pensa, além de dedicar tempo para elaborar e refletir sobre o que foi

94 Rita Lopes, Aline Vivian, Lisiane Menegotto, Tagma Donelli e Nara Caron

observado, bem como o impacto emocional da experiência (Borensztejn, Abdala, Dimant, Urman e Ungar, 1998). Outro aspecto relevante é o caráter terapêutico do método Bick. Seu valor como instrumento de pesquisa também é destacado na literatura (Houzel, 1999; Lacroix e Monmayrant, 1997; Pérez-Sanchez, 1983; Rustin, 2001b; 1989), além da importância fundamental da discussão do material relatado a partir das observações, no grupo de supervisão (Borensztejn e cols., 1998; Houzel, 1989; Rustin, 2001a).

Alguns aspectos importantes apontados por pesquisadores que utilizam o método Bick de observação são as possibilidades de aprofundamento qualitativo de cada caso estudado na família (Mélega, 2001; 1997; 1987), além de se constituir como um recurso para gerar novas idéias e entendimentos em psicanálise (Rustin, 2003). O uso do método em pesquisa requer alto nível de habilidade do observador e um trabalho intenso de coleta de dados, em função da forma como o método se desenrola. Além disso, os contextos onde se dão as observações são difíceis de controlar ou prever. Por outro lado, o método citado permite um envolvimento muito maior do pesquisador com a vida das mães e bebês, do que seria possível em qualquer situação de laboratório (Rustin, 1989). Entendemos que o método Bick é capaz de propiciar uma nova percepção da realidade observada, e oferece novas vias de pensamento (Feldman, 2002; Miranda, 1982). O método em questão privilegia a compreensão da situação, mais do que o agir ou intervir e, também, preocupa-se com a análise dos sentimentos contra-transferencias do observador. Por isso, torna-se um instrumento de trabalho valioso no estudo do desenvolvimento emocional primitivo. Além disso, pode-se aplicar o mesmo método em situações especiais, como no trabalho em instituições, com pacientes com patologias clínicas graves, pacientes terminais, idosos, sala de parto, atendimento domiciliar e atendimento a equipes (Furhmeister & cols., 2001).

Rustin (1998) ressaltou que, através do estudo de caso, o pesquisador seria capaz de produzir descrições do fenômeno, encontrando diferentes conexões entre aspectos e gerando novas hipóteses. Mas o método Bick não foi criado para testar hipóteses causais, estudos

A OBSERVAÇÃO DA RELAÇÃO MÃE-BEBÊ ATRAVÉS DO MÉTODO BICK 95

descritivos em grandes escalas, ou para a replicação exata de estudos (Rosa, 1995). Contudo, são ressaltadas as muitas aplicações potenciais e atuais do método Bick de observação, em âmbitos da saúde, educação e social, bem como em crianças pequenas e mais velhas na própria família e em instituições (Trowell e Rustin, 1991) ou, ainda, em grupos de pais-crianças (Reynolds, 2003).

Atualmente, o método Bick está bem divulgado e vem sendo aplicado a diferentes contextos, porém seu uso em pesquisa ainda precisa ser expandido, principalmente no meio acadêmico.

REFERÊNCIAS BIBLIOGRÁFICAS

APPELL, G. (1997). Que tipo de observação usar para acompanhar uma criança pequena em coletividade. In: LACROIX, M. B.; & MONMAYRANT, M. (orgs.). *Os laços do encantamento: a observação de bebês, segundo Esther Bick, e suas aplicações*. Porto Alegre, Artes Médicas.

APPIO, D. & MATTE, L. D. (1999). Método Esther Bick: um caminho para a pesquisa qualitativa. *Aletheia, 10,* 51-58.

BICK, E. (1964). Notes on infant observation in psychoanalytic training. *International Journal of Psychoanalysis, 45*, 558-566.

BICK, E. (1987). The experience of the skin in early object relations. In: HARRIS, M. & BICK, E. *Collect papers of Martha Harris and Esther Bick*. Scotland, Clunie Presse (Original publicado em 1968).

BORENSZTEJN, C. L. (2001). A importância da observação de bebês para a formação de psicanalistas. *Psicanálise – Revista da Sociedade Brasileira de Psicanálise de Porto Alegre, 3*, 89-99.

BORENSZTEJN, C. L.; ABDALA, N. G. K. de; DIMANT; S. N.; URMAN, C. N. & UNGAR, V. (1998). Infant observation and its relation to our work as psychoanalysts. *Infant observation: the international journal of infant observation and its applications, 1*(2), 71-83.

BOWLBY, J. (1988). *Cuidados maternos e saúde mental*. 2. ed. São Paulo, Martins Fontes.

BRIGGS, A. (2004). A stroke of genius: the uniqueness of Esther Bick's method. Trabalho apresentado na VII Conferência Internacional sobre Observação de Bebês. Florença, Itália.

BRIGGS, A. & MELTZER, D. (2002). The life and work of Esther Bick. Em *Surviving Space – Papers on infant observation*. Edited by Andrew Briggs – Foreword by Donald Meltzer. Tavistock Clinic Series - Nick Temple, Margot Waddell (Series Editors). London, Karnac Books.

BRIGGS, S. (1999). Links between infant observation and reflective social work practice. *Journal of Social Work Practice, 13*, 147-156.

BYDLOWSKI, M. (2003). *Esther Bick, témoignages vivants de l'observation du couple mère-nourrisson*. Recuperado em 03/09/04, no World Wide Web: <http://psychiatrie-francaise.com/ LLPF/2003/janvier/article14.htm>.

CARON, N. A. & MALTZ, R. S. (1994). Intervenção em gestantes com anomalias fetais. *Revista de Psiquiatria da Sociedade de Psiquiatria do Rio Grande do Sul, 16*, 202-207.

CARON, N. A. (1995). Fundamentos teóricos para a aplicação do Método de E. Bick. *Revista Brasileira de Psicanálise, 29*(2), 283-291.

_____. (2000). O ambiente intra-uterino e a relação materno-fetal. In: CARON, N. (org.). *A relação pais-bebê: da observação à clínica*. São Paulo, Casa do Psicólogo.

CARON, N. A. & LOPES, R. C. S. (2001). *Estudo longitudinal sobre o desenvolvimento do bebê, da mãe e da relação mãe-bebê intra-útero e nos primeiros três anos de vida do bebê*. Projeto de pesquisa não publicado.

CARON, N. A.; MATTE, L. D. S.; CARDOSO, M. G.; LOPES, R. C. S. & DALCIN, V. E. (2000). Vivenciando a violência sutil: o impacto emocional diante de tendências humanas comuns. In: CARON, N. (org.). *A relação pais-bebê: da observação à clínica*. São Paulo, Casa do Psicólogo.

CHBANI, H. & PÉREZ-SANCHEZ, M. (1998). *O quotidiano e o inconsciente*. Lisboa, Climepsi Editores.

CHIAPPINI, C. H. & MIYARES, A. R. (1997). *Observacion de lactantes: signos de alarma en el primer año de vida*. Buenos Aires, Kargieman.

CORDEIRO, A. N.; PEREIRA, C. F.; ANDRADE, N. F.; MOURÃO, B. L. A. & PICANÇO, M. B. M. (2004). Inserção das crianças na Creche UFF:

A OBSERVAÇÃO DA RELAÇÃO MÃE-BEBÊ ATRAVÉS DO MÉTODO BICK 97

Projeto um tempo para a família. Anais do 2° Congresso de Extensão Universitária de Belo Horizonte, pp. 1-6.

COWSILL, K. (2000). "I thought you knew": some factors affecting a baby's capacity to maintain eye contact. *The International Journal of Infant Observation*, *3*(3), 64-83.

CRESTI, L. & LAPI, I. (1997). O esboço da relação mãe-bebê e a instituição hospitalar: díade ou tríade. In: LACROIX, M. B. e MONMAYRANT, M. (orgs.). *Os laços do encantamento: a observação de bebês, segundo Esther Bick, e suas aplicações*. Porto Alegre, Artes Médicas.

DIAS, E. O. (2003). *A teoria do amadurecimento de D. W. Winnicott*. Rio de Janeiro, Imago.

DONELLII, T. S. (2005). *O parto e o tornar-se mãe: aplicação do Método Bick de observação da relação mãe-bebê*. Projeto de Tese de Doutorado não publicado, Programa de Pós-Graduação em Psicologia do Desenvolvimento, Universidade Federal do Rio Grande do Sul. Porto Alegre- RS.

DRUON, C. (1997). Como o espírito vem ao corpo das crianças em UTI Neonatal. In: LACROIX, M. B. & MONMAYRANT, M. (orgs.). *Os laços do encantamento: a observação de bebês, segundo Esther Bick, e suas aplicações*. Porto Alegre, Artes Médicas.

FARIAS, E. P. de & TURCHERMAN, S. E. (1988). A observação da relação mãe-bebê e a formação analítica. *Revista Brasileira de Psicanálise, 4*(22), 595-609.

FELDMAN, B. (2002). The lost steps in infancy: simbolization, analytic process and the growth of the self. *Journal of Analytical Psychology, 47*, 397-406.

FREUD, S. (1919). O estranho. *Obras psicológicas completas de Sigmund Freud*. In: SALOMÃO, J. (org.). *Obras psicológicas completas de Sigmund Freud: edição standard brasileira* (1996). (v. 17, 237-269). Rio de Janeiro, Imago. (Original publicado em 1969).

FREUD, S. (1912). Recomendações aos médicos que exercem a psicanálise. In: SALOMÃO, J. (org.). *Obras psicológicas completas de Sigmund Freud: edição standard brasileira* (1996). (v. 12, 123-133). Rio de Janeiro, Imago. (Original publicado em 1969).

98 Rita Lopes, Aline Vivian, Lisiane Menegotto, Tagma Donelli e Nara Caron

FURHMEISTER, A.; WIRTH, A. F.; MIRANDA, G. B.; COSTA, H. D.; MARTINI, I. & ENK, I. (2001). A importância da observação da relação mãe-bebê na formação do psiquiatra. *Revista de Psiquiatria do Rio Grande do Sul, 23*(1), 56-60.

HOUZEL, D. (1989). Penser les bébés: réflexions sur l'observation des nourissons. *Révue de Médicine Psychosomatique, 19*, 27-38.

_____. (1997). Uma aplicação terapêutica da observação dos lactentes. In: LACROIX, M. B. e MONMAYRANT, M. (orgs.). *Os laços do encantamento: a observação de bebês, segundo Esther Bick, e suas aplicações.* Porto Alegre, Artes Médicas.

_____. (1999). A therapeutic application of infant observation in child psychiatry. *The International Journal of Infant Observation, 2*(3), 42-53.

JARDIN, F.; DETRY, L.; DENIS, P.; MOREAU, A. & SILBERMANN, A. (1997). A observação do bebê na creche. In: LACROIX, M. B. & MONMAYRANT, M. (orgs.). *Os laços do encantamento: a observação de bebês, segundo Esther Bick, e suas aplicações.* Porto Alegre, Artes Médicas.

KOMPINSKY (2000). Observação de bebês: método e sentimentos do observador. In: CARON, N. (org.). *A relação pais-bebê: da observação à clínica.* Porto Alegre, Casa do Psicólogo.

LACROIX, M. B & MONMAYRANT, M. (orgs.). (1997). *Os laços do encantamento: a observação de bebês segundo Esther Bick e suas aplicações.* Porto Alegre, Artes Médicas.

MATTE, L.; FIGUEIREDO, A. B.; SVIRSKI, A. C. C.; APPIO, D.; LEVANDOWSKI, D. C.; MARQUES, M. F. de A.; BRESSANI, M. C. L & KULPA, R. H. V. (2000). Novas tendências: o psicólogo na sala de parto. In: ROHENKOHL, C. M. F. (org.). *A clínica com o bebê.* São Paulo, Casa do Psicólogo.

MÉLEGA, M. P. (1987). Observação da relação mãe-bebê: instrumento de ensino em psicanálise. *Revista Brasileira de Psicanálise, 21*, 309-327.

_____. (1997). A supervisão da observação da relação mãe-bebê: ensino e investigação. In: *I Simpósio Brasileiro de Observação da Relação Mãe-Bebê: Tendências.* São Paulo, 117-138: Unimarco.

A OBSERVAÇÃO DA RELAÇÃO MÃE-BEBÊ ATRAVÉS DO MÉTODO BICK 99

MÉLEGA, M. P. (1996). Relação mãe-bebê: um modelo da relação analítica. *Revista de Psicanálise 3*, 243-253.

_____. (2001). A contribuição de Esther Bick à clínica psicanalítica. *Psychê 27*, 69-83.

MILLER, Lisa (2002). Lessons from infant observation: the developing mind of the infant. *The International Journal of Infant Observation, 5*(1), 21-35.

MILLER, Lynda. (2002). The relevance of observation skills to the work discussion seminar. *The International Journal of Infant Observation, 5*(1), 55-73.

MIRANDA, R. B. P. (1982). Inter-relação da observação da inter-relação mãe-filho com o trabalho psicanalítico. *Revista Brasileira de Psicanálise, 3*(16), 267-273.

MONMAYRANT, M. & LACROIX, M. (1997). Observação do lactente e violência na criança pequena. In: LACROIX, M. B. & MONMAYRANT, M. (orgs.). *Os laços do encantamento: a observação de bebês, segundo Esther Bick, e suas aplicações*. Porto Alegre, Artes Médicas.

NEGRI, R. (1997). Observação da vida fetal. In: LACROIX, M. B. e MONMAYRANT, M. (orgs.). *Os laços do encantamento: a observação de bebês, segundo Esther Bick, e suas aplicações*. Porto Alegre, Artes Médicas.

NEUMANN, C. F. & FARIA, R. O. (1997). Cadê a mãe? João e Fabiana, histórias de desenvolvimento. Observação da relação mãe-bebê, Método Esther Bick: tendências. I Simpósio Brasileiro de Observação da Relação Mãe-bebê. São Paulo, Unimarco.

OLIVEIRA-MENEGOTTO, L. M. (2004). *A relação mãe e bebê com Síndrome de Down: aplicação do método Bick de Observação da Relação Mãe-Bebê*. Projeto de Tese de Doutorado não publicado, Programa Pós-Graduação em Psicologia do Desenvolvimento, Universidade Federal do Rio Grande do Sul. Porto Alegre-RS.

PÉREZ-SANCHEZ, M. (1983). *Observação de bebês: relações emocionais no primeiro ano de vida*. Rio de Janeiro, Paz e Terra.

PICCININI, C. A.; MOURA, M. L. S. de; RIBAS, A. F.; BOSA, C. A.; OLIVEIRA, E. A. de.; SCHERMANN, L. & CHAHON, V. L. (2001).

100 Rita Lopes, Aline Vivian, Lisiane Menegotto, Tagma Donelli e Nara Caron

Diferentes perspectivas na análise da interação pais-bebê/criança. *Psicologia Reflexão e Crítica, 14*(3), 469-485.

PIONTELLI, A. (1995). *De feto a criança: um estudo observacional e psicanalítico*. Rio de Janeiro, Imago.

RAJON, A.; ROSÉ, D. & ABADIE, I. (1997). Observação do lactente e atendimento terapêutico do par mãe-filho, no contexto do diagnóstico perinatal de malfornação. In: LACROIX, M. B. e MONMAYRANT, M. (orgs.). *Os laços do encantamento: a observação de bebês, segundo Esther Bick, e suas aplicações*. Porto Alegre, Artes Médicas.

RAMOS, H. M. (1994). Michael Balint e Donald Winnicott. In: FIGUEIRA, S. A. (org.). *Contratransferência: de Freud aos contemporâneos*. São Paulo, Casa do Psicólogo.

REID, S. (1997). The development of autistic defences in an infant: the use of a single case study for research. *Infant Observation: The International Journal of Infant Observation and its Applications, 1*(1), 51-110.

REYNOLDS, D. (2003). Mindful parenting: a group approach to enhancing reflective capacity in parents and infants. *Journal of Child Psychoterapy, 29*(3), 357-374.

ROSA, J. C. (1995). Reflexões sobre o método de observação da relação mãe-bebê. *Revista Brasileira de Psicanálise, 29*(2), 299-305.

RUSTIN, M. (1989). Observing infants: reflections on methods. In: MILLER, L.; RUSTIN, M. E.; RUSTIN, M. J. & SHUTTLEWORTH, J. (eds.). *Closely Observed Infants*. London, Duckworth.

_____. (1997). What do we see in Nursery? Infant Observation as Laboratory Work. *Infant observation: the international journal of infant observation and its applications, 1*(1), 71-83.

_____. (1998). Observation, understanding and interpretation: the story of a supervision. *Journal of Child Psychotherapy, 24*, 433-448.

_____. (2001a). *Reason and unreason: psychoanalysis, sciences and politics*. London, Continuum Books.

_____. (2001b). Clinical and observational psychoanalytic research: roots of a controversy. In: SANDLER, J.; SANDLER, A. M. & DAVIES, R. (eds.). London, Karnac, 2000. Review in *Journal of Child Psychotherapy, 27*(2), 213-215.

A OBSERVAÇÃO DA RELAÇÃO MÃE-BEBÊ ATRAVÉS DO MÉTODO BICK

RUSTIN, M. J. (2003). Research in the consulting room. *Journal of Child Psychotherapy*, *29*, 137-145.

SHUTTLEWORTH, J. (1995). A relação entre os métodos e modelos da psicanálise e os da psicologia do desenvolvimento. *Revista Brasileira de Psicanálise*, *29*(2), 219-234.

SOMERVILLE, G. (2000). "Everybody's dead": the observation of an infant with autistic features. *The International Journal of Infant Observation*, 3 (3), 39-63.

SONZOGNO, M. C. (1998). Pesquisa qualitativa na observação de bebês. Anais do *II Colóquio Internacional de Observação de Bebês*. Lisboa.

SOUZA, M. S. I. de. (1995). Supervisão da Observação da Relação Mãe-Bebê. *Revista Brasileira de Psicanálise*, *29*(2), 293-298.

SPITZ, R. A. (1979). *O primeiro ano de vida: um estudo psicanalítico do desenvolvimento normal e anômalo das relações objetais*. São Paulo, Martins Fontes.

STERN, D. (1997). *A constelação da maternidade*. Porto Alegre, Artes Médicas.

TROWELL, J. & MILLES, G. (1996). The contribution of observation training to professional development. In: TROWELL, J. & BOWER, M. *The emotional needs of young children and their families: using psychoanalytic ideas in the community*. London, Routdledge.

TROWELL, J. & RUSTIN, M. (1991). Developing the internal observer in professionals in training. *Infant Mental Health Journal*, *12*, 233-245.

VIVIAN, A. G. (2006). *O desenvolvimento emocional de um bebê em uma família numerosa: uma aplicação do método Bick de observação*. Dissertação de Mestrado não publicada, Universidade Federal do Rio Grande do Sul.

WINNICOTT, D. W. (1988a). Da dependência à independência no desenvolvimento do indivíduo. In: WINNICOTT, D. W. *O ambiente e os processos de maturação: estudos sobre a teoria do desenvolvimento emocional*. Porto Alegre, Artes Médicas. (Original publicado em 1963).

_____. (1988b). Teoria do relacionamento paterno-infantil. In:_____. *O ambiente e os processos de maturação: estudos sobre a teoria do desenvolvimento emocional*. Porto Alegre, Artes Médicas (Original publicado em 1960).

102 Rita Lopes, Aline Vivian, Lisiane Menegotto, Tagma Donelli e Nara Caron

_____. (1994). A experiência mãe-bebê de mutualidade. In:_____. *Explorações Psicanalíticas*. Porto Alegre, Artes Médicas (Original publicado em 1969).

_____. (2000). A preocupação materna primária. In: _____. *Da pediatria à psicanálise: Obras escolhidas*. Rio de Janeiro, Imago (Original publicado em 1956).

WIRTH, A. F. (2000). Aplicação do método de observação de bebês em uma UTI neonatal. In: CARON, N. A. *A relação pais-bebê: da observação à clínica*. São Paulo, Casa do Psicólogo.

Capítulo 4

A PESQUISA OBSERVACIONAL E O ESTUDO DA INTERAÇÃO MÃE-BEBÊ[5]

Maria Lucia Seidl de Moura
Adriana Ferreira Paes Ribas

As pesquisas sobre interação mãe-bebê têm utilizado como metodologia, predominantemente, a observação, como mostra um extenso levantamento bibliográfico realizado por Ribas, Seidl de Moura e Ribas (2003). Tais investigações empregam tanto a observação naturalística (Bornstein e Tamis-LeMonda, 1989; Ribas, 2004), quanto a observação em laboratório (Nicely, Tamis-LeMonda & Grolnick, 1999). A escolha deste método de pesquisa mostra-se adequada na medida em que a análise minuciosa de padrões de interação mãe-bebê necessita como elemento básico da observação e registro das seqüências de ação e eventos que ocorrem com e entre a díade.

As autoras têm trabalhado em parceria com a observação de interações iniciais desde a década de 90. Este capítulo tem como objetivo compartilhar um pouco dessa experiência e discutir aspectos metodológicos envolvidos na pesquisa observacional sobre interação mãe-bebê. Está subdividido em três partes. A primeira apresenta al-

---

5. As autoras agradecem aos membros do Grupo de Pesquisa Interação Social e Desenvolvimento que nas reuniões de equipe, ao longo dos anos, contribuíram com sua dedicação, experiência e reflexões para o desenvolvimento de uma proposta metodológica para o estudo de interações iniciais mãe-bebê.

gumas considerações sobre diferentes possibilidades de estratégias metodológicas na pesquisa observacional. A segunda discute a questão da escolha de categorias de observação no estudo da interação mãe-bebê. A terceira parte discute algumas vantagens e desvantagens do uso da metodologia observacional.

Escolhas metodológicas na pesquisa observacional

Pode-se caracterizar a observação como uma técnica de coleta de dados e instrumento básico de pesquisa, que pode ser utilizado isoladamente ou associado a outros métodos. Como descrevem Seidl de Moura e Ferreira (2005):

> A observação pode ser considerada uma técnica de colher impressões e registros sobre um fenômeno, por meio do contato direto com as pessoas a serem observadas ou de instrumentos auxiliares (câmeras de vídeo, filmadoras etc.), de modo a abstraí-lo de seu contexto, para que ele possa ser analisado em suas diferentes dimensões. Tal procedimento é útil não somente para a obtenção de informações a serem fornecidas em resposta a questões de pesquisa, mas também ao desenvolvimento de hipóteses a serem testadas em estudos futuros. (p. 55).

Diversas são as possibilidades de uso da metodologia de observação. Será enfocada neste capítulo basicamente a observação naturalística. Esta técnica é definida por Reber (1985) como a coleta de dados que se realiza pela observação cuidadosa de eventos no ambiente natural. Breakweel, Hammond e Fife-Schaw (1995) destacam que a observação naturalística pretende uma descrição rigorosa do fenômeno no ambiente em que ocorre habitualmente, sem que o observador interfira intencionalmente no mesmo. No estudo de interações iniciais, portanto, a maioria das investigações naturalísticas é realizada na casa da família, embora possam ser realizadas em creches, parques, etc.

A PESQUISA OBSERVACIONAL E O ESTUDO DA INTERAÇÃO MÃE-BEBÊ

Quando empregado para coleta de dados, como aponta Patton (1990), o método observacional envolve um processo de decisão em relação a uma gama de opções e possibilidades. Neste trabalho, foram selecionadas algumas dessas opções, destacando-se pontos que se supõe serem úteis para uma caracterização geral, ainda que não exaustiva deste método: observação sistemática e não sistemática; observação participante e não participante; métodos de registro da observação; preparação do observador; categorias de observação; escolha da técnica de registro; a duração da observação; os esquemas de codificação; o planejamento; o treinamento do observador e a avaliação de fidedignidade.

A observação naturalística pode ser diferenciada enquanto sistemática ou não sistemática, entendendo que esta gradação na sistematização dá-se em um *continuum*. Richardson (1985) define a observação não sistemática como aquela que muitas vezes é realizada sem planejamento e registros minuciosos. Exemplos nesse sentido são observações que utilizam o "Método de Ester Bick" de orientação psicanalítica. Método em que não são definidas categorias *a priori*, já que o objetivo é de ter "um olhar flutuante" sobre o fenômeno. Esse método é apresentado em outro capítulo desta obra. Na observação sistemática são utilizados procedimentos padronizados, e o planejamento detalhado do registro, dos procedimentos de coleta, e definição de categorias de observação, sendo seu resultado submetido a verificações e ao controle de fidedignidade. Para realizar a observação sistemática, o pesquisador necessita definir previamente as categorias e unidades de comportamento a serem consideradas, e explicitar maneiras de medi-las (Richardson, 1985; Breakweel, Hammond & Fife-Schaw, 1995).

Richardson (1985) ressalta que a observação não sistemática tende a ser mais indicada para estudos exploratórios, enquanto a sistemática necessita algum conhecimento do problema estudado, para que se possam estabelecer os procedimentos a serem utilizados.

É preciso determinar anteriormente "o quê" e "como" observar e, para isso, a pesquisa observacional costuma contar com a elaboração de manuais de procedimentos para a coleta de dados e realização de capacitação técnica dos observadores anteriormente à ida deles a campo. Diversos autores destacam a necessidade de que seja realizado um preparo e treinamento rigoroso dos observadores para o desempenho de diferentes tarefas na execução da pesquisa observacional. Na capacitação, são importantes a postura no contato com os observados, o conhecimento teórico e do problema estudado, a familiaridade com as categorias, e o manejo da câmera de vídeo, se for utilizada, ou dos procedimentos de registro manuais ou por aparelhos.

Os estudos observacionais podem variar quanto ao período de tempo destinado à coleta de dados. Para Patton (1990), o tempo de duração da observação deve ser aquele suficiente para responder às questões de pesquisa propostas e cumprir os objetivos do estudo. Nos estudos sobre interação mãe-criança, diversas são as possibilidades de escolha. Encontram-se pesquisas de campo de tradição antropológica, cujas observações duram meses ou até anos, e uma variedade de pesquisas cujas observações duram algumas horas, meia hora, ou até alguns minutos. Muito freqüentes são pesquisas em que uma díade mãe-bebê é visitada em casa e filmada durante uma ou meia hora (por exemplo, Seidl de Moura e Ribas, 1998; Seidl de Moura e cols., 2004), mas alguns autores consideram esse procedimento pouco natural, sugerindo amostras de observações de algumas horas, em períodos variados do dia (manhã e tarde). Assim trabalhou Ruela em um estudo que buscou analisar aspectos do nicho de desenvolvimento em uma comunidade rural do Estado do Rio de Janeiro (Ruela e Seidl de Moura, submetido).

Decidindo pela observação sistemática, o pesquisador está optando por trabalhar, em geral, com categorias definidas *a priori*. Uma de suas tarefas principais é a de eleger as categorias de observação que serão utilizadas. Essas categorias são um conjunto de unidades comportamentais descritas de modo sistemático e completo (Batista, 1996). Para pensar essas categorias, articuladas à fundamentação teórica do trabalho, é fundamental o conhecimento da literatura na área. Este capítulo focalizará a escolha das categorias de observa-

A PESQUISA OBSERVACIONAL E O ESTUDO DA INTERAÇÃO MÃE-BEBÊ 107

ção para pesquisa sobre interações iniciais e responsividade materna, o que será feito mais adiante.

Outra questão fundamental para a caracterização do método observacional é a da medida em que o observador vai ou não ser um participante no *setting* que ele está observando. Novamente, trata-se de um *continuum* entre um maior envolvimento e um maior distanciamento. Num dos extremos desse *continuum*, o observador participante, que não é um mero espectador, se coloca "junto" do fenômeno que está sendo observado, podendo fazer perguntas, comentários etc. O observador não participante, ao contrário, coloca-se em posição de distanciamento, procurando não tomar parte dos acontecimentos, e manter-se como um observador atento, porém não envolvido com o fenômeno observado. Mais uma vez, nas pesquisas de interações iniciais, a postura mais adotada pelos observadores é a de maior distanciamento e busca de não-intervenção.

Há métodos muito variados de registrar as observações. Podem ser feitas anotações por escrito em papel, registro por códigos em equipamentos específicos durante a observação, diários de campo, registro em fita de áudio, vídeo, fotografias etc. Esses métodos podem ser utilizados isoladamente ou combinados.

A utilização do vídeo em pesquisas observacionais sobre interações sociais tem sido comum, conforme destacam Dessen (1995) e Breakweel, Hammond e Fife-Schaw (1995). Alguns aspectos do recurso de registro em vídeo são vantajosos. Um deles é a possibilidade de que as fitas de registro da observação sejam vistas repetidas vezes, como apontam Bornstein e Lamb (1992) e Carvalho e cols. (1996), o que possibilita uma compreensão precisa do que aconteceu, ampliando a capacidade do observador pensar e analisar o fenômeno observado. Esse aspecto é importante porque possibilita verificar detalhes da situação que poderiam passar despercebidos. Por exemplo, em estudos que envolvem análises microanalíticas de interação, o uso do vídeo é essencial, já que os comportamentos são analisados em tempos muito curtos e, para isso as cenas precisam ser vistas diversas vezes e, em muitos casos, em *slow motion*.

108 Maria Lucia Seidl de Moura e Adriana Ferreira Paes Ribas

Outra vantagem do uso de registro em vídeo, apontada por Carvalho e cols. (1996), é a possibilidade de análise do material por outros pesquisadores, com diferentes referenciais teóricos. Destacam ainda a importância da edição de material didático a partir das sessões de observação. O *corpus* de filmagens pode também ser reanalisado e comparado com novas evidências em estudos futuros, o que está sendo feito, pelo Grupo Interação Social e Desenvolvimento, com dados de projetos diferentes, comparando interações mãebebê de 30 dias e 5 meses (Seidl de Moura, 2004).

Apesar das vantagens mencionadas, a decisão sobre como registrar a observação depende dos objetivos e dos procedimentos da pesquisa, da reação dos observados, e de aspectos éticos. Muitas vezes é desejável, mas não é possível, usar a filmagem, porque os observados recusam-se, ou porque não há condições técnicas para tal.

Além do *método* de registro, há que ser decidida a *técnica* de registro. Segundo Batista (1996) e Fagundes (1985), há diferentes técnicas de registro: registro contínuo, de evento, de duração, de intervalo, amostragem de tempo, entre outras. No caso dos estudos em que há o registro em vídeo, pode-se optar por registro contínuo, por exemplo, uma hora de filmagem, ou de evento, a cada vez que ocorre um determinado fenômeno alvo do estudo. Pode-se, então, decidir reduzir os dados e codificá-los por intervalo (por exemplo, a cada 30 segundos de uma filmagem de 15 minutos), marcando a ocorrência ou não do comportamento, ou seu início e fim (duração). Por exemplo, no primeiro caso, pode-se assinalar se foram observadas interações, de acordo com a definição adotada da categoria, em cada intervalo de tempo. Ao final desse tipo de codificação tem-se o número ou proporção de intervalos em que houve ocorrências do comportamento ou evento alvo. A segunda opção é assinalar o início e o fim de cada uma das instâncias. A opção por uma alternativa depende do foco do estudo.

Os esquemas de codificação constituem importante decisão metodológica. Em pesquisas sobre responsividade materna, opta-se habitualmente por registros de duração, já que este esquema de

A PESQUISA OBSERVACIONAL E O ESTUDO DA INTERAÇÃO MÃE-BEBÊ   109

codificação permite registrar o início e fim de cada atividade, dando informação sobre duração e ao mesmo tempo sobre ocorrência das atividades. Um ponto importante nesse tipo de pesquisa é o que trata do conceito de codificação mutuamente exclusiva e exaustiva. Como definido por Bakeman, Deckner e Quera (no prelo), mutuamente exclusiva é a codificação em que apenas um comportamento pode ser codificado de cada vez (em geral em *softwares* próprios), e em que um evento ou comportamento só pode ser classificado em uma das categorias. A codificação exaustiva é aquela em que todo o período de observação é codificado, ou seja, para todo e qualquer evento deve haver algum tipo de codificação. Quando há eventos que não podem ser classificados nas categorias selecionadas para o estudo, utilizada-se algum tipo de código, como "*none*" ou "não é possível observar" ou "nenhuma das categorias" para fazer o *set* de observação exaustivo.

Ainda sobre os esquemas de codificação, outro ponto significativo diz respeito à decisão de registrar apenas os começos (*onsets*) dos comportamentos ou os começos (*onsets*) e términos (*offsets*). Bakeman, Deckner e Quera (no prelo) destacam que a organização dos comportamentos em duração, em *sets* mutuamente exclusivos e exaustivos permite uma codificação mais eficiente porque o *onset* de um comportamento no *set* necessariamente implica no *offset* do comportamento anterior. Somente *onsets* dos comportamentos em um *set* precisam ser codificados.

A seguir são apresentados exemplos de uma pesquisa sobre responsividade materna, um aspecto específico da interação mãe-bebê, conduzida por Ribas e Seidl de Moura (2006) na qual foi utilizado um esquema de codificação mutuamente exclusivo e exaustivo. Nessa pesquisa foi realizado o registro em vídeo em ambiente natural da mãe e do bebê de 5 meses durante 60 minutos. Para análise da responsividade foram considerados 10 minutos. A codificação dos dados provenientes dos vídeos foi realizada em três módulos independentes. A cada vez que era feita a codificação, apenas um módulo era codificado. Os seguintes módulos foram considerados, como mostra o quadro 1.

110 Maria Lucia Seidl de Moura e Adriana Ferreira Paes Ribas

Quadro 1 – Módulos analisados em pesquisa de responsividade materna

Módulo 1 – Bebê	Módulo 2 – Mãe	Módulo 3 – Mãe
		Encorajamento da atenção
vc – vocalização com estresse	fv – fala ou vocaliza	di – estimulação diádica
vs – vocalização sem estresse	nf – não fala nem vocaliza	ex – estimulação extradiádica
nv – não vocaliza		
		Cuidado
		c1 – Alimentar o bebê
		c2 – Colocar o bebê para arrotar / limpar o rosto, mãos ou roupa do bebê
		c3 – Cuidar da higiene do bebê
		c4 – Checar / trocar a fralda do bebê
		c5 – Vestir ou arrumar o bebê
		c6 – Confortar, acalmar o bebê
		c7 – Outros tipos de cuidado
		na – nenhuma das atividades anteriores ou não é possível ver a mãe

As atividades que compunham cada módulo foram codificadas como comportamentos mutuamente exclusivos e exaustivos, com o registro dos *onsets* dos comportamentos, seguindo orientações da literatura na área (ver Keller, Lohaus, Volker, Cappenberg & Chasiotis, 1999; Van Egeren, Barratt & Roach, 2001).

A escolha de categorias de observação no estudo da interação mãe-bebê

A discussão metodológica em torno da escolha das categorias de observação e suas definições operacionais é de extrema importância na pesquisa sobre interação mãe-bebê. Esse aspecto é discutido a seguir, utilizando como exemplo algumas pesquisas que vêm sendo realizadas pelas autoras, e pelo grupo Interação Social e Desenvolvimento.

Inicialmente, é preciso que se adote uma definição operacional relativa ao aspecto da interação mãe-bebê que está sendo investigado. Seguem alguns exemplos. Alguns estudos do grupo de pesquisas

A PESQUISA OBSERVACIONAL E O ESTUDO DA INTERAÇÃO MÃE-BEBÊ   111

do qual as autoras fazem parte focalizaram interações mãe-bebê em geral. Nesses estudos, a principal categoria era interação. A definição utilizada foi:

O início de uma interação é caracterizado por um dos parceiros dirigir um comportamento social (atividade) em relação ao outro e ser respondido por ele com um comportamento social (atividade), num intervalo de cinco segundos. O fim do episódio de interação é caracterizado por um ou ambos os parceiros deixarem de dirigir comportamentos sociais (atividades) em relação ao outro por um intervalo de tempo maior que 5 segundos. Não são consideradas interações cujo tempo de duração seja igual ou inferior a cinco segundos. Assim, o tempo mínimo para se caracterizar um episódio de interação é de 6 segundos.

Essa definição levou a muitas discussões e tomada de decisões. Decidiu-se, por exemplo, que, diante de uma situação de ação contínua de um dos membros da díade, em que há uma resposta do outro membro, considera-se o início da interação 1 segundo antes desta resposta, para efeito de consideração de interação. Buscou-se, com isso, tentar evitar distorções com a identificação de "interações" falsamente mais longas.

De acordo com a perspectiva adotada, o que caracteriza uma interação é o que o nome indica: *inter-ação*. Não se trata de comportamento socialmente dirigido. Assim, não basta a mãe sorrir, tocar, falar com o bebê, por exemplo. É preciso que o bebê responda dentro do tempo indicado na definição, com um comportamento social dirigido à mãe. Interação é uma seqüência, que não pode ter menos de dois comportamentos, um da mãe e um do bebê. Nesse caso, seria uma interação de dois turnos, com um comportamento para cada parceiro.

As seqüências podem ser iniciadas pela mãe, ou pelo bebê, ao emitir um comportamento que deflagre uma resposta na mãe. Para haver interação, é preciso haver algum engajamento recíproco. Quando a mãe está realizando alguma atividade não voltada para o bebê, que ocupa sua atenção (ver TV, por exemplo) e emite um comportamen-

112 Maria Lucia Seidl de Moura e Adriana Ferreira Paes Ribas

to que parece associado a uma ação do bebê, não se pode falar de interação. No entanto, a mãe pode estar fazendo alguma coisa (lavando louça, por exemplo) e estar também atenta ao bebê, conversando com ele. Nesse caso, havendo uma resposta do bebê dentro das condições da definição, seria possível considerar que houve interação.

Nos estudos realizados em projetos anteriores, uma categoria de "tentativa de interação" era também usada. Chegou-se à conclusão de que essa categoria era erroneamente considerada como "de interação". Trata-se, na verdade, de um "comportamento socialmente dirigido" pela mãe, um comportamento intencional, que visa engajar o bebê, mas não obtém esse engajamento. Não se pode, nas etapas de desenvolvimento dos bebês estudadas pelo grupo (30 dias e cinco meses), falar de "tentativa" de interação por parte do bebê, porque isso envolveria pressupor intencionalidade. Embora essa categoria não esteja sendo atualmente focalizada, esses esclarecimentos se fazem necessários para o entendimento da própria categoria de interação.

Na continuidade dos estudos, decidiu-se analisar um aspecto mais preciso das interações iniciais, a responsividade materna. A escolha da definição operacional de responsividade materna seguiu tendências de pesquisas na área (Bornstein & Tamis-LeMonda, 1997; Keller & cols., 1999; Van Egeren, Barratt & Roach, 2001) e foi considerada como:

> Comportamentos maternos contingentes e imediatamente relacionados aos comportamentos das crianças. Os comportamentos maternos (estimulação diádica, estimulação extradiádica, fala ou vocalização e cuidado) devem ocorrer seguindo os comportamentos dos bebês (vocalização com estresse ou vocalização sem estresse) em uma janela de latência de até 5 segundos. (Ribas, 2004, p.109)

É importante que o pesquisador mantenha um olhar crítico sobre suas escolhas metodológicas e que possa justificá-las. Por exemplo,

A PESQUISA OBSERVACIONAL E O ESTUDO DA INTERAÇÃO MÃE-BEBÊ

reconhecer que, dependendo da definição operacional adotada, alguns aspectos podem ser investigados, e outros não. Ainda utilizando como exemplo a pesquisa de Ribas e Seidl de Moura (2006), com a definição operacional adotada, a responsividade materna foi investigada em sua dimensão temporal, em termos da contingência da resposta da mãe. Outros dois componentes da responsividade, a natureza apropriada da resposta e o calor emocional, precisam ser investigados, utilizando-se outra definição operacional e requerem sistemas próprios e refinados de categorização e análise. Por essas razões, não foram considerados.

A escolha das categorias de observação deve estar atrelada à definição operacional adotada e deve estar vinculada a questões específicas sobre o aspecto da interação mãe-bebê que está sendo investigado.

No estudo da responsividade materna foram consideradas as seguintes atividades do bebê e da mãe, como mostra o quadro 2.

Quadro 2 – Categorias de observação: atividades da mãe e do bebê

Atividades do bebê	Atividades da mãe
Vocalização com estresse	Fala ou vocalização
Vocalização sem estresse	Estimulação diádica
	Estimulação extradiádica
	Cuidado

A escolha destas categorias de observação da mãe fundamentou-se, por um lado, nas tendências das pesquisas na área (Bornstein e Tamis-LeMonda, 1997; Van Egeren, Barratt e Roach, 2001; Zlochower e Cohn,1996). Por outro lado, esta escolha tem bases teóricas claras. Supõe-se que estes tipos de resposta materna têm funções diferentes (por exemplo, reduzir desconforto, estimular a atenção, proporcionar experiências de aprendizagem, estimular a interação face a face). Além disso, podem ter implicações diversas do ponto de vista do desenvolvimento da criança, e representam de algum modo,

114 Maria Lucia Seidl de Moura e Adriana Ferreira Paes Ribas

um conjunto de respostas relativamente comuns quando se considera a interação mãe-bebê nesta faixa etária.

Nesta pesquisa, Ribas e Seidl de Moura (2006) optaram por considerar a vocalização como categoria de observação do bebê. A vocalização, juntamente com a atenção, é considerada uma das principais medidas dos níveis de atividade do bebê, que informa sobre o seu funcionamento cognitivo, emocional, social e capacidade de comunicação (Bornstein e cols., 1992; Bornstein e Tamis-LeMonda, 1997). Como a literatura na área tem apontado, a vocalização, em especial a vocalização com estresse, é um dos comportamentos infantis mais potentes durante o primeiro ano de vida, no sentido de despertar a atenção dos cuidadores (Small, 1999).

A escolha das categorias de análise da responsividade materna levou em conta, ainda, a discussão sobre comportamentos que seriam, possivelmente, comuns e outros que seriam particulares de determinados grupos. No caso das atividades escolhidas, parece que estas são presentes em diferentes culturas, e não representam um modo ocidental ou específico de medir responsividade, como destacado por Bornstein e Cote (2001), embora possam variar em ênfase e nas funções que assumem. Sendo assim, parece adequada a escolha de tais atividades da mãe e do bebê como elementos para a análise da responsividade.

A título de ilustração, são descritas de modo resumido a seguir as categorias de observação que foram utilizadas na pesquisa de Ribas e Seidl de Moura (2006). A descrição mais minuciosa das categorias pode ser obtida em Ribas (2004). A escolha dessas definições operacionais seguiu tendências de escolhas internacionais (por exemplo, Bornstein e Tamis-LeMonda, 1997; Keller, 2002). As categorias foram traduzidas a partir do manual de codificação desenvolvido pela *Section on Child and Family Research* (1996), do National Institute for Child Health and Development dos Estados Unidos, cedido para uso no Brasil. Cabe ressaltar que algumas definições operacionais não foram apenas traduzidas, mas adaptadas. Algumas novas categorias foram adicionadas, entre elas, confortar / acalmar o bebê; e outros tipos de cuidado.

A PESQUISA OBSERVACIONAL E O ESTUDO DA INTERAÇÃO MÃE-BEBÊ

Atividades do bebê

Vocalização sem estresse – Qualquer vocalização da criança que tenha um tom positivo ou neutro que seja claramente audível é codificada. São incluídos o balbucio, riso, jogo vocal, gritinhos altos, agudos, suspiros ou grunhidos não indicativos de estresse. Neste caso, são excluídos os sons do corpo: sons vegetativos, tais como arrotos, tosse, espirros, bocejos e pequenos barulhinhos com a língua.

Vocalização com estresse – Vocalizações produzidas pela criança que indiquem protesto, reclamação, irritação ou aborrecimento pela qualidade vocal, expressão facial, ou acompanhados de outros comportamentos negativos (e.g., retorcer-se) são codificadas.

Atividades da mãe

Estimulação Extradiádica – A mãe fisicamente e/ou verbalmente indica uma propriedade, objeto ou evento no ambiente imediato. O adulto fisicamente movimenta a criança ou um objeto de modo que a criança possa ver ou tocar o objeto.

Estimulação Diádica – O adulto tenta voltar a criança para interação social face-a-face com ele. Podem ocorrer tentativas físicas e/ou verbais. Tentativas físicas incluem intencionalmente mover sua face em direção à do bebe ou mover a face do bebê em direção à dele. Tentativas verbais de encorajar a atenção diádica incluem fazer comentários muito específicos sobre si mesmo que são claramente destinados a chamar a atenção da criança. Deve estar claro que o objetivo principal da mãe é a interação social face-a-face e o engajamento social com a criança. A mãe engaja a criança em interações interpessoais afetivas, incluindo trocas próximas face a face, beijando, abraçando, brincando.

Fala ou Vocalização – As falas e vocalizações da mãe que sejam dirigidas ao bebê. Incluídos os jogos vocais, sons produzidos como imitação de brinquedos sonoros. Não são codificados como fala da mãe: risos, fala da mãe dirigida a terceiros, sons do "corpo", sons vegetativos, tais como arrotos, tosse, espirros, bocejos, soluços, suspiros e pequenos barulhinhos com a língua.

Cuidado – Um conjunto de atividades nas quais a mãe se engaja em cuidar do bebê. É dividida em sete subcategorias: c1 – Alimentar o bebê; c2 – Colocar o bebê para arrotar / limpar o rosto, mãos ou roupa do bebê; c3 – Cuidar da higiene do bebê; c4 – Checar / trocar a fralda do bebê; c5 – Vestir ou arrumar o bebê; c6 – Confortar, acalmar o bebê; c7 – Outros tipos de cuidado.

No estudo mais geral das interações mãe-bebê, foram priorizados em uma análise posterior, entre outros, aspectos afetivos nos comportamentos da mãe e do bebê. Para tal, foram selecionadas as seguintes categorias, com suas respectivas definições:

Comportamentos da mãe:
Sorriso dirigido ao bebê (S) – sorrir, sendo este sorriso dirigido ao bebê.

Toque afetivo – tocar propositalmente com alguma parte do corpo em alguma parte do corpo do bebê, ligado a atividades de acariciar e brincar com ele, distinguindo-se de cuidar fisicamente do bebê. Exemplos: toque com as pontas do dedo no corpo do bebê, como se estivesse chamando por ele, acariciar o corpo ou rosto do bebê, fazer cócegas, usar o toque para fazer brincadeiras com o bebê. A ocorrência desta categoria independe do bebê estar ou não no colo da mãe.

Beijo (B) – Beijar o bebê, tocando uma parte de seu corpo com os lábios.

Comportamentos do bebê
Sorriso (S) – sorrir, podendo ser ou não um sorriso voltado na direção do rosto da mãe. Cabe destacar que caso sejam observadas ocorrências de sorrisos em episódios de interação estes devem ser confirmados como sorrisos dirigidos à mãe.

A codificação dos comportamentos alvo na pesquisa pode ser feita de diferentes maneiras. O interesse pode ser na ocorrência e a contagem de freqüência em geral, a ocorrência por intervalos e a avaliação da porcentagem de intervalos em que o comportamento ou

A PESQUISA OBSERVACIONAL E O ESTUDO DA INTERAÇÃO MÃE-BEBÊ   117

fenômeno é observado, ou ainda no registro do início e fim do comportamento, a avaliação de sua duração e/ou da co-ocorrência de comportamentos ou contingência. Nas pesquisas do grupo todas essas possibilidades foram utilizadas. O primeiro e segundo casos foram usados em um estudo longitudinal (Ribas, 1996; Ribas & Seidl de Moura, 1999) e em pesquisa sobre interações de bebês de 30 dias e suas mães (Seidl de Moura & cols., 2004), cuja metodologia foi também discutida em Piccinini e cols. (2001). O terceiro foi empregado na pesquisa sobre responsividade materna que vem sendo mencionada (Ribas e Seidl de Moura, 2006).

Um aspecto relacionado à escolha das categorias de observação é a definição dos parâmetros temporais para a codificação dos comportamentos, por exemplo, a duração mínima de cada comportamento, a pausa mínima a ser considerada para codificar uma nova ocorrência de comportamento, e o tempo de latência considerado entre o comportamento de um dos parceiros e a resposta do outro. Em cada pesquisa sobre interação mãe-bebê, aspectos específicos devem ser levados em conta no momento dessas escolhas de parâmetros temporais. Apenas a título de exemplo, devem ser levados em conta: a faixa etária dos bebês, a capacidade ou sensibilidade dos bebês para detectar contingências, a natureza dos comportamentos observados, a natureza dos recursos de equipamentos que serão utilizados para codificação e análise dos dados etc.

Além da codificação das categorias de observação, pode ser interessante na pesquisa observacional a utilização de um formulário para informações complementares dos registros em vídeo, por exemplo. Não se trata de um formulário de codificação de comportamentos, mas de registro de informações adicionais que não estão contempladas nas categorias de observação. Na pesquisa sobre responsividade materna realizada por Ribas e Seidl de Moura, foram também registrados nesse formulário outros aspectos, como, por exemplo: quando a mãe dava beijos no bebê ou manifestava outras formas de carinho, tipos de objetos mostrados para o bebê, presença de estimulação auditiva de rádio ou TV, realização de atividades domésticas, e cômodos em que foram feitas as filmagens. A utilização deste formulário teve como objetivo complementar as informações sobre as condições e os contextos em que ocorreram as observações. Cabe ainda lembrar que os instrumentos de avaliação da visita, preenchidos pelo pesquisador e pela mãe, são uma fonte muito rica de informação na pesquisa observacional. Instrumentos dessa natureza permitem integrar dados de observação com dados colhidos através do relato da família. Nas pesquisas do Grupo Interação Social e Desenvolvimento, a avaliação das visitas tem sido realizada com o preenchimento de dois instrumentos, um deles pelo observador e o outro pela mãe. A avaliação da mãe sobre a visita tinha como objetivo registrar o quão desconfortável ou confortável ela se sentiu ao ser filmada com seu bebê, e o quanto as atividades que realizou durante a filmagem correspondem às suas atividades cotidianas. A avaliação do observador sobre a visita teve como objetivo registrar se a mãe parecia estar à vontade durante a filmagem, e como o bebê se comportou diante da câmera. Informações dessa natureza aumentam a possibilidade de avaliação sobre a qualidade do *setting* de observação.

A título de ilustração, são apresentados alguns dados referentes a episódios de interação discutidos na pesquisa comparativa entre díades mãe-bebê cujos bebês tinham 30 dias e 5 meses, realizada por Seidl de Moura e cols. (Seidl de Moura, 2004), e episódios de responsividade materna discutidos na pesquisa de Ribas e Seidl de Moura (2006).

No primeiro caso, foram comparados dados de dois grupos de 28 mães e seus bebês. As fitas foram analisadas, focalizando interações e suas características. Em primeiro lugar, observa-se que foram identificadas interações nos dois grupos, e que o total de instâncias não é muito diverso: 51 no grupo de mães com bebês de 30 dias e 53 no de bebês de cinco meses. Em 20 díades do primeiro grupo e 21 do segundo não foram identificadas interações no período de observação analisado.

As interações identificadas, como previsto, são mais longas quando os bebês são um pouco mais velhos, com cinco meses, mas a dura-

A PESQUISA OBSERVACIONAL E O ESTUDO DA INTERAÇÃO MÃE-BEBÊ 119

ção dos episódios de interação apresenta muita variabilidade nos dois grupos. O que parece caracterizar uma diferença entre eles é a complexidade das trocas, avaliada pelo número de turnos e pelo total de comportamentos diferentes apresentados pelos parceiros. A média quando o bebê tem 30 dias é de pouco menos do que três turnos. Isso significa a mãe fazer algo, por exemplo, falar com o bebê (F) – um turno, o bebê responder (OM) – segundo turno, e a mãe sorrir em seguida (S) – terceiro turno. Muitas interações são de dois turnos nesse grupo de díades, e elas são em geral face-a-face e envolvem os comportamentos da mãe e do bebê de se olharem. A média de comportamentos maternos de bebês de 30 dias por interação é de 2,96. As mães podem emitir comportamentos simultâneos em um mesmo turno, como, por exemplo, olhar o bebê e sorrir, ou olhar e falar. Já os bebês, com seu repertório ainda limitado em termos de ação nessa época, têm uma média de menos de dois comportamentos por interação (1,49). Em contraste, as interações das díades em que o bebê já tem 5 meses, além de serem, em média, mais longas, são mais complexas. Os parceiros emitem mais comportamentos diferentes (a mãe, em média 4,17 e o bebê, 2,94) e as trocas prolongam-se por mais turnos (média = 6,24).

Em relação ao componente afetivo, observa-se que, com o aumento da complexidade das trocas, sua manifestação também aumenta e, principalmente, torna-se mais recíproca. Os bebês de 30 dias, como esperado, sorriem ainda pouco e, este sorriso parece mais espasmático do que social, que tende a aparecer mais para o final do segundo mês de vida do bebê. Foram identificadas duas instâncias de sorriso nas interações (em contraste com 29 nos bebês de 5 meses). As mães dos dois grupos sorriem para seus bebês (30 dias – em 21,38% das interações; 5 meses, em 32,07% das interações) e apresentam comportamentos afetivos (sorrir, beijar, tocar afetivamente – acariciar) nas interações. No grupo de 30 dias, em 43,13% das interações pelo menos um comportamento afetivo está presente, e no grupo de 5 meses, isso ocorre em 62,26% dos casos. O que é particularmente interessante é uma última comparação, que indica a dife-

120 Maria Lucia Seidl de Moura e Adriana Ferreira Paes Ribas

rença na reciprocidade, comentada acima. O total de interações com comportamentos afetivos tanto maternos como do bebê é de 23% aos 30 dias, e 43,4% aos 5 meses.

Na pesquisa sobre responsividade materna foram observados episódios de resposta contingente das mães em diferentes situações (respostas de cuidado, estimulação diádica, extradiádica), obedecendo aos critérios temporais já relatados. Na díade 15 dessa pesquisa, por exemplo, o bebê vocaliza com estresse, a mãe fala com o bebê, cuida dele, no sentido de confortar, acalmar o bebê. O bebê está segurando um brinquedo de borracha e colocando-o na boca. Em seguida o bebê vocaliza com estresse e a mãe tira o brinquedo da mão do bebê, e coloca a chupeta na boca dele, dizendo: *"Toma, toma que está machucando"*. Esta foi uma resposta contingente, que utilizou atividade de cuidado, e resultou numa tentativa de confortar o bebê após uma vocalização com estresse. Na díade 08, por exemplo, foi identificado um episódio de responsividade da mãe, com estimulação extradiádica a uma vocalização sem estresse do bebê. O bebê vocaliza sem estresse, olha para a mãe e movimenta o corpo. A mãe olha para o bebê, fala com ele e, ao mesmo tempo, mostra um objeto.

Esses exemplos indicam algumas das múltiplas possibilidades do uso da observação registrada em vídeo e sua análise para a investigação de interações mãe-bebê.

A observação sistemática, como foi citado anteriormente, necessita de um planejamento rigoroso e minucioso dos procedimentos para coleta de dados. A avaliação da fidedignidade dos dados registrados e codificados é um aspecto relevante na pesquisa observacional, na medida em que assegura a confiabilidade dos dados. Conforme apontado por Batista (1996) e Dessen (1995), há várias formas de calcular a fidedignidade das observações e registros, entre elas, por exemplo:

- Acordo entre observadores – pesquisadores observam e registram ao mesmo tempo;
- Estabilidade do observador ou concordância intra-observador – neste caso, a consistência do próprio observador é medida com-

A PESQUISA OBSERVACIONAL E O ESTUDO DA INTERAÇÃO MÃE-BEBÊ

parando-se a concordância entre dois ou mais protocolos de registro, que correspondam ao mesmo trecho da fita, efetuados por ele em dias diferentes;

· Acordo entre observadores independentes – que observam em ocasiões diferentes, sendo o segundo observador "cego" quanto aos objetivos da pesquisa.

De acordo com Bakeman, Deckner e Quera (no prelo), recomenda-se que cerca de 15 a 20% do total da observação seja utilizado para cálculo do índice de fidedignidade. Estes autores entendem que o termo concordância entre observadores seria mais geral e descreveria, como o nome diz, o grau em que dois observadores concordam um com o outro, já o conceito de confiabilidade seria um termo mais restrito. No caso do cálculo da concordância entre observadores, utiliza-se a fórmula abaixo:

$$\frac{\Sigma \text{ acordos}}{\Sigma \text{ acordos} + \Sigma \text{ desacordos}} \times 100$$

Bakeman e Gottman (1997) consideram que esta fórmula apresenta deficiências, sendo a mais evidente o fato de que o acordo entre os observadores pode ocorrer por acaso e esta fórmula não corrige este aspecto. Discutem as vantagens de utilizar o Kappa de Cohen (*observer reliability*), destacando que este índice, entre outros aspectos, corrige a possibilidade de acordo por acaso, seguindo a fórmula abaixo:

$$K = \frac{P_{obs} - P_{exp}}{1 - P_{exp}}$$

P_{obs} significa a proporção de acordo verdadeiramente observada e P_{exp} é a proporção esperada pelo acaso.

Os autores destacam que os valores de Kappa são consideravelmente menores do que os índices de concordância calculados apenas pelos somatórios de acordos e desacordos, que não são corrigidos, levando em conta o acaso. Em relação ao índice Kappa, há discussões sobre estes números, mas tanto Bakeman e Gottman (1997), quanto Bakeman, Deckner e Quera (no prelo) indicam que índices de Kappa de Cohen entre 0,40 e 0,60 são baixos, entre 0,60 e 0,75 são bons e acima de 0,75 são excelentes.

O cálculo de fidedignidade exige que se defina o que vem a ser acordo e desacordo, e que se estabeleça se há ou não alguma diferença tolerável entre as codificações dos observadores. No caso de codificações em que se registra o começo e fim do evento ou comportamento, o cálculo estrito é aquele em que a unidade de tempo considerada como acordo é 0 (zero), sendo registrados como desacordos todas as diferenças em segundos. Os dois avaliadores devem marcar exatamente o mesmo tempo de início e fim. O cálculo que supõe alguma margem de variação é aquele em que a unidade de tempo considerada como acordo admite uma variação de + ou − 1 segundo, por exemplo.

Ribas e Seidl de Moura (2006) investigaram responsividade materna, utilizando uma codificação dos dados feita a "olho nu" (sem a utilização de equipamentos especiais), com um *display* simples de marcação de tempo de vídeo cuja unidade é segundos (não milessegundos) e em que a marcação do começo ou fim da atividade algumas vezes ocorria no momento de mudança de um determinado segundo para o outro. Nesse caso, as autoras julgaram adequado que o cálculo da fidedignidade admitisse uma margem de variação de + ou − um segundo. Apesar desta consideração, foram calculados e são apresentados os índices nas duas condições, cálculo com a margem de variação e cálculo estrito. Foram também calculados os índices de fidedignidade para um conjunto de cinco fitas que constituíram a amostra para fidedignidade e os índices obtidos para cada uma das fitas isoladamente. A seguir, são apresentadas as tabelas informadas nessa pesquisa, a título de ilustração.

A PESQUISA OBSERVACIONAL E O ESTUDO DA INTERAÇÃO MÃE-BEBÊ 123

Tabela 1 – Índices de fidedignidade para o grupo de cinco fitas, nas duas condições: margem zero e margem de + ou – 1 segundo.

CÁLCULO PARA O GRUPO	Kappa de Cohen	Concordância (%)
Margem + / - 1s	0.8014	98,04
Margem zero	0.7706	97.70

Tabela 2 – Índices de fidedignidade para cada uma das fitas analisadas, nas duas condições: margem zero e margem de + ou – 1 segundo.

	CÁLCULO INDEPENDENTE PARA CADA DÍADE			
DÍADE	MARGEM + / - 1s		MARGEM ZERO	
	Kappa de Cohen	Concordância (%)	Kappa de Cohen	Concordância (%)
1	0,6576	91,51	0,6477	91,18
2	0,9730	99,83	0,9231	99,50
3	0,9146	98,84	0,8767	98,34
4	1,0000	100	0,8396	99,50
5	1,0000	100	1,0000	100

Como se pode observar, a apresentação dessa variedade de índices permite uma análise mais acurada sobre a qualidade dos dados codificados e, conseqüentemente, uma avaliação mais precisa sobre a confiabilidade.

Algumas vantagens e desvantagens do uso da metodologia observacional

Algumas vantagens do uso do método observacional podem ser apresentadas. Richardson (1985) destaca que a observação é a forma mais direta de estudar uma ampla variedade de fenômenos. Patton (1990) considera que a observação direta tem a vantagem de o observador estar presente no momento e, sendo assim, este autor entende que o observador é capaz de compreender melhor o contexto no qual o fenômeno a ser observado se dá e a compreensão do con-

124   Maria Lucia Seidl de Moura e Adriana Ferreira Paes Ribas

texto é fundamental. Richardson (1985) destaca também como ponto positiva a possibilidade de obter a informação no momento em que ocorre o fato.

Uma limitação do uso da observação, destacada por Patton (1990), é a de que determinados fatos são difíceis ou até impossíveis de serem estudados através dela, já que a presença do observador exatamente durante sua ocorrência espontânea seria difícil ou mesmo impossível.

Possivelmente a crítica mais comum ao uso do método observacional é a que Breakweel, Hammond e Fife-Schaw (1995) chamam de *efeito do observador ou reatividade,* ou seja, o fato de que quando alguém sabe que está sendo observado, seja por uma outra pessoa ou por uma câmera ou que está havendo registro em gravador, isto pode afetar o modo pelo qual a pessoa normalmente se comportaria numa dada situação. Este efeito seria uma ameaça à validade dos dados.

Patton (1990) rebate esta crítica ressaltando que este problema não é exclusivo desse método, não é somente na observação que o observador afeta o que é observado. Pesquisadores que realizam experimentos, que empreendem levantamentos, ou psicólogos que aplicam testes padronizados, todos afetam as situações nas quais eles introduzem os procedimentos de coleta de dados. A questão para Patton (1990) não é se tais efeitos ocorrem ou não, mas, sim, como monitorar estes efeitos e levá-los em consideração quando interpretar os dados.

O quanto as situações serão modificadas pela intrusão de observadores de campo dependerá de uma série de fatores, como: a natureza da observação, o tipo de *setting* sendo estudado, a personalidade do observado, os procedimentos do observador e de um conjunto de outras condições (Patton, 1990).

No caso das pesquisas que vêm sendo realizadas pelo grupo, as mães e seus bebês são filmados em casa. Depois de um contato prévio em que a pesquisa é explicada, a mãe concorda em participar, e logo após a visita é marcada em horário de sua conveniência. Nes-

A PESQUISA OBSERVACIONAL E O ESTUDO DA INTERAÇÃO MÃE-BEBÊ   125

sas condições, não têm sido constatadas maiores dificuldades. Alguns minutos iniciais são descartados das codificações quando as mães parecem mais inibidas, mas as mães tendem a retomar seus afazeres normais e cuidados com seus bebês, mesmo na presença da câmera.

Breakweel, Hammond e Fife-Schaw (1995) destacam que relacionada à questão da reatividade está a da *inclinação ou tendência do observador* – o envolvimento do pesquisador com a questão a ser pesquisada. Esse envolvimento pode fazer com que ele despercebidamente veja eventos que se coadunam com a sua teoria e não perceba outros eventos contrários à sua orientação teórica.

Deve-se destacar, entretanto, que esta tendenciosidade é mais provável de se mostrar quando se está fazendo uma análise qualitativa que necessita da interpretação do observador. Em procedimentos observacionais que incluem a definição prévia de categorias de observação, a codificação dos dados por mais de um observador e o cálculo de fidedignidade entre observadores independentes (preferencialmente um observador juiz que não tenha conhecimento sobre os objetivos da pesquisa) reduzem bastante a chance desta tendenciosidade se manifestar de forma a prejudicar a análise e as conclusões.

Outra questão apontada por Breakweel, Hammond e Fife-Schaw (1995) é a do *cansaço do observador*. Este não é um problema tão sério quando as observações são registradas em vídeo, porque é possível voltar às observações quantas vezes forem necessárias, podendo-se, ainda calcular a fidedignidade intra-observador e entre observadores.

Especificamente em relação à observação com o uso do registro em vídeo, algumas críticas podem ser assinaladas. Breakweel, Hammond e Fife-Schaw (1995) destacam que apesar de as pessoas estarem atualmente relativamente acostumadas a serem filmadas, o uso da câmera para registro em determinados lugares pode causar algum estranhamento. Mais uma vez, nos estudos na casa das díades, em que só a mãe, o bebê, o observador e alguns membros da família estão presentes, esse estranhamento tende a ser reduzido, e por vezes não tem sido observado.

Outra possível limitação do uso do vídeo, destacada por Carvalho e cols. (1996) é o fato da câmera ter foco limitado (característica dos equipamentos) o que obriga o observador a fazer opções sobre o "recorte" e a amplitude do campo. Certamente que a escolha do foco deve estar adequada aos objetivos da pesquisa. Dessen (1995) destaca que a limitação do foco da câmera é especialmente evidenciada em pesquisas que envolvem grupos em contexto escolar ou familiar. Outra possível limitação, segundo Carvalho e cols. (1996) é a qualidade restrita do registro do som. Estas seriam limitações técnicas que podem e estão sendo superadas pela produção de equipamentos mais sofisticados.

Considerações finais

A metodologia observacional é empregada em grande parte das pesquisas que focalizam o estudo da interação mãe-bebê, e se mostra um recurso útil, na medida em que permite capturar as seqüências de eventos entre os parceiros sociais. Entretanto, deve-se lembrar que os registros observacionais da díade devem estar acompanhados de informações sobre o ambiente, ou contexto, no qual esses parceiros interagem. A possibilidade de alcançar uma visão mais compreensiva, mais acurada, da dinâmica de processos interacionais mãe-bebê a partir do registro em vídeo, depende de uma integração de dados que provavelmente serão provenientes de diferentes fontes, tais como: entrevistas, questionários, fotografias etc.

Ainda que essa metodologia venha sendo empregada com freqüência nas pesquisas dessa área, cabe destacar que em função da variedade de enfoques teóricos, em muitos casos, apenas a orientação geral da observação naturalística é compartilhada pelos diferentes autores. Ou seja, as escolhas metodológicas possíveis na observação naturalística são tão variadas que permitem uma diversidade de "modos" de empregar essa metodologia, muitas vezes extremamente diferentes entre si.

A PESQUISA OBSERVACIONAL E O ESTUDO DA INTERAÇÃO MÃE-BEBÊ

Provavelmente este aspecto que revela uma certa "versatilidade" da metodologia observacional tem relação com a riqueza de dados que a utilização dessa ferramenta de pesquisa pode nos trazer. Diante da variedade de orientações teóricas que dão base à pesquisa sobre interação mãe-bebê, encontram-se estudos observacionais muito distintos, envolvendo escolhas metodológicas muito diversas. Entende-se que uma ou outra escolha metodológica não pode ser avaliada como boa ou má, por si só. A adequação de tais escolhas deve ser discutida dentro de um contexto mais amplo que inclui os objetivos da pesquisa, os problemas de pesquisa, os participantes, os instrumentos adicionais utilizados, o referencial teórico, enfim, o conjunto de elementos que constitui a pesquisa em si. O referencial teórico é particularmente relevante, por que os dados observacionais só ganham sentido à luz do mesmo.

Considerando que todos os métodos de coleta de dados são limitados e imperfeitos, cabe ao pesquisador buscar uma combinação de diferentes estratégias metodológicas e a utilização dos métodos de pesquisa do modo mais adequado possível.

Parece justo finalizar este capítulo agradecendo aos pesquisadores que ao longo dos últimos anos têm se dedicado a utilizar a observação naturalística para estudar a interação mãe-bebê. É evidente para os estudiosos dessa área que essa metodologia tem avançado em uma direção constante de refinamentos e isso se deveu, em grande parte, à criatividade e perspicácia de nossos colegas pesquisadores. A julgar pelo que foi feito até esse momento, pode-se esperar ainda mais avanços nessa área de investigação tão desafiadora e estimulante que é a do estudo da interação mãe-bebê.

REFERÊNCIAS BIBLIOGRÁFICAS

BAKEMAN, R.; DECKNER, D. F. & QUERA, V. (no prelo). Analysis of behavioral streams. In: TETI, D. M. (org.). *Handbook of Research Methods in Developmental Psychology*. Oxford, Blackwell Publishers.

128 Maria Lucia Seidl de Moura e Adriana Ferreira Paes Ribas

BAKEMAN, R. & GOTTMAN, J. M. (1997). *Observing interaction: an introduction to sequential_analysis.* Cambridge, Cambridge University Press.

BATISTA, C. G. (1996). Observação do comportamento. In: PASQUALI, L. (org.). *Teoria e métodos de medida em ciências do comportamento.* Brasília, INEP.

BORNSTEIN, M. H. & TAMIS-LeMONDA, C. S. (1989). Maternal responsiveness and cognitive development in children. In: BORNSTEIN, M. H. (org.). *Maternal responsiveness: Characteristics and consequences.* San Francisco, Jossey-Bass.

BORNSTEIN, M. H.; TAMIS-LeMONDA, C. S.; TAL, J.; LUDEMANN, P.; TODA, S.; RAHN, C. W.; PÊCHEUX, M.; AZUMA, H. & VARDI, D. (1992). Maternal responsiveness to infants in three societies: The United States, France, and Japan. *Child Development, 63,* 808-821.

BORNSTEIN, M. H. & LAMB, M. E. (1992). *Development in infancy: An introduction.* New York, McGraw-Hill.

Bornstein, M. H. & TAMIS-LeMONDA, C.S. (1997). Maternal Responsiveness and Infant mental abilities: specific predictive relations. *Infant Behavior and Development, 20* (3), 283-296.

BORNSTEIN, M. H. & COTE, L. R. (2001). Mother-infant interaction and acculturation: I. Behavioural comparisons in Japanese American and South American families. *International Journal of Behavioral Development, 25,* 549-563.

BREAKWELL, G. M.; HAMMOND, S. & FIFE-SCHAW, C. (1995). *Research methods in Psychology.* London, Sage Publications.

CARVALHO, A. M.; BERGAMASCO, N. H. P.; LYRA, M. C. D. P.; PEDROSA, M. I. P.C.; RUBIANO, M. R. B.; ROSSETTI-FERREIRA, M. C. T.; OLIVEIRA, Z. M. R. & VASCONCELOS, V. M. R. (1996). Registro em vídeo na pesquisa em Psicologia: Reflexões a partir de relatos de experiência. *Psicologia: Teoria e Pesquisa, 12* (3), 261-267.

DESSEN, M. A. (1995). Tecnologia de vídeo: Registro de interações sociais e cálculos de fidedignidade em estudos observacionais. *Psicologia: Teoria e Pesquisa, 11* (3), 223-227.

FAGUNDES, A. S. (1985). *Descrição, definição e registro do comportamento.* São Paulo, Edicon.

A PESQUISA OBSERVACIONAL E O ESTUDO DA INTERAÇÃO MÃE-BEBÊ 129

KELLER, H. (2002). Culture and development: Developmental pathways to individualism and interrelatedness. In: LONNER, W. J.; DINNEL, D. L.; HAYES, S. A. & SATTLER, D. N. S. (eds.). *Online readings in Psychology and culture* (Unit 11, Chapter 1). Documento obtido no Center for Cross-Cultural Research, Western Washington University, em www.wwu.edu/~culture

KELLER, H.; LOHAUS, A.; VOLKER, S.; CAPPENBERG, M. & CHASIOTIS, A. (1999). Temporal contingency as an independent component of parenting behavior. *Child Development 70*, 474-485.

NICELY, P.; TAMIS-LeMONDA, C. S. & GROLNICK, W. S. (1999). Maternal responsiveness to infant affect: Stability and prediction. *Infant Behavior and Development, 22*, 91), 103-117.

PATTON, M. Q. (1990). *Qualitative evaluation and research methods.* London, Sage Publications.

PICCININI ,C. A.; SEIDL DE MOURA, M. L.; RIBAS, A. F. P.; BOSA, C. A.; OLIVEIRA, E. A.; PINTO, E. B.; SCHERMENN, L. & CHAHON, V. L. (2001). Diferentes perspectivas na análise da interação pais-bebê/criança. *Psicologia: Reflexão e Crítica, 14* (3), 469-485.

REBER, A. S. (1985). *The Penguin dictionary of psychology.* London, Penguin, 1985.

RIBAS, A F. P. & SEIDL DE MOURA, M. L. (1999). Manifestações iniciais de trocas interativas mãe-bebê e suas transformações. *Estudos de Psicologia, 8* (2), 273-288.

RIBAS, A F. P. (1996) *Interações precoces mãe-bebê: a gênese de zonas de construção.* Dissertação de Mestrado. Universidade Federal do Rio de Janeiro, Rio de Janeiro.

RIBAS, A. F. P. & SEIDL DE MOURA, M. L. (1999). Manifestações iniciais de trocas interativas mãe-bebê e suas transformações. *Estudos de Psicologia, 4* (2), 273-288.

RIBAS, A. F. P.; SEIDL DE MOURA, M. L. & RIBAS, R. C. (2003). Responsividade materna: levantamento bibliográfico e discussão conceitual. *Psicologia: Reflexão e Crítica, 16*, 137-145.

RIBAS, A. F. P. (2004). *Responsividade materna: discussão conceitual, articulações teóricas e uma investigação empírica em contexto urbano brasileiro.* Tese de Doutorado. Universidade do Estado do Rio de Janeiro, Rio de Janeiro.

RIBAS, A. F. P. & SEIDL DE MOURA, M. L. (2006). *Responsividade materna: uma investigação em contexto urbano brasileiro.* Revista Brasileira de Crescimento e Desenvolvimento Humano 16(1), 1-11.

RICHARDSON, R. J. (1985). *Pesquisa social: métodos e técnicas.* São Paulo, Atlas.

RUELA, S. & SEIDL DE MOURA, N. L. *Um estudo do nicho de desenvolvimento em uma comunidade rural.* Submetido em 2005.

SMALL, M. F. (1999). *Our babies, ourselves. How biology and culture shape the way we parent.* New York, Anchor Books.

SECTION ON CHILD AND FAMILY RESEARCH. (1996). *Coding the 60-minute film at 5 months.* National Institute of Child Health and Human Development. Washinghton, DC.

SEIDL DE MOURA, M. L. (2004). *Características de interações mãe-bebê em dois momentos do desenvolvimento: uma análise sociocultural e evolucionista.* Relatório técnico. Universidade do Estado do Rio de Janeiro/CNPq.

SEIDL DE MOURA, M. L. & FERREIRA, M. C. (2005, no prelo). *Projetos de pesquisa: Elaboração, redação e apresentação.* Rio de Janeiro, EDUERJ, 2005.

SEIDL DE MOURA, M. L. & RIBAS, A. F. P. (1998) Interação precoce mãe-bebê e a concepção do desenvolvimento infantil inicial. *Revista Brasileira de Crescimento e Desenvolvimento Humano, 9* (1/2), 15-25.

SEIDL DE MOURA, M. L.; RIBAS, A. F. P.; SEABRA, K. C.; PESSÔA, L. F.; NOGUEIRA, S. E. & RIBAS JR., R. C. (2004). Interações iniciais mãe-bebê. *Psicologia Reflexão e Crítica, 17*(3), 295-302.

VAN EGEREN, L. A.; BARRATT, M. S. & ROACH, M. A. (2001). Mother-infant responsiveness: Timing, mutual regulation, and interactional context. *Developmental Psychology, 37,* 684-697.

ZLOCHOWER, A. J. & COHN, J. F. (1996). Vocal timing in face-to-face interaction of clinically depressed and nondepressed mothers and their 4-month-old infants. *Infant Behavior and Development, 19,* 371-374.

Capítulo 5

RESPONSIVIDADE COMO FOCO DE ANÁLISE DA INTERAÇÃO MÃE-BEBÊ E PAI-BEBÊ

Cesar Augusto Piccinini, Patrícia Alvarenga e
Giana Bitencourt Frizzo

Diversos construtos têm sido utilizados nas investigações sobre a interação mãe-bebê e pai-bebê, entre eles o de sensibilidade e o de responsividade. Buscando articular esses dois construtos, Van den Boom (1994; 1997) propôs o conceito de responsividade sensível, definida como atenção e percepção consistentes, interpretação precisa e resposta contingente e apropriada aos sinais do bebê. Com base nesses pressupostos, foi desenvolvido um sistema para análise da observação de interação livre entre mães e pais e seus bebês de três meses de vida. Neste capítulo, são apresentados os pressupostos teóricos e o método para utilização do sistema. Além disso, são discutidos alguns resultados de estudos que utilizaram esta metodologia, bem como suas vantagens e limitações.

Os estudos sobre o apego têm demonstrado de forma consistente que o primeiro ano de vida é um período crítico para o desenvolvimento afetivo, cognitivo e social (Ainsworth, Blehar, Waters e Wall, 1978; Bowlby, 1969; Landry, Smith, Swank, Assel e Vellet, 2001). Neste período, é importante que os pais respondam ao comportamento de seus filhos com afeto e sensibilidade, favorecendo a formação do apego (Bowlby, 1969) e contribuindo para o desenvolvimento social e emocional da criança (Ziv e Cassidy, 2002).

132 Cesar Augusto Piccinini, Patrícia Alvarenga e Giana Bitencourt Frizzo

Os conceitos de responsividade (Wakschlag e Hans, 1999), sensibilidade (Ainsworth e cols.), 1978, De Wolff e Ijzendoorn, 1997, Isabella, Belsky e Von Eye, 1989) ou responsividade sensível (Van den Boom, 1994) têm sido utilizados para designar as características parentais desejáveis e necessárias para o desenvolvimento de um apego seguro entre a criança e seus cuidadores. Crianças que experienciam cuidados caracterizados por sensibilidade e responsividade materna tendem a desenvolver um padrão de apego seguro, que se traduz em confiança na disponibilidade emocional e responsividade da mãe, e que promovem uma orientação positiva e confiante em relação à mãe, ao mundo e a elas próprias. De modo contrário, crianças que recebem cuidados caracterizados por pouca sensibilidade e baixa responsividade materna tendem a desenvolver um apego inseguro, que reflete falta de confiança na disponibilidade emocional da mãe, implicando em uma atitude negativa e pouco confiante em relação à mãe, ao mundo e a elas mesmas (Belsky e Pasco Fearon, 2002).

O conceito de sensibilidade materna foi definido por Isabella e colegas (1989) e Van den Boom (1994) como atenção e percepção consistentes, interpretação precisa e resposta contingente e apropriada aos sinais da criança. Essa característica da mãe ou do pai favoreceria a ocorrência de interações sincrônicas e mutuamente recompensadoras entre a díade. Para Wakschlag e Hans (1999), a responsividade pode ser distinguida de outros atributos parentais positivos, como o afeto e a estimulação, porque envolve ações parentais que são contingentes a sinais da criança e que são apropriadas em relação aos seus desejos e necessidades, incluindo sua necessidade de autonomia. De acordo com esses autores, a responsividade não é um construto único, mas um domínio que consiste em um complexo de construtos e variáveis relacionadas, por exemplo, sensibilidade a sinais sociais, empatia, capacidade de previsão, não-intrusividade, disponibilidade emocional e envolvimento positivo.

Embora a maioria dos estudos investigue a responsividade de mães em relação a seus bebês, esta não é uma característica ou atributo

RESPONSIVIDADE COMO FOCO DE ANÁLISE DA INTERAÇÃO MÃE-BEBÊ... *133*

relevante ou presente apenas no comportamento materno. Vários estudos têm investigado a responsividade paterna, explorando semelhanças e diferenças em relação a padrões de responsividade materna (Belsky, 1979; Bridges, Connell e Belsky, 1988). No entanto, a responsividade materna tem sido priorizada nas investigações devido a sua estreita relação com o conceito de apego (Ainsworth e cols., 1978; Bowlby, 1969) bem como pelo fato de que as mães em geral são as principais cuidadoras e, em muitos casos, as únicas cuidadoras do bebê (Booth e cols., 1992).

Alguns autores consideram a responsividade um atributo ou disposição dos pais, outros a conceituam como uma característica da díade mãe-bebê ou pai-bebê. Tais diferenças conceituais trazem implicações e se encontram diretamente relacionadas a formas distintas de avaliar a responsividade parental. Estudos como o de Isabella e colegas (1989) e Isabella e Belsky (1991) conceituam a responsividade a partir da definição operacional de sincronia interacional. A sincronia descreve uma experiência interativa recíproca e mutuamente recompensadora, que reflete um encaixe apropriado dos comportamentos da mãe e do bebê. Nesses estudos, a responsividade materna foi avaliada a partir do critério de sincronia interacional, através da categorização de co-ocorrências de comportamentos da mãe e da criança relacionadas temporalmente, classificadas como sincrônicas ou assincrônicas (Levandowski e Piccinini, 2002; Wendland-Carro, Piccinini e Millar, 1999). Por outro lado, autores como Van den Boom (1994) e Wakschlag e Hans (1999) definiram responsividade materna como comportamentos contingentes, apropriados e não intrusivos, que têm antecedentes diretos e identificáveis no comportamento da criança. Nessa perspectiva, o nível de responsividade materna é avaliado considerando as respostas das mães aos comportamentos dos bebês.

Para Van den Boom (1997), a responsividade ou sensibilidade diz respeito a características da interação entre pais e criança, não tendo significado se não fizer referência a ambos os membros da díade. A favor deste argumento, podem ser citados estudos que demonstram

134 Cesar Augusto Piccinini, Patrícia Alvarenga e Giana Bitencourt Frizzo

que os escores individuais de responsividade dos dois membros da díade refletem tanto a capacidade da criança de sinalizar quanto a prontidão dos pais para responder. No entanto, a própria autora afirma que, embora ambos os membros da díade contribuam para a responsividade, inevitavelmente os pais deverão compensar o estado inicial de imaturidade da criança. Nessa mesma perspectiva, Isabella e colegas (1989) referem que a sensibilidade materna, definida como percepção consistente, interpretação precisa e respostas contingentes e apropriadas aos sinais do bebê, estimula a ocorrência de interações sincrônicas e mutuamente recompensadoras. Isto parece indicar que, embora a responsividade possa ser avaliada a partir do critério de sincronia interacional, pressupõe-se que a mãe conduza a interação de forma mais ou menos harmônica, de acordo com o seu padrão de responsividade.

A responsividade também tem sido considerada um importante preditor do desenvolvimento social da criança, discutindo-se a possibilidade de influência direta ou indireta da responsividade materna sobre o desenvolvimento infantil (Bornstein e Tamis-LeMonda, 1997; Ribas, Moura e Ribas Jr., 2003). A hipótese de relação direta entre os dois fatores está baseada na idéia de que a resposta contingente da mãe mostra à criança que seu comportamento é eficaz para produzir modificações no ambiente, facilitando e estimulando a interação da criança com o ambiente e, conseqüentemente, a aquisição de habilidades. A hipótese que sustenta a existência de uma relação indireta entre os dois fatores sugere que a responsividade materna conduz a criança a um estado interior de segurança, que permitiria a ela explorar mais o ambiente e, assim, avançar em seu desenvolvimento.

De modo similar, alguns estudos que investigaram antecedentes da competência social na interação mãe-criança apontaram a responsividade como um importante preditor desta característica. Muitos desses estudos revelaram relações entre apego seguro (que pressupõe alta responsividade materna) e o desenvolvimento social, incluindo cooperação, auto-regulação, entre outras habilidades ligadas à competência social (Belsky e Pasco Fearon, 2002; Denham,

RESPONSIVIDADE COMO FOCO DE ANÁLISE DA INTERAÇÃO MÃE-BEBÊ... 135

1993; Landry e cols., 2001; Van Ijzendoorn, 1995). Esses estudos indicam a relevância do conceito de responsividade para a interação pais-criança e para o desenvolvimento infantil.

A inclusão do pai nos estudos sobre o desenvolvimento infantil foi de extrema importância, pois este não parece reproduzir as características da interação mãe-bebê (Parke, 1990), sendo que diversos estudos têm revelado diferenças na interação mãe-bebê e pai-bebê (Belsky e cols., 1984; Brazelton e Cramer, 1992; Krob, 1999; Parke, 1996). Parke (1996) relatou que quando o bebê vocaliza, as mães tendem a responder ao bebê tocando-o, enquanto que os pais tendem a conversar com o bebê. Além disso, os pais são mais propensos a usar o corpo na brincadeira, suspendendo a criança do chão, especialmente os meninos. Em geral, segundo Brazelton e Cramer (1992), o pai seria caracterizado por propor jogos alegres e estimulantes, cutucando e acarinhando o bebê de forma que este tenha seu estado de excitação aumentado.

As interações mãe-bebê e pai-bebê podem ser consideradas diferentes porque o bebê conseguiria desde muito cedo distinguir o parceiro adulto e esperaria dele ou dela um determinado padrão de resposta (Brazelton e Cramer, 1992). De acordo com Tronick e Cohn (1989), a habilidade do par mãe-bebê coordenar-se aumenta com a idade do bebê. Essa probabilidade parece refletir tanto as habilidades interativas do bebê como a experiência entre o par mãe-bebê. Esses autores não incluíram o pai em seu estudo, mas é bastante provável que o mesmo aconteceria na interação pai-bebê.

Para Brazelton e Cramer (1992), nas interações diádicas com a mãe e com o pai, o bebê aprenderia sobre a diferenciação e a sincronização de comportamentos com cada parceiro, e estes aprenderiam o mesmo com o bebê. Além disso, o fato de o bebê responder diferentemente ao pai e à mãe faz com que eles sintam-se importantes e ressignifiquem seus papéis. Segundo os autores, as pequenas interrupções nas interações permitiriam a separação, a diferenciação e a individuação de cada membro. Segundo Tronick e Cohn (1989), tais interrupções levariam ao desenvolvimento de habilidades interativas

136 Cesar Augusto Piccinini, Patrícia Alvarenga e Giana Bitencourt Frizzo

e aprendizagem sobre as regras da interação em bebês mais novos e da formação inicial do senso de *self* em bebês mais velhos. De acordo com Parke (1996), embora as interações possam ser qualitativamente diferentes, o mais importante é que os pais e as mães sejam responsivos e sensíveis ao bebê. Um cuidador competente deveria aprender a reagir apropriadamente às mensagens do bebê, comportando-se responsivamente, mesmo que a resposta de um ou de outro genitor seja diferente, mas adequada, ao contexto da interação.

Os estudos revisados demonstram a relevância do conceito de responsividade para a interação pais-bebê e para o desenvolvimento infantil. Embora o conceito tenha sido extensamente investigado, os estudos priorizam a análise da responsividade materna. Tendo em vista que a participação do pai nos cuidados e educação dos filhos tem crescido nas últimas décadas é fundamental que sejam desenvolvidos instrumentos que permitam a investigação da responsividade tanto no contexto da interação mãe-bebê como pai-bebê.

Codificação dos comportamentos parentais e infantis e da responsividade parental

O sistema de codificação descrito neste capítulo foi desenvolvido por participantes do *Núcleo de Infância e Família (NUDIF)* do GIDEP/UFRGS.[6] Tem por objetivo analisar, inicialmente, os comportamentos parentais e infantis e, num segundo momento, a responsividade parental. A análise da responsividade parental é realizada com base nas propostas de Van den Boom (1994), Isabella e colegas (1989) e Wendland-Carro e colegas (1999). O sistema de análise é composto por duas etapas, representadas aqui pelo *Protocolo de Análise dos Comportamentos Parentais e Infantis* (Anexo A) e pelo *Protocolo de Seqüências Responsivas e Não-Responsivas*

---

6. O Grupo de Interação Social, Desenvolvimento e Psicopatologia (GIDEP) é um dos grupos do Diretório de Pesquisa do CNPq, atuando desde 1994 na Universidade Federal do Rio Grande do Sul (UFRGS): www.psicologia.ufrgs/gidep

RESPONSIVIDADE COMO FOCO DE ANÁLISE DA INTERAÇÃO MÃE-BEBÊ... 137

(Anexo B). No primeiro são codificados separadamente todos os comportamentos do bebê e da mãe ou do pai. Esse tipo de análise permite a visualização dos comportamentos de cada membro da díade, antes da análise da responsividade propriamente dita. No segundo protocolo, são consideradas as seqüências interativas compostas por um comportamento do bebê e um comportamento do genitor. As seqüências são classificadas como responsivas ou não-responsivas. Na análise da responsividade, são considerados dois aspectos do comportamento parental em relação ao comportamento da criança: adequação e contingência.

Vários estudos publicados na literatura têm se restringido à análise dos comportamentos individuais dos pais e do bebê, como é retratado no primeiro protocolo. Dependendo dos objetivos do estudo, o uso deste protocolo pode dar conta de indicadores importantes sobre a interação mãe-pai-bebê. Contudo, como enfatizado acima, o protocolo sobre responsividade introduz uma análise mais dinâmica das trocas entre as díades. Dependo do objetivo do estudo, esse segundo protocolo pode ser mais adequado, como pode ser visto na descrição a seguir.

Exemplo de contexto de observação

O sistema de codificação descrito neste capítulo foi desenvolvido para a análise de uma sessão de observação de interação livre mãe-bebê ou pai-bebê, realizada na residência das famílias, com bebês que tinham completado três meses de vida[7]. Os episódios de interação de cada díade tinham a duração de aproximadamente oito minutos, permitindo que os seis minutos finais pudessem ser utilizados para a análise, e que os dois minutos iniciais servissem para a habituação da díade à

---

7. O desenvolvimento deste protocolo ocorreu como parte do *Estudo Longitudinal de Porto Alegre: Da Gestação à Escola* (Piccinini, Tudge, Lopes e Sperb, 1998) e foi realizada com base na sessão de *Observação da interação familiar* (GIDEP/UFRGS, 1999), que envolvia uma seqüência de episódios de interação pai-mãe-bebê.

138 Cesar Augusto Piccinini, Patrícia Alvarenga e Giana Bitencourt Frizzo

filmagem. Como parte do procedimento, solicitava-se aos pais que agissem livremente com seus bebês, como faziam normalmente quando estavam juntos. O pai era orientado a se retirar do local durante a filmagem da interação mãe-bebê para evitar possíveis interferências, sendo o mesmo procedimento utilizado com a mãe durante o episódio pai-bebê. A sessão de observação era filmada e durante a observação os pesquisadores evitavam qualquer tipo de interação verbal ou comportamental com os participantes. Obviamente, esta mesma sessão de filmagem pode ser realizada numa sala de brinquedo ou de observação, comumente existente nas universidades.

Protocolo de Análise dos Comportamentos Parentais e Infantis

Através deste protocolo são codificados separadamente os principais comportamentos do bebê e do genitor durante a interação da díade. Para facilitar a análise, inclui-se na parte inferior do vídeo um cronômetro. Os seis minutos do episódio de interação são divididos em intervalos de 12 segundos. Nos primeiros seis segundos são registrados os comportamentos do bebê em cinco categorias distintas: *sorri, vocaliza, olha para o genitor*[8], *olha para objetos/eventos, chora/choraminga, movimenta-se/agarra* e *suga/mama/chupa bico*. As respostas parentais a esses comportamentos são registradas no mesmo intervalo e no intervalo seguinte em sete categorias distintas: *interpreta/fala pelo bebê, fala para o bebê, sorri para o bebê, olha para o bebê, pega no colo/embala/aconchega, acaricia/beija, toca/estimula fisicamente ou com objeto* e *oferece bico/seio/mamadeira*.

São registrados todos os comportamentos dos pais e do bebê, entendendo-se que os comportamentos registrados não são mutua-

---

8. As categorias *olha para genitor* e *olha para objetos/eventos* referentes ao comportamento do bebê, e a categoria *olha para o bebê,* referente ao comportamento parental, que faziam parte do protocolo inicial, foram excluídas da análise após um estudo piloto mostrar que devido a limitações técnicas da filmagem, não era possível que tais comportamentos fossem observados com clareza. Isto não impede que outros autores, que disponham de recursos técnicos mais adequados, incluam as referidas categorias nas suas análises.

RESPONSIVIDADE COMO FOCO DE ANÁLISE DA INTERAÇÃO MÃE-BEBÊ... 139

mente excludentes. Cópia do protocolo encontra-se no Anexo A. A definição de cada categoria é descrita a seguir.

Categorias e definições
Comportamentos infantis
1. Sorri: o bebê visivelmente sorri. Incluem-se os sorrisos que não são dirigidos ao genitor.
2. Vocaliza: o bebê balbucia, faz tentativas de vocalização ou imitação da vocalização parental. Incluem-se vocalizações de protesto e "risadas".
3. Olha para genitor: o bebê dirige o olhar ou orienta a cabeça em direção ao rosto ou corpo do genitor. A categoria não é registrada quando o bebê olha ligeiramente para o genitor sem fixar o olhar.
4. Olha para objetos/eventos: O bebê dirige seu olhar para um objeto ou evento. Incluem-se também situações em que o bebê dirige seu olhar para objetos que o genitor segura.
5. Chora/Choraminga: o bebê encontra-se visivelmente desconfortável, inquieto e/ou chora (choro de fraca intensidade e descontínuo). Também se pontua quando o bebê chora com forte intensidade e de forma contínua.
6. Movimenta-se: o bebê movimenta seu corpo ou partes do corpo em direção a um objetivo (ex.: o bebê tenta pegar um brinquedo ou tocar o genitor). Marca-se também nesta categoria quando o bebê agita, intensamente, seus braços e/ou pernas em resposta a um estímulo do genitor ou ainda quando o bebê segura com uma ou duas mãos um brinquedo/objeto e/ou partes do seu próprio corpo ou do corpo do genitor.
7. Suga/Mama/Chupa bico: o bebê coloca partes de seu corpo ou objetos na boca, sugando-os. Também é computado quando o bebê não estiver explicitamente sugando o objeto ou partes de seu próprio corpo. Incluem-se também situações em que o bebê mama na mamadeira ou no seio da genitora, ou ainda quando chupa o bico.

Comportamentos parentais

1. Interpreta/fala pelo bebê: genitor vocaliza colocando-se empaticamente no lugar do bebê, interpretando o estado e/ou os sinais do bebê: "Você tá com fome, né?", "Ai, que sono" (ao ver o bebê bocejando), "Você tá brabo?". Também é registrada quando o genitor fala como se fosse o próprio bebê ("maternês") – por exemplo: "Mamãe, quero papá".

2. Fala para o bebê: mãe/pai vocaliza falando com o bebê, cantando para ele ou emitindo sons (por exemplo: "psiu, psiu"), elogia o bebê, chama o bebê pelo nome, fala de forma enfática com o bebê, visivelmente chamando sua atenção e propiciando uma interação divertida entre ele e o bebê (Ex: "O que é que essa garota está querendo, hein? O quê? Diz para o papai!").

3. Sorri para o bebê: somente é computado quando mãe/pai sorri dirigindo-se para o bebê e ambos estão no mesmo plano visual.

4. Olha para o bebê: mãe/pai dirige o olhar para o rosto ou corpo do bebê.

5. Pega no colo/embala/aconchega: mãe/pai pega o bebê no colo e/ou balança o bebê em seus braços ou pernas; mãe/pai traz o bebê junto de seu corpo. Incluem-se nessa categoria as "palmadinhas" leves que mãe/pai dá no bebê enquanto o embala/aconchega. Também é computado quando mãe/pai caminha com o bebê no colo.

6. Acaricia/beija o bebê: mãe/pai passa os dedos, a mão ou seu rosto no corpo ou rosto do bebê, afagando-o; mãe/pai beija o bebê. A categoria é registrada também quando mãe/pai encosta a boca ou outra parte do rosto no rosto ou corpo de bebê.

7. Toca/estimula fisicamente/estimula com objeto: mãe/pai toca o bebê com partes de seu corpo para estimulá-lo ou faz gestos com o auxílio de objetos/brinquedos para chamar a atenção do bebê. Incluem-se também toques que não têm o objetivo explícito de estimular o bebê. A categoria não é registrada quando mãe/pai toca o bebê para acariciá-lo.

8. Oferece bico/seio/mamadeira: mãe/pai dá a mamadeira ou o bico, e quando a mãe dá o seio para o bebê. Essa categoria é registra-

RESPONSIVIDADE COMO FOCO DE ANÁLISE DA INTERAÇÃO MÃE-BEBÊ... 141

da quando o bebê estiver mamando ou chupando o bico, após mãe/pai oferecê-los a ele. Pontua-se também quando o bebê pára de mamar/chupar bico e volta a fazê-lo seja de forma independente ou porque a mãe/pai lhe oferece novamente. Também é registrado quando mãe/pai oferece o seio/bico/mamadeira ao bebê (coloca o bico/mamadeira na boca do bebê ou aproxima o seio de sua boca) e ele não aceita.

Este protocolo pode ser utilizado para a análise das freqüências de comportamentos do bebê e dos comportamentos parentais. Esse tipo de análise pode ser útil para se obter dados sobre o nível de envolvimento parental e do bebê durante a interação. Além disso, o protocolo permite verificar os comportamentos e modalidades de interação mais utilizadas por cada um dos membros da díade. A análise da responsividade parental, conforme o modelo teórico discutido no presente trabalho, envolve a utilização de parte dos dados deste instrumento em um segundo protocolo que será apresentado a seguir.

Protocolo de seqüências responsivas e não-responsivas

Este protocolo de análise destaca em particular quatro categorias de comportamentos do bebê (*sorri, vocaliza, olha para o genitor* e *chora/choraminga*) que foram selecionadas dentre as categorias de comportamentos do bebê para formarem as seqüências responsivas e não-responsivas, por envolverem comportamentos do bebê aos quais se espera que os pais respondam sensível e prontamente. Essas quatro categorias de comportamentos do bebê foram combinadas com as oito categorias de comportamentos do genitor (*interpreta/fala pelo bebê, fala para o bebê, sorri para o bebê, olha para o bebê, pega no colo/embala/aconchega, acaricia/beija, toca/estimula* e *oferece bico/seio/mamadeira*), formando seqüências responsivas e não-responsivas, considerando-se os critérios de contingência e adequação da resposta parental.

O critério de contingência das respostas parentais é avaliado com base no tempo – respostas parentais que ocorrem até doze segundos

142 Cesar Augusto Piccinini, Patrícia Alvarenga e Giana Bitencourt Frizzo

após o comportamento do bebê, conforme sugerido por Van den Boom (1994). A adequação das respostas parentais é avaliada com base no tipo de resposta apresentado pelos pais. São consideradas como respostas adequadas aos comportamentos do bebê, comportamentos parentais facilitadores da interação, ou seja, todos os comportamentos parentais expressos nas oito categorias analisadas. Desta forma, derivam-se 32 seqüências responsivas (bebê-genitor) e quatro seqüências não-responsivas conforme consta no Anexo B.

O *Protocolo de Seqüências Responsivas e Não-Responsivas* é preenchido a partir do *Protocolo de Análise dos Comportamentos Parentais e Infantis*. A partir do registro dos comportamentos infantis e parentais, registra-se o número de ocorrências simultâneas nos intervalos dos comportamentos que formam cada seqüência. Por exemplo, se no primeiro intervalo analisado o bebê sorriu e vocalizou, e a mãe falou e acariciou o bebê, são contadas quatro seqüências: *bebê sorri – mãe fala para o bebê, bebê sorri – mãe acaricia o bebê, bebê vocaliza – mãe fala para o bebê, bebê vocaliza – mãe acaricia o bebê*. No protocolo de seqüências deve-se fazer o registro da freqüência geral de cada seqüência responsiva e não-responsiva, durante o episódio de interação, desconsiderando os intervalos em que elas ocorreram.

Para cada uma das seqüências responsivas é calculado o percentual de responsividade materna dividindo-se o número de ocorrências naquela seqüência pelo número de comportamentos do bebê em questão. Por exemplo, para a seqüência *sorri – interpreta/fala pelo bebê*, calcula-se o percentual de sorrisos do bebê ao qual a mãe respondeu interpretando ou falando pelo bebê, dividindo-se a freqüência nesta categoria (*sorri – interpreta/fala pelo bebê*), pela freqüência na categoria de comportamento infantil *sorri*. Esse procedimento é adotado para controlar o efeito do número de comportamentos apresentados pelo bebê durante os seis minutos analisados sobre a responsividade parental. Desta forma, evita-se que pais de bebês mais ativos, ou seja, que se comportam com maior freqüência durante o período observado, sejam considerados mais responsivos por essa

RESPONSIVIDADE COMO FOCO DE ANÁLISE DA INTERAÇÃO MÃE-BEBÊ... *143*

razão. O mesmo procedimento é adotado para se obter os percentuais nas seqüências não-responsivas.

Na última etapa da análise descritiva da responsividade parental, são calculadas as médias dos percentuais das oito categorias de seqüências responsivas envolvendo o sorriso do bebê, das oito categorias de seqüências responsivas envolvendo as vocalizações do bebê, das oito categorias envolvendo o olhar do bebê, e das oito categorias de seqüências responsivas envolvendo o choro do bebê, obtendo-se assim os percentuais médios de responsividade parental ao sorriso, às vocalizações, ao olhar e ao choro do bebê, respectivamente. A média desses quatro percentuais é calculada para se obter o percentual médio de seqüências responsivas, que pode ser utilizado como o indicador geral da responsividade parental. De modo semelhante é calculado o percentual médio de seqüências não-responsivas, a partir dos valores das três seqüências não-responsivas: *bebê sorri – mãe não responde, bebê vocaliza – mãe não responde, bebê olha – mãe não responde* e *bebê chora/choraminga – mãe não responde*. Esse valor pode ser utilizado como indicador geral da não-responsividade parental.

Treinamento dos codificadores e fidedignidade

Para a utilização destes protocolos, é necessário que dois codificadores independentes sejam treinados e atinjam índice de fidedignidade satisfatório. No *Estudo Longitudinal de Porto Alegre: Da Gestação a Escola* (Piccinini, Tudge, Lopes e Sperb, 1998) dois codificadores foram treinados por mais de 20 horas até atingirem um índice de fidedignidade aceitável. A fidedignidade entre os dois codificadores foi estabelecida utilizando-se 20 vídeos de interação mãe-bebê e 14 vídeos de interação pai-bebê (aproximadamente 20% dos disponíveis no momento em que se iniciou a codificação). Nos vídeos de interação mãe-bebê o coeficiente *Kappa* foi calculado separadamente para cada uma das categorias de comportamentos do bebê, atingindo os seguintes valores: *sorri* (91%), *vocaliza* (78%),

144 Cesar Augusto Piccinini, Patrícia Alvarenga e Giana Bitencourt Frizzo

chora/choraminga (86%), *movimenta-se/agarra* (71%) e *suga/ mama/chupa bico* (87%); e da mãe: *interpreta/fala pelo bebê* (85%), *fala para o bebê* (93%), *sorri para o bebê* (70%), *pega no colo/embala/aconchega* (80%), *acaricia/beija* (82%), *toca/estimula fisicamente ou com objeto* (82%) e *oferece bico/seio/mamadeira* (87%).[9] Em resumo, para as cinco categorias de comportamentos infantis, o coeficiente *Kappa* variou de $K = 71\%$ a $K = 91\%$ ($M = 81\%$). E para as sete categorias de comportamentos maternos, o valor do coeficiente *Kappa* variou de $K = 70\%$ a $K = 93\%$ ($M = 82\%$). O índice geral do coeficiente *Kappa* foi $K = 82\%$.

Quanto à interação pai-bebê, os valores do coeficiente *Kappa* foram os seguintes para os comportamentos do bebê: *sorri* (78%), *vocaliza* (81%), *chora/choraminga* (95%), *movimenta-se/agarra* (76%) e *suga/mama/chupa bico* (93%); e do pai: *interpreta/fala pelo bebê* (86%), *fala para o bebê* (92%), *sorri para o bebê* (86%), *pega no colo/embala/aconchega* (87%), *acaricia/beija* (75%), *toca/estimula fisicamente ou com objeto* (85%) e *oferece bico/ seio/mamadeira* (95%). Em resumo, para as cinco categorias de comportamentos infantis, o coeficiente *Kappa* variou de $K = 76\%$ a $K = 95\%$ ($M = 85\%$). E para as sete categorias de comportamentos paternos, o valor do coeficiente *Kappa* variou de $K = 75\%$ a $K = 95\%$ ($M = 87\%$). O índice geral do coeficiente *Kappa* foi $K = 84\%$. Segundo Robson (1993), um coeficiente Kappa de 60 a 75% é considerado bom, e acima de 75%, é considerado excelente.

Aplicações realizadas

Os protocolos de codificação apresentados neste capítulo foram utilizados recentemente em dois estudos. Alvarenga (2004) investi-

---

9. No presente estudo, as categorias *olha para o genitor* e *olha para o bebê* foram excluídas do cálculo de fidedignidade, tendo em vista as dificuldades técnicas de filmagem para se avaliar adequadamente estas categorias. Como já dissemos acima, isto não impede que outros autores consigam superar as dificuldades em estudos futuros.

RESPONSIVIDADE COMO FOCO DE ANÁLISE DA INTERAÇÃO MÃE-BEBÊ... 145

gou o impacto do temperamento infantil, da responsividade materna e das práticas educativas maternas nos problemas de externalização e na competência social de crianças aos 30 meses de vida. Participaram do estudo 23 díades mãe-criança que no terceiro mês de vida do bebê foram observadas interagindo livremente com seus filhos, para a avaliação da responsividade materna conforme os critérios descritos neste capítulo. Os resultados mostram que os percentuais médios nas seqüências responsivas foram muito superiores àqueles obtidos nas seqüências não-responsivas. Esses percentuais revelaram que as mães, de modo geral, mostraram-se bastante responsivas aos comportamentos de seus bebês. Em conjunto, os percentuais médios obtidos nas seqüências responsivas envolvendo o sorriso, as vocalizações e o choro do bebê, indicaram que as mães, com freqüência, utilizaram a fala e a estimulação física ou com objetos para responderem a esses comportamentos de seus filhos. Além disso, a análise da responsividade ao choro do bebê revelou que os comportamentos de pegar no colo, embalar e aconchegar o bebê, também apareceram como estratégias importantes. Por fim, constatou-se que o choro do bebê foi o comportamento que apresentou os percentuais mais expressivos nas seqüências responsivas analisadas, indicando que diante deste comportamento as mães costumam lançar mão de mais estratégias de resposta.

O segundo estudo, realizado por Piccinini, Marin, Alvarenga, Lopes e Tudge (submetido) investigou diferenças entre a responsividade materna de mães solteiras e casadas no terceiro mês de vida da criança. Participaram do estudo 21 díades mãe-criança, de nível socioeconômico baixo, médio-baixo e médio. As principais diferenças referiram-se às seqüências que envolviam o choro do bebê. Comparado ao grupo de mães solteiras, as mães casadas falaram e ofereceram o bico, o seio ou a mamadeira com maior freqüência quando os seus bebês choravam ou choramingavam. Quanto às seqüências não-responsivas, destacaram-se as seqüências *vocaliza – não responde* e *chora/choraminga – não responde*, que apresentaram uma incidência maior no grupo de famílias de mães solteiras do que

146 Cesar Augusto Piccinini, Patrícia Alvarenga e Giana Bitencourt Frizzo

no grupo de famílias nucleares. Conforme o que era esperado, esses dados indicaram diferenças entre os dois grupos tanto nas seqüências responsivas como nas não-responsivas, apontando que as mães solteiras foram menos responsivas do que as mães casadas, em especial, no que se refere à vocalização e ao choro do bebê. Cabe assinalar que estas diferenças se referem ao terceiro mês de vida dos bebês, período em que as mães estão ainda se adaptando à maternidade. Neste contexto, o apoio social (incluindo o pai), tende a ter um papel mais relevante para a maternidade e interação mãe-bebê, do que em momentos subseqüentes do desenvolvimento da criança, quando diferenças devido a configurações familiares podem não ter um peso tão expressivo.

Os estudos já realizados com este sistema de codificação restringiram-se à análise da responsividade materna. Estudos sobre a responsividade paterna estão em andamento e deverão esclarecer a adequação do instrumento para a análise da interação pai-bebê nos primeiros meses de vida.

Considerações finais: Vantagens, limitações e sugestões

Os estudos que utilizaram o sistema de codificação da responsividade parental aqui apresentado sugerem que o instrumento é adequado para avaliar este construto, sendo sensível para detectar diferenças entre grupos e entre dimensões da interação mãe-bebê. Além disso, constitui uma opção de análise que privilegia as trocas diádicas e não somente o comportamento individual de cada membro em interação. Pode ser utilizado tanto num contexto naturalístico assim como em sessões de interação gravadas em laboratório.

Embora o *Protocolo de comportamentos parentais e infantis*, por si só, possa atender adequadamente a determinados objetivos de pesquisa, o *Protocolo de Seqüências Responsivas e Não-Responsivas*, acrescenta uma outra dimensão de análise, não conti-

RESPONSIVIDADE COMO FOCO DE ANÁLISE DA INTERAÇÃO MÃE-BEBÊ... *147*

da naquele protocolo. Ele se constitui numa tentativa de ir além dos comportamentos individuais ao enfatizar as trocas interativas. Estas são obviamente muito mais complexas do que o referido protocolo pode captar, mas ele representa uma tentativa que merece ser aprimorada pelos estudiosos da área.

Obviamente, a operacionalização da análise aqui proposta é um longo processo, que envolve diversas etapas, como o extenso treinamento dos codificadores, análise exaustiva dos comportamentos das díades e o registro das seqüências responsivas e não-responsivas. Entre as limitações desse sistema de codificação encontra-se a sua dependência na qualidade técnica da filmagem que pode, por vezes, inviabilizar a observação de comportamentos como olhar, sorrir, ou conteúdo da fala. Nesse sentido, sugere-se muita atenção a esses aspectos durante a coleta de dados ou até a exclusão de certas categorias de análise.

Outra limitação do instrumento refere-se à impossibilidade de definir quais respostas da mãe ou do pai foram dirigidas a que comportamentos específicos do bebê, pois em um mesmo intervalo a mãe ou o pai pode apresentar mais de um comportamento em resposta ao que o bebê fez. Espera-se que essas e outras limitações sejam superadas com futuras investigações.

REFERÊNCIAS BIBLIOGRÁFICAS

AINSWORTH, M.; BLEHAR, M.; WATERS, E. & WALL, S. (1978). *Patterns of attachment: A psychological study of the strange situation.* Hillsdale, NJ, Erlbaum Associates.

ALVARENGA, P. (2004). *Problemas de externalização e competência social na infância: O impacto do temperamento infantil, da responsividade e das práticas educativas maternas.* Tese de Doutorado não-publicada. Programa de Pós-Graduação em Psicologia do Desenvolvimento. Universidade Federal do Rio Grande do Sul. Porto Alegre-RS.

148 Cesar Augusto Piccinini, Patrícia Alvarenga e Giana Bitencourt Frizzo

ALVARENGA, P. & PICCININI, C. A. (2003). *Protocolo de Seqüências Responsivas e Não-responsivas – Interação mãe-bebê – 3º mês.* Instrumento não-publicado. Instituto de Psicologia. Universidade Federal do Rio Grande do Sul. Porto Alegre-RS.

BELSKY, J. (1979). Mother-father-infant interaction: A naturalistic observational study. *Developmental Psychology, 15,* 601-607.

BELSKY, J.; GILSTRAP, B. & ROVINE, M. (1984). The Pennsylvania infant and family development project, I: Stability and change in mother-infant and father-infant interaction in a family setting at one, three and nine months. *Child Development, 55,* 692-705.

BELSKY, J. & PASCO FEARON, R. M. (2002). Early attachment security, subsequent maternal sensitivity, and later child development: Does continuity in development depend upon continuity of caregiving? *Attachment & Human Development, 4,* 361-387.

BOOTH, C. L.; SPIEKER, S. J.; BARNARD, K. E. & MORISSET, C. E. (1992). Infants at risk: The role of preventive intervention in deflecting a maladaptative developmental trajectory. In: McCORD, J. & TREMBLAY, R. E. (orgs.). *Preventing antisocial behavior: Interventions from birth through adolescence.* New York/London, Guilford.

BORNSTEIN, N. H. & TAMIS-LeMONDA, C. S. (1997). Maternal responsivity and infant mental hability: Especific predictive relationshs. *Infant Behaviour and Development, 20,* 283-296.

BOWLBY, J. (1969). *Attachment and loss.* v. 1. *Attachment.* New York, Basic Books.

BOWLBY, J. (1989). *Uma base segura – aplicações clínicas da teoria do apego.* (Tradução de S. M. Barros). Porto Alegre, Artes Médicas.

BRAZELTON, T. B. & CRAMER, B. G. (1992). *As primeiras relações.* (Tradução de M. B. Cipolla). São Paulo, Martins Fontes.

BRIDGES, L. J.; CONNELL, J. P. & BELSKY, J. (1988). Similarities and differences in infant-mother and infant-father interaction in the strange situation: A component process analysis. *Developmental Psychology, 24,* 92-100.

DENHAM, S. A. (1993). Maternal emotional responsiveness and toddlers' social-emocional competence. *Journal of Child Psychology and Psychiatry, 24,* 715-728.

RESPONSIVIDADE COMO FOCO DE ANÁLISE DA INTERAÇÃO MÃE-BEBÊ... 149

DE WOLFF, M. S. & IJZENDOORN, M. H. (1997). Sensitivity and attachment: A meta-analysis on parental antecedents of infant attachment. *Child Development, 68,* 571-591

ISABELLA, R. A.; BELSKY, J. & VON EYE, A. (1989). Origins of infant-mother attachment: An examination of interactional synchrony during the infant's first year. *Developmental Psychology, 25,* 12-21.

ISABELLA, R. A. & BELSKY, J. (1991). Interactional synchrony and the origins of infant-mother attachment: A replication study. *Child Development, 62,* 373-384.

KROB, A.D. (1999) *A transição para a paternidade e a interação pai-bebê.* Dissertação de Mestrado não-publicada, Curso de Pós-Graduação em Psicologia do Desenvolvimento. Universidade Federal do Rio Grande do Sul. Porto Alegre-RS.

LANDRY, S. H.; SMITH, K. E.; SWANK, P. R.; ASSEL, M. A. & VELLET, S. (2001). Does early responsive parenting have a special importance for children's development or is consistency across early childhood necessary? *Development Psychology, 37,* 387-403.

LEVANDOWSKY, D. C. & PICCININI, C. A. (2002). A interação pai-bebê entre pais adolescentes e adultos. *Psicologia: Reflexão e Crítica,* 2002, 15, n.2, pp. 413-424.

PARKE R. D. (1990). In search of fathers. In: SIGEL, I. E. & BRODY, G. H. B. *Methods of Family Research: Normal Families.* Hillsdale, NJ, Erlbaum, pp. 153-88.

PARKE, R. D. (1996). *Fatherhood.* London, Harvard University Press.

PICCININI, C. A.; MARIN, A. H.; ALVARENGA, P.; LOPES, R. C. S.; TUDGE, J. (2006). *Responsividade materna em famílias de mães solteiras e famílias nucleares no terceiro mês de vida da criança.* submetido.

PICCININI, C. A.; TUDGE, J. R. H.; LOPES, R. C. S. & SPERB, T. M. (1998). Estudo longitudinal de Porto Alegre: Da gestação à escola. *Projeto de Pesquisa não publicado.*

RIBAS, A. F. P.; MOURA, M. L. S. & RIBAS, J. R. C. (2003). Responsividade materna: levantamento bibliográfico e discussão conceitual. *Psicologia: Reflexão e Crítica, 16,* 137-145.

ROBSON, C. (1993). *Real world research. A resource for social scientists and practitioner-researchers.* Oxford, Blackwell.

TRONICK, E. Z. & COHN, J. F. (1989). Infant-mother face-to-face interaction: Age and gender differences in coordination and the occurrence of miscoordination. *Child Development, 60,* 85-92.

VAN DEN BOOM, D. C. (1994). The influence of temperament and mothering on attachment and exploration: An experimental manipulation of sensitive responsiveness among lower-class mothers with irritable infants. *Child Development, 65,* 1.449-1.469.

_____. (1997). Sensitivity and attachment: Next steps for developmentalists. *Child Development, 64,* 592-594.

VAN IJZENDOORN, M. H. (1995). Adult attachment representations, parental responsiveness, and infant attachment: A meta-analysis on the predictive validity of the Adult Attachment Interview. *Psychological Bulletin, 117,* 387-403.

WAKSCHLAG, L. S. & HANS, S. L. (1999). Relation of maternal responsiveness during infancy to the development of behavior problems in high-risk youths. *Developmental Psychology, 35,* 569-579.

WENDLAND-CARRO, J.; PICCININI, C. A. & MILLAR, W. S. (1999). The role of an early intervention on enhancing the quality of mother-infant interaction. *Child Development, 70,* 713-721.

ZIV, Y. & CASSIDY, J. (2002). Maternal responsiveness and infant irritability: The contribution of Crockenberg and Smith's "Antecedents of mother-infant interaction and infant irritability in the first 3 months of life". *Infant Behavior and Development, 25,* 16-20.

Anexo A
Protocolo de Análise dos Comportamentos Parentais e Infantis
(GIDEP/NUDIF – UFRGS, 2002)

( ) Mãe-Bebê   ( ) Pai-Bebê   Observador: _____ /Nº _____

COMPORTAMENTOS INFANTIS																																								TOTAL
Sorri																																									
Vocaliza																																									
Olha para genitor																																									
Chora/choraminga																																									
Movimenta-se/agarra																																									
Suga/mama/chupa bico																																									

COMPORTAMENTOS PARENTAIS																																								TOTAL
Interpreta/fala pelo bebê																																									
Fala para o bebê																																									
Sorri para o bebê																																									
Olha para o bebê																																									
Pega no colo/embala/aconchega																																									
Acaricia/beija																																									
Toca/estimula																																									
Oferece bico/seio/mamadeira																																									

Anexo B
Protocolo de Seqüências Responsivas e Não-Responsivas
(Alvarenga e Piccinini, 2003)

Caso: _____

Seqüências responsivas   Freqüências

Bebê sorri – genitor interpreta pelo bebê	
Bebê sorri – genitor fala para o bebê	
Bebê sorri – genitor sorri para o bebê	
Bebê sorri – genitor olha para o bebê	
Bebê sorri – genitor pega no colo/embala/aconchega	
Bebê sorri – genitor acaricia/beija	
Bebê sorri – genitor toca/estimula fisic. ou c/objeto	
Bebê sorri – genitor oferece bico/seio/mamadeira	
Bebê vocaliza – genitor interpreta pelo bebê	
Bebê vocaliza – genitor fala para o bebê	
Bebê vocaliza – genitor sorri para o bebê	
Bebê vocaliza – genitor olha para o bebê	
Bebê vocaliza – genitor pega no colo/emb./aconchega	
Bebê vocaliza – genitor acaricia/beija	
Bebê vocaliza – genitor toca/estimula fisic. ou c/objeto	
Bebê vocaliza – genitor oferece bico/seio/mamadeira	
Bebê olha para o genitor – genitor interpreta pelo bebê	
Bebê olha para o genitor – genitor fala para o bebê	
Bebê olha para o genitor – genitor sorri para o bebê	
Bebê olha para o genitor – genitor olha para o bebê	
Bebê olha para o genitor – genitor pega no colo/emb./aconchega	
Bebê olha para o genitor – genitor acaricia/beija	
Bebê olha para o genitor – genitor toca/estimula fisic. ou c/objeto	
Bebê olha para o genitor – genitor oferece bico/seio/mamadeira	
Bebê chora/choraminga – genitor interpreta pelo bebê	
Bebê chora/choraminga – genitor fala para o bebê	
Bebê chora/choraminga – genitor sorri para o bebê	
Bebê chora/choraminga – genitor olha para o bebê	
Bebê chora/choraminga – genitor pega no colo/embala/aconchega	
Bebê chora/choraminga – genitor acaricia/beija	
Bebê chora/choraminga – genitor toca/estimula	
Bebê chora/choraminga – genitor bico/seio/mamadeira	
Total de seqüências responsivas	

RESPONSIVIDADE COMO FOCO DE ANÁLISE DA INTERAÇÃO MÃE-BEBÊ... 153

Seqüências não responsivas | Freqüências

Seqüências não responsivas	Freqüências
Bebê sorri – genitor não responde	
Bebê vocaliza – genitor não responde	
Bebê olha para o genitor – genitor não responde	
Bebê chora/choraminga – genitor não responde	
Total de seqüências não-responsivas	

Capítulo 6

AVALIAÇÃO QUANTITATIVA E QUALITATIVA DA INTERAÇÃO MÃE-BEBÊ

Lígia Schermann

O presente capítulo tem por objetivo apresentar o *Protocolo de Observação da Interação Mãe-Bebê de 0 a 6 meses (POIMB 0-6)*. Inicialmente, são expostos aspectos conceituais sobre a interação mãe-criança, que sustentam o modelo teórico proposto neste trabalho para estudo e compreensão destas interações iniciais. Logo após, algumas considerações referentes ao método de estudo e registro da interação mãe-criança são abordadas, sendo então descrito o *Protocolo de Observação da Interação Mãe-Bebê de 0 a 6 meses*. Este capítulo foi escrito a partir de artigos já publicados pela autora, que se encontram mencionados no texto.

A interação mãe-criança: aspectos conceituais

A interação da criança com a mãe (cuidador primário) tem sido investigada em vários estudos do desenvolvimento infantil como um meio de avaliar a organização comportamental da criança e a competência social da mãe quando em contato com seu (sua) filho(a).

Várias pesquisas têm demonstrado que a interação positiva mãe-criança nos primeiros meses de idade está associada com a segurança das relações que a criança estabelece com sua mãe no final do primeiro ano de vida (Ainsworth, Blehar, Waters e Wall, 1978; Fish e Stifter, 1995; Vondra, Shaw e Kevenides, 1995), com menor incidência de problemas de comportamento na idade pré-escolar (Landry, Chapieski, Richards, Palmer e Hall, 1990; Greenberg, Carmichael-Olson e Crnic, 1992) e com a competência cognitiva da criança na idade escolar (Sigman, Cohen, Beckwith, Asarnow e Parmelee, 1992). A qualidade da interação mãe-criança pode, portanto, ser considerada como um importante fator mediador entre eventos perinatais da criança e o seu posterior desenvolvimento social, afetivo e cognitivo (Bowlby, 1969/1991); Schaffer, 1996; Brum e Schermann, 2004).

A criança, desde o nascimento, possui uma tendência perceptual que a predispõe a interagir com outros seres humanos, bem como uma variedade de respostas que servem de mediadores dessa interação, tais como o choro, o sorriso e a vocalização, sendo, portanto, considerada competente dentro do processo de interação social (Schermann, 2001).

Neste sentido, interações precoces satisfatórias entre a mãe e a criança estão mediadas pelo sentimento mútuo de eficácia (Schaffer, 1996). A criança competente está apta para prover experiências contingentes à mãe, mostrando comportamentos preditivos, bem como sendo legível e responsiva. Estas qualidades vão ajudar a mãe a entender os sinais da criança e a intervir de forma sensitiva e efetiva, gerando um ciclo de interações recompensadoras. O conceito de sensitividade[10] materna, definido por Ainsworth e colaboradores (1978) como a habilidade materna em perceber, interpretar e adequadamente responder às necessidades e comunicações da criança, adquire uma posição central nas experiências interativas iniciais da criança com a mãe, além dos ajustes do período puerperal.

O modelo teórico proposto neste trabalho para estudo e compreensão destas interações iniciais segue um enfoque diádico ou bidirecional e parte do pressuposto de que os comportamentos mãe-

---

10. O termo sensitividade é usado com o mesmo significado que sensibilidade.

filho se complementam mutuamente, em vários sistemas sensoriais e motores, nos quais não apenas o comportamento da criança é modulado pelos reforçadores da mãe, mas o da mãe o é pelas contingências providas pela criança, sendo que cada um dos elementos do par fica sob o controle dos estímulos do outro (Goldberg, 1979). Este modelo está apresentado, de forma esquemática, na Figura1, a seguir.

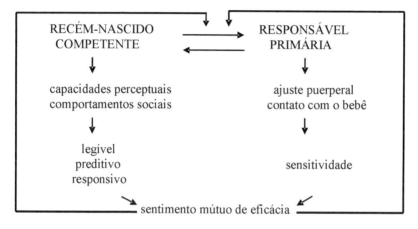

Figura 1. Modelo Diádico ou Bidirecional da Interação Mãe-Criança (Schermann, 2001).

Através da diferenciação de respostas frente aos estímulos recebidos, vai ocorrendo uma intensificação ou um decréscimo desses estímulos, favorecendo o desenvolvimento de padrões interativos característicos de cada par mãe-criança (Schermann, Bohlin e Hagekull, 1994; Schaffer, 1996; Kochanska, 1997; MacDonald, 1998). Várias condições podem ser consideradas como de risco para uma interação social satisfatória, entre elas, o nascimento de crianças atípicas, nascimentos prematuros, depressão pós-parto, mães rejeitadoras ou *borderline*.

A partir desta abordagem teórica, é suposto que os métodos para avaliar a interação mãe-bebê focalizem aspectos relativos às capaci-

Avaliação da interação mãe-criança

Na avaliação da interação mãe-bebê, é possível utilizar diferentes métodos, separadamente ou em conjunto, os quais podem ser divididos em dois grandes grupos, conforme o tipo de abordagem - indiretos ou diretos (Schermann et al., 1997).

Os métodos indiretos podem fornecer informações do comportamento estudado e também das atitudes, intenções e sentimentos subjacentes dos sujeitos observados. Estes métodos utilizam entrevistas, questionários e inventários para a coleta de dados, os quais são usualmente retrospectivos e, no caso da interação mãe-bebê, baseados no relato da mãe (Bakeman e Gottman, 1986).

Os métodos que propõem a abordagem direta caracterizam-se pela obtenção de dados durante a interação, a partir da observação do comportamento dos indivíduos envolvidos, permitindo maior proximidade com o objeto de estudo, bem como a obtenção de dados detalhados da interação (Bakeman e Gottman, 1986; Schermann, 1986; Robson, 1993).

Por estas características, a metodologia observacional tem sido considerada o método por excelência para o estudo da interação mãe-criança. No entanto, esta é uma metodologia ampla e comporta vários enfoques, apresentando ao pesquisador diferentes possibilidades de escolha, quer referentes ao aspecto metodológico propriamente dito (o que observar, quem e onde observar), quer referentes ao aspecto técnico (como observar e como registrar) (Schermann, 1999).

Os catálogos ou protocolos de observação são instrumentos utilizados para sistematizar o registro das observações. Eles são compostos por unidades de comportamento, que necessitam de critérios objetivos para sua identificação e escolha dos níveis de fragmentação. A divisão do comportamento em unidades pode ser feita a partir de mudanças em sua forma, designada como descrição física, topo-

AVALIAÇÃO QUANTITATIVA E QUALITATIVA DA INTERAÇÃO MÃE-BEBÊ 159

gráfica ou morfológica; ou pode ser realizada pelos seus resultados e pelas suas conseqüências sobre o ambiente - denominada descrição social ou funcional (Blurton-Jones, 1981; Bakeman e Gottman, 1986; Pellegrini, 1996).

No entanto, em ambas as formas de descrição - física ou social - o grau de fragmentação das unidades pode variar desde aquele resultante de movimentos simples, as unidades moleculares, até conjuntos comportamentais de ações amplas, as unidades molares ou categorias, que envolvem uma variedade maior de movimentos, como brincar, chorar e outros (Hartmann e Wood, 1982; Batista, 1996). O registro dos comportamentos pode ser feito através do uso de escalas que abordam os comportamentos em questão. As escalas podem ter por base a freqüência de ocorrência, bem como aspectos qualitativos de comportamentos socialmente definidos, como é o caso das escalas de sensitividade materna, desenvolvidas por Ainsworth e colaboradores (Ainsworth et al., 1978). Em ambas as situações, é importante a definição precisa dos comportamentos e de cada um dos níveis comportamentais mensurados (Schermann, Bohlin e Hagekull, 1994).

Protocolo de Observação da Interação Mãe-Bebê - 0 a 6 meses

O *Protocolo de Observação da Interação Mãe-Bebê - 0 a 6 meses (POIMB 0-6)* (Schermann et al., 1997) é um exemplo da análise da interação através do método de observação direta e registro do comportamento em forma de escala. O *POIMB 0-6* contém 21 itens, sendo 12 referentes ao comportamento da mãe e 8 ao comportamento da criança durante a interação, bem como um item referente ao comportamento da díade (sintonia da interação). Os itens são pontuados em uma escala Likert de 5 pontos, em que escores mais altos equivalem à maior freqüência ou a um desempenho mais satisfatório (Piccinini et al., 2001).

Os itens da mãe podem ser agrupados em três categorias: sensitividade, intrusividade e envolvimento. A sensitividade materna aos sinais e comunicações do bebê pode ser mensurada como um aspecto geral do comportamento interativo materno, bem como através de itens específicos referentes à responsividade da mãe ao comportamento social e ao comportamento de estresse do bebê e à qualidade de contato corporal. Escores altos de sensitividade refletem uma interação sintônica, caracterizada por um apropriado nível de resposta e de estimulação do bebê. Intrusividade diz respeito à ocorrência de comportamentos exagerados da mãe, como superestimulação ou interferência inapropriada nas atividades do bebê. O envolvimento materno é pontuado por medidas quantitativas referentes às comunicações verbais, contato ocular e atenção ao bebê.

A avaliação do comportamento interativo do bebê refere-se à freqüência de respostas do bebê aos comportamentos maternos e à intensidade dessas respostas, à tentativa de iniciar contato com a mãe, bem como quantidade de sorrisos, vocalizações e contato visual. O estado do bebê é mensurado pela quantidade de choro e pelo humor geral demonstrado durante a interação.

A variável diádica (sintonia da interação) é avaliada, de forma global, pela quantidade de interações positivas apresentadas pelo par mãe-bebê.

O *POIMB 0-6* tem sido utilizado para avaliar interações registradas em videofilme, tanto em ambientes naturais quanto em laboratório. As situações podem variar desde a tirada de roupa do bebê, situação de face-a-face ou uma tarefa mais específica, como a mãe brincar com o bebê utilizando brinquedos estipulados pelo examinador. O tempo da sessão igualmente pode variar, mas normalmente não ultrapassa 10 minutos (na situação face-a-face costuma-se utilizar 5 minutos); e a pontuação é realizada para a sessão como um todo. Devido à idade da criança, de 0 a 6 meses, ela normalmente é colocada em decúbito dorsal e a mãe situa-se em frente e acima, perpendicularmente à criança. A câmera filmadora é posicionada de forma a obter o melhor ângulo lateral do par mãe-bebê.

AVALIAÇÃO QUANTITATIVA E QUALITATIVA DA INTERAÇÃO MÃE-BEBÊ   *161*

Os observadores são treinados no uso do Protocolo e a fidedignidade do registro é verificada pelo teste de acordo entre observadores. O treinamento é realizado em sessões de discussão dos itens do protocolo e identificação destes itens em videofilmes de interações mãe-bebê previamente ao início do estudo. A fidedignidade é avaliada a partir dos registros de observações independentes de dois ou mais observadores através do coeficiente Kappa, sendo realizada antes e durante o estudo.

Considerações finais

O *Protocolo de Observação da Interação Mãe-Bebê de 0 a 6 meses (POIMB 0-6)* tem sido amplamente utilizado por nosso grupo de pesquisa em estudos que procuram verificar comportamentos interativos mãe-bebê em crianças nascidas pré-termo ou com risco médico neonatal (Schermann, Bohlin e Hagekull, 1994; Schermann et al., 1997; Alfaya, 2000; Brum, 2005). Os registros permitem uma avaliação qualitativa e quantitativa dos comportamentos interativos do par mãe-bebê e se mostra útil especialmente quando utilizado com amostras grandes. O treinamento e a fidedignidade dos observadores são fundamentais na avaliação observacional do comportamento, pois determinam a confiabilidade dos dados. Cabe ainda salientar que as avaliações da interação mãe-bebê com a utilização do Protocolo possuem a limitação de não fornecer dados das trocas interativas específicas de cada díade como, por exemplo, nos estudos que procuram analisar seqüências comportamentais da mãe e da criança. No entanto, o Protocolo fornece elementos suficientes para identificar qualidade e freqüência de comportamentos interativos do par mãe-criança que podem fornecer dados sobre o impacto de intervenções para promoção da interação, bem como sobre diferenças interativas em grupos característicos de bebês (prematuros/a termo) e/ou mães (deprimidas/ não deprimidas), dentre outros.

162 Lígia Schermann

No Anexo A, apresenta-se o protocolo com as definições para cada pontuação.

REFERÊNCIAS BIBLIOGRÁFICAS

AINSWORTH, M. D.; BLEHAR, M.; WATERS, E. & WALL, S. (1978). *Patterns of attachment*. Hillsdale, New Jersey, Erlbaum.

ALFAYA, C. (2000). *Depressão materna e interação mãe-bebê em recém-nascidos pré-termo e a termo de risco*. Dissertação de Mestrado em Psicologia Clínica. Pontifícia Universidade Católica do Rio Grande do Sul, Porto Alegre-RS.

BAKEMAN, R. & GOTTMAN, J. M. (1986). *Observing interaction – an introduction to sequential analysis*. Cambridge, Cambridge University Press.

BATISTA, C. G. (1996). Observação do comportamento. In: PASQUALI, L. (org.). *Teoria e método de medida em ciências do comportamento*. Brasília, Laboratório de Pesquisa em Avaliação e Medida/Instituto de Psicologia/UnB, INEP.

BLURTON-JONES, N. (1981). Aspectos comparativos do contato mãe-criança. In: BLURTON-JONES, N. (org.). *Estudos etológicos do comportamento da criança*. São Paulo, Pioneira.

BOWLBY, J. (1969/1991). *Attachment and Loss*. v. 1. Attachment. London, Penguin Books.

BRUM, E. H. M. (2005) *Intervenção com mães de bebês prematuros em Unidade de Tratamento Intensiva Neonatal para promover a qualidade do vínculo mãe-bebê*. Dissertação de Mestrado em Saúde Coletiva. Universidade Luterana do Brasil, Canoas-RS.

BRUM, E. H. M. & SCHERMANN, L. (2004). Vínculos iniciais e desenvolvimento infantil: abordagem teórica em situação de nascimento de risco. *Ciência e Saúde Coletiva* 9(2):457-467.

FISH, M. & STIFTER, C. A. (1995). Patterns of mother-infant attachment: a cluster analytic approach. *Infant Behaviour Development*, *18*, 435-46.

GOLDBERG, S. (1979). Premature birth: Consequences for the parent-infant relationship. *Am. Sci.*, *61*, 214-220.

AVALIAÇÃO QUANTITATIVA E QUALITATIVA DA INTERAÇÃO MÃE-BEBÊ   163

GREENBERG, M.; CARMICHAEL-OSLON, H. & CRNIC, K. (1992). The development and social competence of a preterm sample at age 4: predictors and transactional outcomes. In: FRIEDMAN, S. & SIGMAN, M. (orgs.). *The psychological development of low birthweight children.* Norwood, Ablex Publishing Corporation.

HARTMANN, D. P. & WOOD, D. D. (1982) Observational Methods. In: BELLAK, A. S.; HERSEN, M. & KAZDIN, A. E. Kazdin (orgs.). *International handbook of behavior modification and therapy.* London, Plenum Press.

KOCHANSKA, G. (1997). Mutually responsive orientation between mothers and their young children: implications for early socialization. *Child Development, 68,* 94-112.

LANDRY, S. H.; CHAPIESKI, M. L.; RICHARDS, M. A.; PALMER, J. & HALL, S. (1990). The social competence of children born prematurely: Effects of medical complication and parents' behaviors. *Child Development, 61,* 1.605-16.

MacDONALD, K. (1998). Evolution and development. In: CAMPBEL, A.; MUNCER, S. (orgs.). *The social child.* United Kingdom, Psychology Press.

PELLEGRINI, A. D. (1996). *Observing Children in Their Natural Worlds – A Methodological Primer.* New Jersey, Lawrence Erlbaum.

PICCININI, C.; MOURA, M. L. S.; RIBAS, A. F. P.; BOSA, C. A.; OLIVEIRA, E. A.; PINTO, E. B.; SCHERMANN, L.; CHAHON, V. L. (2001). Diferentes perspectivas na análise da interação pais-bebê/criança. *Psicologia: Reflexão e Crítica 14(3): 469-485.*

ROBSON, C. (1993) *Real world research – a resource for social scientists and practioner-researchers.* Cambridge, Blackwell.

SCHAFFER, H. R. (1996). *Social Development.* Oxford, Blackwell Publishers.

SCHERMANN, L. (1986). *Interação materno-filial: estudo longitudinal (de 0 a 6 meses) com pares mãe-criança de crianças prematuras e a termo.* Tese de Doutorado em Psicologia Clínica. Pontifícia Universidade Católica de São Paulo-SP.

_____. (1999). Observação do comportamento social. *Psico, 30(2):* 95-102.

_____. (2001). Considerações sobre a interação mãe-criança e o nascimento pré-termo. *Temas em Psicologia da SBP,* 9(1): 55-61.

SCHERMANN, L.; BOHLIN, G. & HAGEKULL, B. (1994). Interaction between mother and preterm infant at 34 weeks posconceptional age. *Early Development and Parenting,* 3, 171-80.

SCHERMANN, L.; HAGEKULL, B.; BOHLIN, G.; PERSON, K. & SEDIN, G. (1997). Interaction between mothers and infants born at risk during the first six months of corrected age. *Acta Paediatrica, 86,* pp. 864-872.

SIGMAN, M. D.; COHEN, S. E.; BECKWITH, L.; ASARNOW, R. & PARMELEE, A. H. (1992). The prediction of cognitive abilities at age 8 and 12 years of age from neonatal assessment of preterm infants. In: FRIEDMAN, S. & SIGMAN, M. (orgs.). *The psychological development of low birthweight children.* Norwood: Ablex Publishing Corporation.

VONDRA, J. I.; SHAW, D. S. & KEVENIDES, M. C. (1995). Predicting infant attachment classification from multiple, contemporaneous measures of maternal care. *Infant Behaviour Development, 18,* 415-25.

AVALIAÇÃO QUANTITATIVA E QUALITATIVA DA INTERAÇÃO MÃE-BEBÊ 165

Anexo A
Protocolo de observação da interação mãe-bebê
0 – 6 meses
(Schermann & cols., 1997)

ITENS DA MÃE:

1) Quantidade da comunicação verbal da mãe para a criança:

1) Nenhuma. A mãe nunca fala com a criança.
2) Pouca. A mãe raramente fala com a criança (1-2 vezes).
3) Moderada. A mãe fala por algum tempo com a criança, mas não mais que a metade do tempo da observação.
4) Muita. A mãe fala quase todo o tempo da observação com a criança, podendo haver 1-2 períodos (de até 30 segundos cada) sem falar.
5) Sempre. A mãe fala constantemente com a criança.

Comentário: Aqui, você julga o quanto a mãe conversa com a criança. A mãe, em outras palavras, deve se posicionar no campo visual da criança, mas não há necessidade de que ela espere pela resposta da criança. Para a resposta 2, pontuar mesmo que a mãe emita sons, desde que direcionados para a criança. Não pontuar se a verbalização for geral, isto é, imprecisa quanto a sua direção.

2) Quantidade de contato visual ou tentativa de contato visual da mãe para a criança:

1) Nenhum. A mãe nunca olha para a criança.
2) Pouco. A mãe olha esporadicamente para a criança (1-2 vezes).
3) Moderado. A mãe olha por algum tempo para a criança, mas não mais do que a metade do tempo da observação.
4) Muito. A mãe olha quase todo o tempo para a criança, podendo haver 1-2 períodos (de até 30 segundos cada) sem olhar.

166   Lígia Schermann

5) Sempre. A mãe olha constantemente para a criança.

Comentário: Pontuar somente se houver tentativa de contato visual por parte da mãe (não requer que a criança responda ao contato visual). Não pontuar se a mãe olhar de forma geral para a região do rosto da criança.

3) Quantidade de contato corporal da mãe com a criança durante a observação:

1) Nenhum. A mãe nunca toca na criança.
2) Pouco. A mãe toca uma ou duas vezes na criança.
3) Moderado. A mãe toca algumas vezes na criança.
4) Muito. A mãe toca quase todo o tempo na criança.
5) Sempre. A mãe toca constantemente na criança.

Comentário: Pontua-se a quantidade de contato corporal e não o tipo de contato corporal.

4) Expressão materna de afeto positivo para a criança:

1) Nenhum. A mãe não demonstra qualquer afeto positivo para a criança.
2) Pouco. A mãe raramente demonstra afeto positivo para a criança (1-2 vezes).
3) Moderado. A mãe demonstra algum afeto positivo para a criança. (3-4vezes)
4) Muito. A mãe demonstra muitas vezes afeto positivo para a criança (5-6 vezes).
5) Sempre. A mãe demonstra, constantemente, afeto positivo para a criança (mais de 6 vezes).

Comentário: Este item inclui expressões verbais e não-verbais de afeto positivo, que são igualmente pontuadas como freqüência de verbalizações e de contato corporal. Pontuar os sinais mais óbvi-

AVALIAÇÃO QUANTITATIVA E QUALITATIVA DA INTERAÇÃO MÃE-BEBÊ **167**

os de expressão de afeto positivo. (A mãe diz: - Meu amor...,
desde que seja com carinho; mãe acaricia a criança).

5) Eficiência da mãe para consolar a criança quando chora:

1) Nenhuma. A mãe nunca consola a criança.
2) Pouca. A mãe tenta consolar a criança de forma inapropriada.
3) Moderada. A mãe consegue consolar a criança algumas vezes.
4) Muita. A mãe consegue consolar a criança muitas vezes.
5) Sempre. A mãe consegue consolar a criança sempre.

Comentário: Pontuar somente se a criança chorar. Se a criança
não chorar, deixar este item em branco (não se aplica).

6) Reação da mãe ao choro, choramingo ou agitação da criança:

1) Nenhuma. A mãe nunca intervém.
2) Pouca. A mãe intervém pela primeira vez depois de muito tempo
(10 ou mais segundos).
3) Moderada. A mãe espera algum tempo antes de intervir (5 a 9
segundos).
4) Muita. A mãe intervém após um curto tempo (menos de 5 segundos) e pode primeiro terminar o que estava fazendo.
5) Sempre. A mãe intervém rapidamente e aos primeiros sinais de
desconforto da criança. Deixa qualquer coisa para consolar a
criança.

Comentário: É importante a primeira impressão de como a mãe
responde aos sinais da criança. Se não houver choro, choramingo
ou agitação, deixar este item em branco (não se aplica).

7) Resposta da mãe ao comportamento social da criança:

1) Nenhuma. A mãe reage de forma negativa ou ignora a criança.

168   Lígia Schermann

2) Pouca. A mãe ignora a criança a maior parte do tempo. (Responde a alguns comportamentos).

3) Moderada. A mãe responde cerca da metade dos sinais da criança.

4) Muita. A mãe responde aos sinais da criança na maior parte do tempo, mas pode não responder a algum comportamento.

5) Sempre. A mãe reage de forma positiva aos sinais da criança constantemente.

Comentário: Se a mãe, em alguma ocasião, reagir negativamente ou ignorar os sinais da criança, recebe pontuação 1 ou 2, independente de como ela agir no resto da sessão. Se a criança mostrar um único episódio de comportamento social, marcar a resposta 3 se a mãe não percebe e marcar a resposta 5 se a mãe responder positivamente ao comportamento da criança.

8) Intensidade da resposta positiva da mãe ao comportamento social da criança (forma positiva):

1) Quase nenhuma. A mãe reage com intensidade muito fraca. Olha para os olhos da criança sem comentários.

2) Pouca. A mãe reage com intensidade fraca. Olha e comenta sem entusiasmo, apenas constata.

3) Moderada. A mãe reage com intensidade média (Sorri).

4) Muita. A mãe reage com intensidade forte (Vocalizações positivas, carícias).

5) Sempre. A mãe reage com intensidade muito forte. (Sorri, conversa, faz carícias).

9) Expressão de afeto negativo da mãe para a criança:

1) Sempre. A mãe constantemente demonstra afeto negativo através de verbalização ou gestos (mais de 6 vezes).

2) Muito. A mãe muitas vezes demonstra afeto negativo (5-6 vezes).

AVALIAÇÃO QUANTITATIVA E QUALITATIVA DA INTERAÇÃO MÃE-BEBÊ   **169**

3) Moderado. A mãe algumas vezes demonstra afeto negativo, através de verbalização ou por expressão facial (3-4 vezes).
4) Pouco. A mãe esporadicamente demonstra afeto negativo (1-2 vezes).
5) Nenhuma. A mãe nunca demonstra qualquer afeto negativo.

Comentário: Este item inclui expressões verbais e não-verbais de afeto negativo, que são igualmente pontuadas como freqüência de verbalizações e de contato corporal. Pontuar os sinais mais óbvios de expressão de afeto negativo, tais como expressões de frustração, impaciência, desgosto, irritabilidade.

10) Sensitividade materna com a criança:

Sensitividade materna é a percepção, a acurada interpretação e apropriada resposta aos sinais da criança. A escala do protocolo segue as definições de Ainsworth et al. (1978).

1) Nenhuma. A mãe extremamente insensitiva parece agir quase exclusivamente de acordo com seus desejos, humores e atividades. Isso não quer dizer que a mãe nunca responde aos sinais da criança, no entanto o faz com atraso, e isso já é em si insensitivo.
2) Pouca. Esta mãe freqüentemente fracassa para responder apropriadamente e prontamente às comunicações da criança, embora ela possa em algumas ocasiões mostrar capacidade para a sensitividade em suas respostas na interação.
3) Moderada. Sensitividade inconsistente, embora essa mãe possa ser bastante sensitiva em algumas ocasiões, há alguns momentos em que ela é insensitiva com as comunicações da criança.
4) Muita. A mãe interpreta com habilidade as comunicações da criança e responde a elas prontamente e apropriadamente, mas com menos sensitividade do que as mães com escore mais alto de sensitividade.
5) Sempre. A mãe é sensitiva aos sinais e necessidades da criança, respondendo sempre pronta e apropriadamente. A mãe é capaz

de ver as coisas do ponto de vista da criança; a percepção dos sinais e comunicações da criança não é distorcida pelas suas próprias necessidades e defesas.

Comentário: Deve-se atentar a todos os sinais que a criança dá (sociais e/ou físicos). A diferença entre a resposta 4 e 5 está em: a) o quão bem e rápido a mãe notifica diferentes sinais da criança, b) o quão bem a mãe responde até a criança estar satisfeita.

11) Atenção da mãe com a criança:

1) Nenhuma. A mãe não está atenta à criança.
2) Pouca. A mãe está esporadicamente atenta à criança.
3) Moderada. A mãe está a metade do tempo atenta à criança.
4) Muita. A mãe está quase todo o tempo atenta à criança.
5) Sempre. A mãe está constantemente atenta à criança.

Comentário: Atenção necessária às roupas da criança não influencia o julgamento mas uma investigação minuciosa às roupas, sim.

12) Intrusividade (comportamento exagerado da mãe) com relação à criança:

1) Sempre. A mãe estimula constantemente a criança de maneira exagerada.
2) Muita. A mãe estimula quase todo o tempo a criança de maneira exagerada.
3) Moderada. A mãe estimula algumas vezes a criança de maneira exagerada.
4) Pouca. A mãe estimula esporadicamente a criança de maneira exagerada.
5) Nenhuma. A mãe não estimula a criança de maneira exagerada.

AVALIAÇÃO QUANTITATIVA E QUALITATIVA DA INTERAÇÃO MÃE-BEBÊ   *171*

Comentário: Intrusividade é considerada como todo comportamento exagerado que a mãe exerce sobre a criança (estimula a criança quando não é preciso ou quando a criança parece insatisfeita, seja por vocalização, apresentação de brinquedo, ou através de contato visual).

ITENS DA CRIANÇA:

13) Quantidade de vezes que a criança olha para o rosto da mãe:

1) Nenhuma. A criança nunca olha para o rosto da mãe.
2) Pouca. A criança olha esporadicamente para o rosto da mãe.
3) Moderada. A criança olha por algum tempo para o rosto da mãe, mas não mais que a metade do tempo da observação.
4) Muita. A criança olha para o rosto da mãe quase todo o tempo da observação.
5) Sempre. A criança olha constantemente para o rosto da mãe.

14) Respostas da criança aos estímulos comunicativos da mãe:

1) Nenhuma. A criança mantém-se ativamente distante da mãe. (Virando o corpo ou a cabeça).
2) Pouca. A criança mantém-se passiva frente à comunicação da mãe.
3) Moderada. A criança responde uma vez ou poucas vezes de maneira positiva.
4) Muita. A criança responde quase sempre de maneira positiva. (Deixa de responder somente a um ou dois estímulos comunicativos da mãe).
5) Sempre. A criança responde constantemente aos estímulos da mãe de maneira positiva.

Comentário: Este item é pontuado se a mãe tenta começar uma comunicação com a criança.

15) Intensidade com que a criança responde positivamente à tentativa de estabelecer uma comunicação:

1) Quase nenhuma. A criança reage com intensidade muito fraca. (Olha, vira-se).
2) Pouca. A criança reage com intensidade fraca. (Olha e mexe os braços).
3) Moderada. A criança reage com intensidade média (Olha, podendo sorrir e/ou vocalizar em uma ou duas ocasiões).
4) Muita. A criança reage com intensidade forte. (Sorri, vocaliza).
5) Sempre. A criança reage com intensidade muito forte. (Reage positivamente através de expressões da face e movimentação do corpo).

16) Quantidade de tentativas da criança para estabelecer contato verbal e/ou físico com a mãe:

1) Nenhuma. A criança não faz qualquer tentativa de contato.
2) Pouca. A criança faz pouca tentativa de contato.
3) Moderada. A criança faz algumas tentativas de contato. (Sorri por pouco tempo).
4) Muita. A criança faz muitas tentativas de contato.
5) Sempre. A criança faz constantemente tentativas de contato.

Comentário: A criança deve iniciar contato através de sorriso, vocalização, olhar, ir ao encontro da mãe etc. Não pontuar as respostas que a criança dá às tentativas de contato da mãe.

17) Quantidade de sorriso da criança (como resposta à mãe ou espontaneamente):

AVALIAÇÃO QUANTITATIVA E QUALITATIVA DA INTERAÇÃO MÃE-BEBÊ **173**

1) Nenhum. A criança nunca sorri.
2) Pouco. A criança sorri esporadicamente.
3) Moderado. A criança sorri algumas vezes.
4) Pouco. A criança sorri muitas vezes.
5) Sempre. A criança sorri constantemente.

18) O humor da criança durante a observação:

1) Nenhum bom-humor. A criança mostra-se irritada ou fica mal-humorada a maior parte do tempo.
2) Pouco bom-humor. A criança mostra um humor lábil, (ora irritada, ora tranqüila).
3) Moderado bom-humor. A criança mostra-se neutra, satisfeita.
4) Muito bom-humor. A criança mostra-se de bom-humor a maior parte do tempo. (Pode expressar alguns sinais de mau-humor).
5) Sempre de bom-humor. A criança mostra-se de bom humor constantemente. (Parece contente).

Comentário: Para a resposta 2, pontuar quando a criança mostra-se bem-humorada, podendo ocorrer episódio breve de, por exemplo, choro. Se a criança mostrar irritação, no início da sessão, deve-se acostumá-la à situação e não pontuar. Para a resposta 3, pontuar quando a criança fica passiva, neutra, durante a observação. Para pontuar a resposta 5, a criança deve mostrar sinais óbvios de prazer como sorrir, balbuciar ou excitação corporal.

19) Quantidade de vocalização da criança:

1) Nenhuma. A criança nunca vocaliza.
2) Pouca. A criança vocaliza esporadicamente.
3) Moderada. A criança vocaliza algumas vezes.
4) Muita. A criança vocaliza quase todo o tempo.
5) Sempre. A criança vocaliza constantemente.

20) Quantidade de choro e choramingo:

1) Sempre. A criança chora constantemente.
2) Muito. A criança chora quase todo o tempo.
3) Moderado. A criança chora a metade do tempo.
4) Pouco. A criança chora esporadicamente.
5) Nenhum. A criança nunca chora.

ITENS DA DÍADE:

21) Quantidade e qualidade da interação (comunicação, contato):

1) Nenhuma. Mãe e criança não demonstram qualquer sinal de interação positiva.
2) Pouca. Mãe e criança demonstram interação positiva esporadicamente.
3) Moderada. Mãe e criança demonstram interação positiva a metade do tempo.
4) Muita. Mãe e criança demonstram interação positiva quase todo o tempo.
5) Sempre. Mãe e criança demonstram interação positiva constantemente.

Comentário: Deve haver interação positiva.

AVALIAÇÃO QUANTITATIVA E QUALITATIVA DA INTERAÇÃO MÃE-BEBÊ 175

PONTUAÇÃO DA OBSERVAÇÃO DA INTERAÇÃO MÃE -BEBÊ - 0 A 6 MESES

Nº. caso: Observador:
Data da filmagem: Data atual:

ITENS DA MÃE

Item	Escala	
1. Verbalização	Nenhuma 1 2 3 4 5 Sempre	
2. Contato visual	Nenhum 1 2 3 4 5 Sempre	
3. Contato corporal	Nenhum 1 2 3 4 5 Sempre	
4. Expressão de afeto positivo	Nenhuma 1 2 3 4 5 Sempre	
5. Eficiência para consolar	Nenhuma 1 2 3 4 5 Sempre	
6. Reação ao choro	Nenhuma 1 2 3 4 5 Sempre	
7. Resposta comportamento social	Nenhuma 1 2 3 4 5 Sempre	
8. Intensidade da resposta	Quase nenhuma 1 2 3 4 5 Sempre	
9. Expressão de afeto negativo	Sempre 1 2 3 4 5 Nenhuma	
10. Sensitividade	Nenhuma 1 2 3 4 5 Sempre	
11. Atenção geral	Nenhuma 1 2 3 4 5 Sempre	
12. Intrusividade	Sempre 1 2 3 4 5 Nenhuma	

ITENS DA CRIANÇA

Item	Escala	
13. Quantidade de olhares para o rosto	Nenhuma 1 2 3 4 5 Sempre	
14. Resposta às comunicações	Evita 1 2 3 4 5 Responde	
15. Intensidade de resposta positiva.	Nenhuma 1 2 3 4 5 Sempre	
16. Contato verbal e/ou físico	Nenhum 1 2 3 4 5 Sempre	
17. Quantidade de sorriso	Nenhum 1 2 3 4 5 Sempre	
18. Bom-Humor	Nenhum 1 2 3 4 5 Sempre	
19. Quantidade de vocalização	Nenhuma 1 2 3 4 5 Sempre	
20. Quantidade de choro	Sempre 1 2 3 4 5 Nenhum	

ITEM DA DÍADE

Item	Escala	
21. Sintonia da interação	Nenhuma 1 2 3 4 5 Sempre	

Capítulo 7

INTERAÇÕES DIÁDICAS E TRIÁDICAS EM FAMÍLIAS COM CRIANÇAS DE UM ANO DE IDADE

Cesar Augusto Piccinini, Giana Bitencourt Frizzo e
Angela Helena Marin[11]

O desenvolvimento humano ocorre dentro de um contexto social, sendo que os bebês parecem ser pré-programados a se desenvolverem de forma socialmente cooperativa (Bolwby, 1989). A família pode ser considerada o primeiro grupo social com o qual a criança interage, e tanto a psicologia do desenvolvimento, quanto a teoria sistêmica a compreendem como foco principal para entender o desenvolvimento e o comportamento humanos (Minuchin, 1982).

O conceito de interação não é consensual, mas parece haver uma tendência entre os autores para considerar a bi-direcionalidade e a ação recíproca, especialmente no comportamento manifesto entre as díades pais-bebê (Piccinini & cols., 2001). A partir das trocas estabelecidas nas interações, o bebê aprende uma importante lição social: que ele pode influenciar outras pessoas através do seu comportamento (Parke, 1996). Assim, é importante que as mães e os pais sejam capazes de criar certa expectativa ou previsibilidade a partir

---

11. Os autores agradecem a Dra. Martha Cox da University of North Caroline at Chapel Hill, E.U.A., pelo envio de material que serviu de base para a caracterização das categorias de observação descritas nos protocolos apresentados neste capítulo e pela permissão para que este material fosse usado.

178 Cesar Augusto Piccinini, Giana Bitencourt Frizzo e Angela Helena Marin

da qual o bebê possa formular um padrão de relevância de sinais, porque isso proporcionará a base necessária para que o aprendizado da comunicação se desenvolva na criança (Brazelton e Cramer, 1992; Stern, 1997). Nas interações diádicas com a mãe e com o pai, o bebê aprende sobre a diferenciação e a sincronização de comportamentos com cada parceiro e estes também aprendem o mesmo com o bebê (Brazelton e Cramer, 1992). Além disso, o fato de o bebê responder diferentemente à mãe ao pai faz com que os genitores sintam-se importantes e ressignifiquem seus papéis.

Vários estudos têm revelado diferenças na interação mãe-bebê e pai-bebê (Brazelton e Cramer, 1992; Belsky, Gilstrap e Rovine, 1984; Krob, 1999; Parke, 1996). Quanto às atividades comumente realizadas com o(a) filho(a), as mães parecem passar mais tempo envolvidas com os cuidados do bebê, como banho e alimentação, enquanto os pais tendem a gastar seu tempo brincando com a criança (Parke, 1996). Segundo Brazelton e Cramer (1992), o pai tende a propor jogos alegres e estimulantes, movimentando e acarinhando o bebê, de forma que este tenha seu estado de excitação aumentado. Nesse mesmo sentido, Bolwby (1989) afirma que o pai tende mais do que a mãe a se engajar em atividades físicas e a dramatizar histórias e, por isso, pode acabar tornando-se o companheiro preferido para brincadeiras, especialmente pelos meninos. No entanto, embora as interações possam ser qualitativamente diferentes, o mais importante é que as mães e os pais sejam responsivos e sensíveis ao bebê (Parke, 1996). Em outras palavras, um cuidador competente deve aprender a reagir apropriadamente às mensagens do bebê, comportando-se responsivamente, mesmo que a resposta de um ou de outro genitor seja diferente, mas adequada, ao contexto da interação.

A investigação das interações diádicas foi, por muito tempo, privilegiada no estudo das interações. Recentemente, alguns autores passaram a considerar também as interações triádicas, especialmente quando se considera o grupo familiar como um todo (Andolfi, 1996; Minuchin e Fishman, 1990). P. Minuchin (1985) chegou a fazer uma dura crítica à psicologia do desenvolvimento, ao comentar que, atra-

INTERAÇÕES DIÁDICAS E TRIÁDICAS EM FAMÍLIAS COM CRIANÇAS... 179

vés dos inúmeros estudos sobre as díades mãe-bebê, os psicólogos criaram a família monoparental antes mesmo de ela ser característica da sociedade contemporânea. Segundo a autora, a realidade mostra que a maioria das crianças possui uma mãe e um pai e que suas experiências de controle não são aditivas, mas sistêmicas.

Na verdade, segundo Cox e Paley (1997), muitos estudos sobre a família investigaram os padrões de interação dentro e através dos subsistemas familiares e entre eles, como, por exemplo, estudos sobre casais e sobre interação mãe ou pai-bebê. No entanto, poucos pesquisaram unidades maiores, como a família nuclear, talvez porque conceituar e avaliar as características de todo o sistema familiar seja difícil. Conforme a revisão de literatura realizada por essas autoras, houve uma grande aceitação de que estudando a díade mãe-bebê estava-se estudando a família. No entanto, boa parte da parentagem ocorre quando a mãe e o pai estão presentes. Além disso, os pais influenciam seus filhos não só diretamente, mas também indiretamente. Por exemplo, um pai pode influenciar o comportamento da mãe com a criança ao elogiar sua habilidade de cuidá-la, ou o pai pode influenciar a sensibilidade materna ao bebê se dividir com a mãe as responsabilidades do cuidado da criança (Feldman, 2000). Assim, embora a investigação da tríade introduza uma complexidade de difícil manejo pelas metodologias existentes, ela deveria ser entendida como uma unidade crucial no estudo das interações entre pais e filhos (P. Minuchin, 1985).

Uma vez que a interação triádica introduz uma complexidade maior do que a mera soma das partes é fundamental pesquisá-la, já que os membros de uma família vivem em diversos subsistemas. De acordo com Johnson (2001), a literatura tem sido consistente em afirmar que as observações de um subsistema familiar como a díade mãe-bebê, separada do resto da família, não é equivalente a observar a mesma díade quando toda a família está presente. Conforme a autora, tanto a quantidade como a qualidade dos comportamentos parentais podem ser alterados nos diferentes contextos familiares. Ela aponta ainda, que a presença do cônjuge claramente altera o contexto

180 Cesar Augusto Piccinini, Giana Bitencourt Frizzo e Angela Helena Marin

interativo entre a criança e o outro genitor, transformando a díade em um complexo sistema familiar que inclui os subsistemas conjugal e parental.

Ainda em relação às interações familiares triádicas, alguns estudos empíricos mostraram que os comportamentos interativos da mãe ou do pai com o bebê tendem a diminuir em contextos triádicos, tanto no laboratório (Lamb, 1979), como em casa (Clarke-Stewart, 1978). Essa diferença na quantidade de estimulação na interação triádica pode ser devida ao fato de que há dois agentes socializadores que provêm menos estimulação cada um do que se estivessem sozinhos com o bebê. Além disso, quando a mãe e o pai estão juntos eles têm a oportunidade de interagir um com o outro, o que acaba diminuindo a interação com o bebê. No entanto, conforme Clarke-Stewart (1978), há algumas exceções, pois alguns comportamentos tendem a aumentar em contexto triádico, como uma maior expressão de afeto positivo do casal para o bebê. Já no estudo de Johnson (2001), com famílias de crianças préescolares, as mães e os pais expressaram mais afeto negativo e eram menos engajados no contexto triádico do que quando as díades pais-bebê foram observadas separadamente. A explicação dos autores é que durante as interações triádicas, o casal deve tanto manejar sua relação enquanto casal como dar atenção à criança. Neste contexto, eventuais conflitos conjugais acabam influenciando a criança direta ou indiretamente através da relação mãe-bebê ou pai-bebê. Em contraste, em contextos diádicos, a mãe ou o pai pode focar sua atenção exclusivamente na criança, sem ter de atentar para sua relação com o cônjuge.

Tendo em vista o exposto, podemos entender que mães e pais parecem se comportar diferentemente quando sozinhos com o bebê ou na presença do outro cônjuge. Dessa forma, analisar a família parece envolver diferentes níveis de complexidade que podem ser complementares. Por isso, é importante que se investiguem os diferentes contextos de interação, tanto em nível diádico, quanto triádico, a fim de melhor compreender os padrões de interação das famílias.

INTERAÇÕES DIÁDICAS E TRIÁDICAS EM FAMÍLIAS COM CRIANÇAS... **181**

Sistema de codificação das interações diádica e triádica

Contexto de observação

O sistema de codificação apresentado neste capítulo foi desenvolvido pelo Núcleo de Infância e Família do GIDEP/UFRGS[12], para análise da interação durante uma sessão de interação livre quando a criança tinha, aproximadamente, um ano de idade. Sugere-se que a sessão seja realizada em uma sala de brinquedos que possua câmeras de vídeo ocultas, cadeiras, almofadas, um tapete e alguns brinquedos dispostos no chão, como: boneca, bichinhos de pelúcia, peças de encaixe, bola e joãobobo. O pesquisador pode acompanhar a sessão numa ante-sala através de espelho unidirecional. Cada episódio interativo deve durar, no mínimo sete minutos. Recomenda-se que sejam filmados mais um ou dois minutos (totalizando 8-9 minutos de filmagem) para que não haja risco do tempo ser insuficiente para análise das interações. Os pais devem ser orientados a agir de maneira natural, como fazem quotidianamente com a criança e o cônjuge. A sessão de observação é composta de três episódios: mãe-bebê, pai-bebê e pai-mãe-bebê. A ordem dos episódios mãebebê e pai-bebê deve ser alternada entre as famílias.

Análise dos comportamentos infantis e parentais

A avaliação da interação diádica, proposta neste capítulo, é baseada em Cox (1998) e em Ainsworth, Blehar, Waters e Wall (1978). Devem ser avaliados os sete minutos de cada episódio de interação diádica (mãe-criança e pai-criança) e triádica (pai-mãe-bebê) divididos em intervalos de um minuto cada, durante os quais são examinadas diversas categorias de comportamentos infantis e parentais.

Cada categoria de comportamento é avaliada de acordo com os passos sugeridos por Cox (1998). Inicialmente, o codificador é orientado a se perguntar: *"Esta categoria é característica (escores de 4*

---

12. O Grupo de Interação Social, Desenvolvimento e Psicopatologia (GIDEP) é um dos grupos do Diretório de Pesquisa do CNPq, atuando desde 1994 na Universidade Federal do Rio Grande do Sul (UFRGS) – www.psicologia.ufrgs/gidep

182 Cesar Augusto Piccinini, Giana Bitencourt Frizzo e Angela Helena Marin

ou 5) ou não característica (escores de 1 ou 2) da díade ou tríade observada?". Caso não atenda a nenhum dos dois critérios recebe um escore 3. Depois de respondida esta primeira questão, o codificador deve fazer uma discriminação entre os escores 1 e 2 ou 4 e 5, considerando a maior ou menor incidência das sub-categorias. A seguir serão descritas, separadamente, as categorias e sub-categorias analisadas nas interações diádicas e triádicas. Com exceção da categoria interação, baseada em Ainsworth e colegas (1978) todas as demais são derivadas de Cox (1998).

Categorias analisadas na interação diádica

As categorias de comportamentos infantis analisadas na interação diádica são: *envolvimento, interação, afeto positivo* e *afeto negativo*. As categorias de comportamentos parentais, por sua vez, são: *sensibilidade, estimulação cognitiva, afeto positivo, afeto negativo, desengajamento* e *intrusividade*. O Protocolo de Análise dos Comportamentos Parentais e Infantis encontra-se no Anexo A.

Categorias de comportamentos infantis

Envolvimento – Esta categoria refere-se ao grau de engajamento da criança com o genitor, brinquedo ou atividade, mostrando-se bem integrada. Os escores mais baixos representam a criança que não mostra envolvimento, que parece evitar se envolver com o genitor, brinquedo ou atividade ou que o faz mecanicamente sem evidências de estar interessada. Ela também pode demonstrar não estar envolvida, engajando-se por curtos períodos de tempo. Os escores mais altos representam a criança que se mostra interessada e envolvida com o genitor, brinquedo ou atividade durante grande parte da observação ou que apresenta intenso envolvimento. Como parte da avaliação da categoria será examinada a incidência das seguintes sub-categorias:

INTERAÇÕES DIÁDICAS E TRIÁDICAS EM FAMÍLIAS COM CRIANÇAS... **183**

1) *Mantém contato visual com o genitor:* criança orienta a cabeça para o rosto ou corpo do genitor, mesmo que não seja possível ver o seu rosto.

2) *Responde à fala do genitor e/ou brincadeiras propostas:* criança responde, seja através de vocalizações ou de ações, o que é solicitado pelo genitor (por exemplo: o genitor pede à criança que jogue a bola e a criança joga).

3) *Explora o brinquedo:* criança segura um brinquedo em suas mãos, mesmo que não o esteja manipulando.

4) *Explora o ambiente:* criança olha e/ou se locomove pelo ambiente para conhecê-lo. Não é registrado quando a criança se locomove para buscar algo que esteja procurando.

Interação – Esta categoria está baseada nos comportamentos interativos sugeridos por Ainsworth e colegas (1978), amplamente utilizados como um dos principais indicadores do padrão de apego mãe-criança. Os comportamentos facilitadores da interação são característicos da criança que busca e mantém contato com o genitor, durante grande parte da observação, mesmo que, por vezes, interaja à distância. Já os comportamentos não facilitadores da interação são característicos da criança que não busca interagir com o genitor, que parece esquivar-se de qualquer contato com ele(a) ou que apresenta resistência à interação na maior parte da observação. Como parte da avaliação da categoria é examinada a incidência das seguintes subcategorias:

1) *Busca de contato e proximidade:* criança busca contato físico com o genitor.

2) *Manutenção de contato:* criança mantém contato visual e/ou proximidade ao genitor.

3) *Interação à distância:* criança vocaliza ou sorri, ao mesmo tempo em que olha para o genitor e/ou quando a criança oferece algum objeto para o genitor ou quando aponta para algo, mesmo que não esteja olhando para o genitor.

4) *Resistência:* criança resiste à tentativa do genitor de iniciar contato com ela.

5) *Esquiva:* criança se esquiva à proximidade e à interação, mesmo à distância, do genitor. Distingue-se da sub-categoria *resistência* por apresentar uma reação mais intensa por parte da criança ou maior aflição.

Afeto positivo – Esta categoria se refere ao quanto a criança está satisfeita, contente e confortável com a interação. Os escores mais baixos representam a criança que não apresenta sinais de afeto positivo, que tem humor negativo ou que não apresenta nenhum afeto. A criança também pode apresentar afeto positivo infrequente ou fraco ou pode alternar momentos de intenso afeto positivo com momentos de intenso afeto negativo. Os escores mais altos representam a criança que, predominantemente, apresenta afeto positivo e que é agradável na maior parte da observação, não apresentando nenhum episódio de aflição. Como parte da avaliação da categoria é examinada a incidência das seguintes sub-categorias:

1) *Apresenta vocalizações positivas:* criança vocaliza, balbucia e/ou gesticula com a boca, tentando vocalizar.

2) *Sorri e/ou dá gargalhadas*: criança visivelmente sorri, mesmo que este sorriso não seja dirigido ao genitor.

3) *Abraça, beija ou mostra outras expressões físicas de afeto:* criança beija, abraça ou demonstra outras manifestações de carinho ao genitor.

4) *Movimenta o corpo para demonstrar entusiasmo*: criança movimenta o corpo, ao mesmo tempo em que vocaliza ou sorri. Também é registrado quando a criança bate palmas. Não é computado quando a criança segura um brinquedo (por exemplo, um chocalho) e movimenta o corpo, pois se entende que esse comportamento diz respeito à tentativa da criança de movimentar o brinquedo.

INTERAÇÕES DIÁDICAS E TRIÁDICAS EM FAMÍLIAS COM CRIANÇAS... **185**

Afeto negativo – Esta categoria se refere às expressões de descontentamento da criança em relação à interação. Os escores mais baixos representam afeto negativo pouco freqüente. A criança deve manifestar comportamentos sutis de raiva ou resistência ao genitor. Os escores mais altos representam intenso afeto negativo, presente em alguns momentos da interação ou moderado descontentamento durante a maior parte da observação. A raiva e resistência da criança aparecem repetidamente nas interações com o genitor. Como parte da avaliação da categoria será examinada a incidência das seguintes sub-categorias:

1) *Apresenta vocalizações negativas:* criança resmunga ou choraminga (choro de fraca intensidade e descontínuo).
2) *Chora:* criança chora com forte intensidade e de forma contínua.
3) *Expressa descontentamento:* criança franze a testa, faz careta, demonstrando que não está contente.
4) *Fica irriquieta:* criança encontra-se visivelmente desconfortável, inquieta. Pode vir acompanhado de vocalizações negativas ou choro.
5) *Demonstra raiva e/ou hostilidade*: criança grita, esperneia, agride o genitor e/ou bate em um brinquedo.

Categorias de comportamentos parentais

Sensibilidade – Esta categoria refere-se à sensibilidade dos pais às necessidades da criança. Os pais indicam estarem cientes das necessidades, humor, interesses e capacidades da criança, oferecendo uma mistura adequada de apoio e independência. Eles também respondem apropriadamente à criança. Os escores mais baixos representam pouca evidência de sensibilidade parental. Os pais raramente respondem apropriadamente às demandas infantis ou manifestam desatenção às necessidades da criança. As interações são assincrônicas ou inadequadas. Se o adulto está preocupado ou desli-

186 Cesar Augusto Piccinini, Giana Bitencourt Frizzo e Angela Helena Marin

gado, então ele não é sensível mesmo que a criança esteja engajada. Os escores mais altos representam os pais que são predominantemente sensíveis. Eles demonstram sensibilidade na maior parte das interações, mas não em todas, ou podem demonstrar um pouco de insensibilidade. Como parte da avaliação da categoria será examinada a incidência das seguintes sub-categorias:

1) *Fornece disciplina adequada à natureza da atividade e ao nível de entendimento da criança*: genitor orienta a criança quanto a uma situação de perigo iminente (por exemplo, "Cuidado, olha a cabeça", "Isso faz dodói", "Calma, mais devagar").

2) *Fornece um nível de estimulação e/ou uma variedade de atividades*: genitor oferece um brinquedo à criança e/ou incentiva que ela continue brincando ou a brincar com algo.

3) *Responde ao conteúdo da fala e/ou atividade da criança*: genitor vocaliza colocando-se empaticamente no lugar da criança, interpretando o estado e/ou os sinais desta, ou quando o genitor fala como se fosse a própria criança.

4) *Aproveita o interesse da criança por um brinquedo e/ou atividade*: genitor passa a brincar com a criança a partir do que esta escolheu, introduzindo novos elementos na brincadeira. Não é pontuado quando o genitor só fala com a criança a partir do que esta está fazendo.

5) *Propõe brincadeira/atividade, mas respeita o interesse da criança*: genitor propõe uma brincadeira à criança (por exemplo: "Vamos jogar bola?"), mas esta não aceita e ele não insiste que ela a realize.

6) *Respeita o interesse da criança por um brinquedo e/ou atividade*: genitor não impede, seja verbalmente ou através de ações, que a criança siga fazendo o que é de seu interesse.

7) *Muda o ritmo quando a criança parece pouco estimulada, superexcitada ou cansada*: genitor propõe uma outra atividade, visto que a criança encontra-se pouco estimulada, superexcitada ou cansada.

INTERAÇÕES DIÁDICAS E TRIÁDICAS EM FAMÍLIAS COM CRIANÇAS... 187

Estimulação cognitiva – Esta categoria refere-se às tentativas de estimular o desenvolvimento cognitivo da criança. Os pais podem tirar vantagem de qualquer atividade de rotina para estimular o desenvolvimento e, constantemente, se engajam em atividades com a intenção de facilitar a aprendizagem de seus filhos. Os pais devem estar engajados ativamente em esforços para estimular o desenvolvimento cognitivo da criança. Os escores mais baixos representam os pais que não fazem tentativas de estimular cognitivamente a criança ou não a estimulam. Os escores mais altos representam os pais que estimulam de forma adequada ou consistentemente estimulam e aproveitam as oportunidades para estimulação. Eles provêem freqüente estimulação com qualidade através de lições, explicações e atividades. Como parte da avaliação da categoria é examinada a incidência das seguintes sub-categorias:

1) *Ensina/dá oportunidade de experimentar materiais que ilustram ou ensinam conceitos*: genitor menciona à criança algo em relação a cores, números, partes do corpo, elementos que fazem parte de um conjunto etc. (por exemplo: "Um, dois, três...").

2) *Encoraja as tentativas de domínio da criança ou a desafia para tentar novas atividades*: genitor encoraja as tentativas de domínio da criança (por exemplo: "Isso!") ou a desafia para tentar novas atividades (por exemplo: "E agora?", "Onde é que está?"), desde que tenha o objetivo de estimular cognitivamente.

3) *Apresenta atividades em uma seqüência organizada de passos*: o genitor apresenta à criança uma ordem de passos em relação a um brinquedo (por exemplo: "Primeiro coloca essa pecinha, depois a outra").

4) *Descreve ou faz perguntas sobre brinquedos/objetos*: genitor descreve um brinquedo/objeto não no sentido de nomeá-lo, mas em relação ao que faz parte dele. Incluem-se também as perguntas que o genitor faz sobre brinquedos/objetos.

5) *Mostra à criança como utilizar um brinquedo*: genitor mostra à criança como utilizar um brinquedo (por exemplo: "É assim,

oh!'"). A criança deve estar olhando para o que o genitor está fazendo.

6) *Estimula a linguagem da criança e suas verbalizações*: genitor estimula que a criança fale algo lhe dizendo "diz", "fala"; ou soletra uma palavra para que a criança repita.

7) *Nomeia as experiências da criança*: genitor nomeia algo à criança, no sentido de dizer o que é (por exemplo: "É um patinho") e/ou algo da experiência dela (por exemplo: "Tu estás mordendo o cachorrinho?").

Afeto positivo - Esta categoria refere-se à extensão na qual a díade parece apreciar estar junta. Os pais e a criança são carinhosos entre si e parecem relaxados e à vontade. Os escores mais baixos representam os pais que demonstram pouco contentamento em estar junto com a criança e pouco afeto. Este escore pode também envolver expressões positivas inapropriadas para a situação ou expressões faciais apáticas. Tanto a intensidade quanto à freqüência dos indicadores comportamentais de afeto positivo são baixas. Os escores mais altos representam os pais que mostram predominantemente afeto positivo, em termos de expressão facial, vocal e comportamental. A díade claramente parece aproveitar ficar junta. Como parte da avaliação da categoria é examinada a incidência das seguintes sub-categorias:

1) *Mantém contato visual enquanto interage*: genitor dirige o olhar para o rosto ou corpo da criança.

2) *Fala em tom de voz afetuoso*: genitor fala de uma maneira carinhosa à criança (por exemplo: "Ai, que lindo!", "Meu amor", "Querido").

3) *Sorri e/ou dá gargalhadas*: genitor sorri visivelmente para a criança ou sua risada é audível.

4) *Abraça, beija ou mostra outras expressões físicas de afeto*: genitor passa os dedos, a mão ou seu rosto no corpo ou rosto da criança, afagando-a; o genitor abraça e/ou beija a criança, ou a pega no colo.

INTERAÇÕES DIÁDICAS E TRIÁDICAS EM FAMÍLIAS COM CRIANÇAS... 189

5) *Entusiasma-se com o que a criança está fazendo:* genitor aplaude ou vibra com o que a criança está fazendo (por exemplo: "Eh!").

Afeto negativo – Esta categoria refere-se às expressões de afeto negativo, conflitos, discordâncias ou críticas dos pais em relação à criança. As interações podem ser hostis, punitivas, de forma encoberta ou explícita. Os escores mais baixos representam a ausência de expressão de afeto negativo ou um clima emocional negativo mínimo. As díades podem estar desengajadas e não envolvidas, podendo haver expressão de irritação ou hostilidade. Os escores mais altos representam a díade que demonstra altos níveis de afeto negativo, mas que pode ser permeada por um pouco de afeto e engajamento positivo. O afeto negativo, a irritação ou o conflito são o modo predominante de comunicação da díade (clima tenso, de hostilidade e raiva). Como parte da avaliação da categoria é examinada a incidência das seguintes sub-categorias:

1) *Apresenta expressões faciais negativas:* genitor franze a testa, faz careta, expressando descontentamento em relação à criança.
2) *Fala em tom de voz seco:* genitor fala de uma maneira rude com a criança.
3) *Reprime atitudes da criança:* genitor diz à criança que ela não pode ter determinada atitude (por exemplo: "Não é pra pôr na boca").
4) *Ameaça:* genitor impõe uma condição à criança (por exemplo: "Não vai pra lá porque o bicho vai te pegar").
5) *Grita:* genitor fala em tom de voz alto com a criança.

Desengajamento – Esta categoria reflete a extensão na qual os pais parecem não estar envolvidos com a criança. Eles parecem não engajados, emocionalmente não envolvidos, não responsivos e não conscientes das necessidades da criança. Os pais mostram passividade e falta de interesse. Os escores mais baixos representam os pais que não demonstram sinais de desengajamento ou desligamento

190 Cesar Augusto Piccinini, Giana Bitencourt Frizzo e Angela Helena Marin

ou aqueles que demonstram um mínimo de desengajamento. Os escores mais altos representam a díade que está predominantemente desengajada ou muito desengajada. A criança fica sem atenção parental a maior parte do tempo, mesmo quando há uma distância razoável para interação. Quando a díade interage, seu comportamento parece mecânico e superficial. Como parte da avaliação da categoria, é examinada a incidência das seguintes sub-categorias:

1) *Não acompanha visualmente a atividade da criança*: genitor não acompanha visualmente a movimentação da criança.

2) *Não responde às vocalizações, sorrisos ou outros comportamentos da criança*: criança vocaliza, sorri ou emite um outro comportamento em direção ao genitor, e este não responde.

3) *Ignora coisas interessantes que a criança faz*: genitor não dirige seu olhar para o que a criança está fazendo.

4) *Apresenta objetos à criança sem convidá-la à interação*: genitor pega objetos sem chamar a atenção da criança para eles.

Intrusividade – Esta categoria se refere à interação que é intrusiva e supercontrolada, sendo centrada no adulto e não na criança. O adulto impõe seus próprios objetivos à criança, além de superestruturar seu brinquedo. Ele insiste num uso particular do brinquedo, mesmo quando esse controle não é necessário para a segurança da criança ou por respeito aos outros. Também viola o espaço da criança através de afastamento físico e impede seu direito por seu próprio espaço e controle do seu corpo. Ele pode ser intrusivo de uma forma afetiva ou não. O que caracteriza o comportamento como intrusivo é a ação dos pais de não reconhecer as intenções da criança como reais ou válidas e comunicar que é melhor depender deles para direcionar suas atividades do que tentar individualmente. Os escores mais baixos representam os pais que não demonstram sinais de intrusividade e comportamento supercontrolador ou mínima intrusão. Os pais claramente interagem com a criança de forma que valide sua participação, encorajam-na a reconhecer suas intenções e negociam

INTERAÇÕES DIÁDICAS E TRIÁDICAS EM FAMÍLIAS COM CRIANÇAS... **191**

o curso das interações durante a observação. Pode haver evidência de intrusão, mas essa não é típica da interação. Os escores mais altos representam os pais que, freqüentemente, são intrusivos ou supercontroladores. A díade raramente interage e uma proporção substancial das interações é intrusiva. Os pais controlam as interações, podendo usar força física e não permitem a autonomia da criança. O adulto pode terminar as atividades em que a criança está envolvida sem avisá-la ou sem dar-lhe tempo para uma transição. Os pais permitem um certo grau de autonomia, mas não apóiam e nem reforçam esta perspectiva da criança. Como parte da avaliação da categoria, é examinada a incidência das seguintes sub-categorias:

1) *Não permite que a criança faça escolhas ou selecione atividades/brinquedos*: genitor direciona o comportamento da criança em relação a uma atividade/brinquedo, sem permitir que a criança escolha o que quer fazer.

2) *Insiste que a criança faça alguma coisa sem estar interessada*: genitor pede que a criança faça algo que, aparentemente, não é de seu interesse.

3) *Modifica a atividade quando a criança aparenta interesse*: genitor remove um brinquedo/objeto das mãos da criança.

4) *Invade o espaço da criança:* genitor limita e/ou priva o espaço físico da criança, impedindo que esta se desloque.

5) *Oferece uma barreira à interação:* genitor impede que a criança interaja com ele ou ignora suas tentativas de interação.

Categorias e definições da interação triádica

Conforme sugestão de Cox (1998), a análise das interações triádicas busca investigar a qualidade da interação entre todos os membros da família, mesmo se tais intenções são particularmente dirigidas a um membro da família. Segundo a autora, a atribuição dos escores deve levar em conta não só a quantidade, mas também a qualidade dos com-

192 Cesar Augusto Piccinini, Giana Bitencourt Frizzo e Angela Helena Marin

portamentos em cada categoria. Para fins de codificação, foram seguidos os mesmos passos sugeridos para o protocolo de interação diádica. Após a avaliação da interação triádica, o vídeo era novamente examinado, a fim de se especificar como apareciam as mesmas categorias entre as díades mãe-bebê, pai-bebê e mãe-pai. Tendo em vista que analisar a família inteira como unidade em qualquer dimensão é sempre complexo, devido às variações intrafamiliares (Kerig, 2001; McHale, 1995) e seguindo as considerações deste último autor, optou-se por fazer uma avaliação global da tríade e, após, procedeu-se à avaliação diádica (mãebebê, pai-bebê) no contexto triádico, bem como à avaliação da interação diádica mãe-pai, nas categorias do protocolo que permitiam esta avaliação (por exemplo: afeto positivo, afeto negativo e alianças familiares). Além disso, como a interação se deu em contexto triádico, foi necessário considerar a díade para examinar a quem se dirigiam os comportamentos, o que não poderia ser discriminado se fossem apenas registrados os comportamentos de cada membro da família em separado. Essa codificação adicional envolveu um detalhamento no preenchimento do protocolo, com o uso de siglas que especificavam os participantes imediatamente envolvidos em interações particulares, como, por exemplo: MP, quando envolvia a díade mães-pai; MB, para a díade mãe-bebê; PB, para a díade pai-bebê; e, MPB, para tríade.

A tríade é avaliada a partir das seguintes categorias de comportamento: *alianças familiares, afeto positivo, afeto negativo, desengajamento, sensibilidade, estimulação cognitiva, e intrusividade*. Estas categorias são caracterizadas por sub-categorias, cuja incidência também é registrada. Nas categorias *alianças familiares, afeto positivo, afeto negativo* e *desengajamento*, também são dados escores para as díades mãe-criança, pai-criança e mãe-pai. Já nas categorias *sensibilidade, estimulação cognitiva* e *intrusividade*, não se prioriza a interação mãe-pai, tendo em vista que as sub-categorias não contemplam esta relação. Descrevem-se, a seguir, as principais características de cada categoria e sub-categoria, com base em Cox (1998). O Protocolo de Análise dos Comportamentos Parentais e Infantis encontra-se no Anexo B.

INTERAÇÕES DIÁDICAS E TRIÁDICAS EM FAMÍLIAS COM CRIANÇAS... 193

Alianças familiares – Esta categoria refere-se às interações entre dois membros da família, no sentido de excluir um terceiro membro. A aliança pode ter um tom amoroso e afetivo, como visto quando um dos pais e seu filho ou os pais estão particularmente próximos, ou podem ter um tom mais hostil e exclusivo. Em oposição, em uma família equilibrada, cada díade parece estar em igualdade em termos de proximidade, influência e afeto. Os escores mais baixos representam a família que é balanceada de maneira que cada díade tem uma relação que é importante para a dinâmica familiar, mas pode também haver evidências de uma díade ser mais conectada com a exclusão de um membro da família. Os escores mais altos representam uma díade que tem mais conexão ou proximidade entre si do que as outras díades, ou uma díade claramente divide poder com um terceiro membro da família de uma maneira que não é respeitosa. A díade pode excluir o terceiro membro de forma rígida ou insensível, impedindo que este tenha acesso a ela. Como parte da avaliação da categoria será examinada a incidência das seguintes sub-categorias:

1) *Um membro não é respeitado pelos outros em relação a suas palavras e ações.*
2) *Dois membros dificultam a interação de um terceiro.*
3) *Dois membros tomam decisões importantes/relevantes sem considerar o terceiro.*
4) *Dois membros dividem mais conversações e afetos físicos entre si.*

Afeto positivo – Esta categoria refere-se à extensão na qual os membros da família parecem apreciar estar juntos. Os pais e a criança são carinhosos entre si e parecem relaxados e à vontade uns com os outros. Os escores mais baixos representam a família que demonstra pouco contentamento em estar junta e pouco afeto. Este escore pode também envolver expressões positivas inapropriadas para a situação ou expressões faciais apáticas. Tanto a intensidade quanto à freqüência dos indicadores comportamentais de afeto positivo são baixas. Os escores mais altos representam a família que, predomi-

194 Cesar Augusto Piccinini, Giana Bitencourt Frizzo e Angela Helena Marin

nantemente, mostra afeto positivo em termos de expressão facial, vocal e comportamental. Os membros da família claramente parecem aproveitar ficarem juntos. Como parte da avaliação da categoria será examinada a incidência das seguintes sub-categorias:

1) *Mantêm contato visual enquanto interagem*: dirigem o olhar para o rosto ou corpo dos demais.
2) *Falam em tom de voz afetuoso*: falam de uma maneira carinhosa uns com os outros (por exemplo: "Ai, que lindo!", "Meu amor", "Querido").
3) *Sorriem e/ou dão gargalhadas*: sorriem visivelmente uns para outros ou suas risadas são audíveis.
4) *Abraçam, beijam ou mostram outras expressões físicas de afeto*: passam os dedos, a mão ou o rosto no corpo ou rosto dos demais, afagando-os; se abraçam e/ou beijam, ou pegam a criança no colo.
5) *Entusiasmam-se com o que os outros membros da família fazem:* aplaudem ou vibram com o que os demais estão fazendo (por exemplo: "Eh!").

Afeto negativo – Esta categoria refere-se às expressões de afeto negativo, conflitos, discordâncias ou críticas de um membro da família em relação a outro. As interações podem ser hostis, punitivas, de forma encoberta ou explícita. Os escores mais baixos representam a ausência de expressão de afeto negativo ou um clima emocional negativo mínimo. Os membros da família podem estar desengajados e não envolvidos, podendo haver expressão de irritação ou hostilidade. Os escores mais altos representam a família que demonstra altos níveis de afeto negativo, mas que pode ser permeada por um pouco de afeto e engajamento positivo. O afeto negativo, a irritação ou o conflito são os modos predominantes de comunicação da família (clima tenso, de hostilidade e raiva). Como parte da avaliação da categoria é examinada a incidência das seguintes sub-categorias:

INTERAÇÕES DIÁDICAS E TRIÁDICAS EM FAMÍLIAS COM CRIANÇAS... 195

1) *Apresentam expressões faciais negativas*: franzem a testa, fazem careta, expressando descontentamento em relação aos demais.
2) *Falam em tom de voz seco*: falam de uma maneira rude com os demais.
3) *Reprimem atitudes de algum membro da família*: falam a algum membro que ele não pode ter determinada atitude.
4) *Ameaçam*: impõem uma condição aos demais (por exemplo: "Não vai pra lá porque o bicho vai te pegar").
5) *Gritam*: falam em tom de voz alto.

Desengajamento – Esta categoria reflete a extensão na qual os membros da família parecem não estar envolvidos uns com os outros. Eles parecem emocionalmente não envolvidos, não responsivos e não conscientes das necessidades uns dos outros. Os membros mostram passividade e falta de interesse. Os escores mais baixos representam a família que não demonstra sinais de desengajamento ou desligamento ou aquela que demonstra um mínimo de desengajamento. Os escores mais altos representam a família que está predominantemente desengajada ou muito desengajada. A criança fica sem atenção parental a maior parte do tempo, mesmo quando há uma distância razoável para interação. Quando a família interage, seu comportamento parece mecânico e superficial. Como parte da avaliação da categoria é examinada a incidência das seguintes sub-categorias:

1) *Não acompanham visualmente a atividade dos outros membros*: não acompanham visualmente a movimentação dos demais.
2) *Não respondem às vocalizações, sorrisos ou outros comportamentos dos demais membros*: não há respostas para a fala, sorriso ou um outro comportamento dos demais.
3) *Ignoram coisas que os outros membros estão fazendo*: não dirigem seu olhar para o que os demais estão fazendo.
4) *Apresentam objetos para os outros membros sem convidar à interação*: pegam objetos sem chamar a atenção dos demais para eles.

Sensibilidade – Esta categoria refere-se à sensibilidade dos pais às necessidades da criança. Os pais indicam estarem cientes das necessidades, humor, interesses e capacidades da criança, oferecendo uma mistura adequada de apoio e independência. Eles também respondem apropriadamente à criança. Os escores mais baixos representam pouca evidência de sensibilidade parental. Os pais raramente respondem apropriadamente às demandas infantis ou manifestam desatenção às necessidades da criança. As interações são assincrônicas ou inadequadas. Se o adulto está preocupado ou desligado, então ele não é sensível mesmo que a criança esteja engajada. Os escores mais altos representam os pais que são predominantemente sensíveis. Eles demonstram sensibilidade na maior parte das interações, mas não em todas, ou podem demonstrar um pouco de insensibilidade. Como parte da avaliação da categoria é examinada a incidência das seguintes sub-categorias:

1) *Fornecem disciplina adequada à natureza da atividade e ao nível de entendimento da criança*: genitor orienta a criança quanto a uma situação de perigo iminente (por exemplo: "Cuidado, olha a cabeça", "Isso faz dodói", "Calma, mais devagar").

2) *Fornecem um nível de estimulação e/ou uma variedade de atividades*: genitor oferece um brinquedo à criança e/ou incentiva que ela continue brincando ou a brincar com algo.

3) *Respondem ao conteúdo da fala e/ou atividade da criança*: genitor vocaliza colocando-se empaticamente no lugar da criança, interpretando o estado e/ou os sinais desta, ou quando o genitor fala como se fosse a própria criança.

4) *Aproveitam o interesse da criança por um brinquedo e/ou atividade*: genitor passa a brincar com a criança a partir do que esta escolheu, introduzindo novos elementos na brincadeira. Não é pontuado quando o genitor só fala com a criança a partir do que esta está fazendo.

5) *Propõem brincadeira/atividade, mas respeitam o interesse da criança*: genitor propõe uma brincadeira à criança (por exemplo:

INTERAÇÕES DIÁDICAS E TRIÁDICAS EM FAMÍLIAS COM CRIANÇAS... **197**

"Vamos jogar bola?"), mas esta não aceita e ele não insiste que ela a realize.

6) *Respeitam o interesse da criança por um brinquedo e/ou atividade*: genitor não impede, seja verbalmente ou através de ações, que a criança siga fazendo o que é de seu interesse.

7) *Mudam o ritmo quando a criança parece pouco estimulada, superexcitada ou cansada*: genitor propõe uma outra atividade, visto que a criança encontra-se pouco estimulada, superexcitada ou cansada.

Estimulação cognitiva – Esta categoria refere-se às tentativas de estimular o desenvolvimento cognitivo da criança. Os pais estimuladores podem tirar vantagem de qualquer atividade de rotina para estimular a criança e, constantemente, se engajam em atividades com a intenção de facilitar a aprendizagem de seus filhos. Eles devem estar engajados ativamente em esforços para estimular o desenvolvimento cognitivo da criança. Os escores mais baixos representam os pais que não fazem tentativas de estimular cognitivamente à criança ou não a estimulam. Os escores mais altos representam os pais que provêm estimulação adequada ou consistentemente estimulam e aproveitam as oportunidades para estimulação. Eles provêm freqüente estimulação com qualidade através de lições, explicações e atividades. Como parte da avaliação da categoria é examinada a incidência das seguintes sub-categorias:

1) *Ensinam/dão oportunidade de experimentar materiais que ilustram ou ensinam conceitos*: genitor menciona à criança algo em relação a cores, números, partes do corpo, elementos que fazem parte de um conjunto etc. (por exemplo: "Um, dois, três...").

2) *Encorajam as tentativas de domínio da criança ou a desafiam para tentar novas atividades*: genitor encoraja as tentativas de domínio da criança (por exemplo: "Isso") ou a desafia para tentar novas atividades (por exemplo: "E agora?", "Onde é que está?"), desde que tenha o objetivo de estimular cognitivamente.

3) *Apresentam atividades em uma seqüência organizada de passos*: o genitor apresenta à criança uma ordem de passos em relação a um brinquedo (por exemplo: "Primeiro coloca essa pecinha, depois a outra").

4) *Descrevem ou fazem perguntas sobre brinquedos/objetos*: genitor descreve um brinquedo/objeto não no sentido de nomeá-lo, mas em relação ao que faz parte dele. Incluem-se também as perguntas que o genitor faz sobre brinquedos/objetos.

5) *Mostram à criança como utilizar um brinquedo*: genitor mostra à criança como utilizar um brinquedo (por exemplo: "É assim, oh."). A criança deve estar olhando para o que o genitor está fazendo.

6) *Estimulam a linguagem da criança e suas verbalizações*: genitor estimula que a criança fale algo lhe dizendo "diz", "fala"; ou soletra uma palavra para que a criança repita.

7) *Nomeiam as experiências da criança*: genitor nomeia algo à criança, no sentido de dizer o que é, (por exemplo: "É um patinho") e/ou algo da experiência dela (por exemplo: "Tu estás mordendo o cachorrinho?").

Intrusividade – Esta categoria se refere à interação que é intrusiva e supercontrolada, sendo centrada no adulto e não na criança. Os adultos impõem seus próprios objetivos à criança, além de superestruturar sua brincadeira. Eles insistem num uso particular do brinquedo, mesmo quando esse controle não é necessário para a segurança da criança ou por respeito aos outros. Também violam o espaço da criança através de afastamento físico e impedem seu direito por seu próprio espaço e controle do seu corpo. Eles podem ser intrusivos de uma forma afetiva ou não. O que caracteriza o comportamento como intrusivo é a ação dos pais de não reconhecer as intenções da criança como reais ou válidas e comunicar que é melhor depender deles para direcionar as atividades do que tentar individualmente. Os escores mais baixos representam os pais que não demonstram sinais de intrusividade e comportamento

INTERAÇÕES DIÁDICAS E TRIÁDICAS EM FAMÍLIAS COM CRIANÇAS... **199**

supercontrolador ou mínima intrusão. Os pais claramente interagem com a criança de forma que valide a sua participação, a encorajam a reconhecer suas intenções e negociam o curso das interações durante a observação. Pode haver evidência de intrusão, mas essa não é típica da interação. O genitor pode terminar as atividades em que a criança está envolvida sem avisá-la ou sem dar-lhe tempo para uma transição. Os pais permitem um certo grau de autonomia, mas não apóiam e nem reforçam esta perspectiva da criança. Os escores mais altos representam os pais que, freqüentemente, são intrusivos ou supercontroladores. A família raramente interage e uma proporção substancial das interações é intrusiva. Os pais controlam as interações, podendo usar força física e não permitem a autonomia da criança. Como parte da avaliação da categoria é examinada a incidência das seguintes sub-categorias:

1) *Não permitem que a criança faça escolhas ou selecione atividades/brinquedos:* genitor direciona o comportamento da criança em relação a uma atividade/brinquedo, sem permitir que a criança escolha o que quer fazer.
2) *Insistem que a criança faça alguma coisa sem estar interessada:* genitor pede que a criança faça algo que, aparentemente, não é de seu interesse.
3) *Modificam a atividade quando a criança aparenta interesse:* genitor remove um brinquedo/objeto das mãos da criança.
4) *Invadem o espaço da criança:* genitor limita e/ou priva o espaço físico da criança, impedindo que esta se desloque.
5) *Oferecem uma barreira à interação:* genitor impede que a criança interaja com ele ou ignora suas tentativas de interação.

Treinamento dos codificadores e fidedignidade

Sugere-se que a codificação dos vídeos seja realizada por dois codificadores independentes, devidamente treinados no uso do pro-

200 Cesar Augusto Piccinini, Giana Bitencourt Frizzo e Angela Helena Marin

tocolo e que tenham atingido um índice de fidedignidade satisfatório. Inicialmente recomenda-se um treinamento de, aproximadamente, 20 horas usando vídeos de interações. Para o estabelecimento do cálculo de fidedignidade utiliza-se, no mínimo, 20% dos vídeos que serão codificados. Para estabelecer a fidedignidade entre codificadores no uso dos protocolos descritos no presente capítulo, foram utilizados vídeos do *Estudo Longitudinal de Porto Alegre: Da Gravidez à Escola* (Piccinini, Tudge, Lopes e Sperb, 1998). Doze vídeos foram utilizados para a análise da interação diádica mãe-criança e da interação pai-criança e 10 para a análise da interação triádica. Como cada codificador atribuía uma nota de 1 a 5, o coeficiente *Kendall's W Test* foi utilizado individualmente para cada categoria, para se estabelecer a fidedignidade. Conforme orientação estatística, o teste *Kendall* foi utilizado, pois é o mais adequado quando existem múltiplas possibilidades de resposta (no caso variação de 1 a 5). O coeficiente *Kappa*, tradicionalmente usado para estabelecer a fidedignidade, não foi utilizado aqui porque ele não é o mais adequado quando as categorias não são dicotômicas.

Na interação diádica mãe-criança, para as seis categorias de comportamentos maternos, o valor do coeficiente *Kendall* variou de 0,77 a 1 (média de 0,79). Para as quatro categorias de comportamentos infantis, o coeficiente *Kendall* variou de 0,75 a 0,98 (média de 0,87). O índice geral do coeficiente *Kendall* para a interação diádica mãe-criança foi 0,83. Já na interação diádica pai-criança, para as seis categorias de comportamentos paternos, o valor do coeficiente *Kendall* variou de 0,79 a 1 (média de 0,91) e para as quatro categorias de comportamentos infantis, o coeficiente *Kendall* variou de 0,75 a 0,96 (média de 0,88). O índice geral do coeficiente *Kendall* para a interação diádica pai-criança foi 0,89. A Tabela 1 apresenta os coeficientes do *Kendall* para cada uma das categorias analisadas individualmente.

INTERAÇÕES DIÁDICAS E TRIÁDICAS EM FAMÍLIAS COM CRIANÇAS... 201

Tabela 1. Coeficientes do *Kendall* para cada categoria analisada.

Categorias	Fidedignidade mãe-bebê	Fidedignidade pai-bebê
Comportamentos infantis		
Envolvimento	K= 0,76	K=0,75
Interação	K=0,81	K=0,86
Afeto positivo	K=0,94	K=0,96
Afeto negativo	K=0,98	K=0,96
Comportamentos parentais		
Sensibilidade	K=0,84	K=0,79
Estimulação cognitiva	K=0,77	K=0,85
Afeto positivo	K=0,94	K=0,97
Afeto negativo	K=0,98	K=0,95
Desengajamento	K=1	K=1
Intrusividade	K=0,94	K=0,92

Na interação triádica, para as sete categorias avaliadas, o valor do coeficiente *Kendall* variou de 0,87 a 1 (média de 0,97). Já nas sete categorias avaliadas na interação pai-criança, o valor do coeficiente *Kendall* variou de 0,90 a 1 (média de 0,97). Para as categorias mãe-pai, nas quatro categorias avaliadas, o valor do coeficiente *Kendall* variou de 0,98 a 1 (média de 0,99). A Tabela 2 apresenta os coeficientes do *Kendall* para cada uma das categorias analisadas individualmente.

Tabela 2. Coeficientes do *Kendall* para cada categoria analisada.

Categorias	Fidedignidade mãe-bebê	Fidedignidade pai-bebê	Fidedignidade mãe-pai
Alianças familiares	K=1	K=1	K=1
Afeto positivo	K=0,96	K=0,98	K=0,98
Afeto negativo	K=1	K=1	K=1
Desengajamento	K=1	K=1	K=1
Sensibilidade	K=0,87	K=0,95	Não codificado
Estimulação cognitiva	K=0,98	K=0,90	Não codificado
Intrusividade	K=1	K=1	Não codificado

202 Cesar Augusto Piccinini, Giana Bitencourt Frizzo e Angela Helena Marin

Aplicações

Uma versão inicial do protocolo de avaliação da interação triádica, em que constavam apenas as sete grandes categorias (*alianças familiares; afeto positivo; afeto negativo; desengajamento; sensibilidade; estimulação cognitiva; intrusividade*), foi utilizada no estudo de Frizzo e Piccinini (2004). Nesse estudo foram examinadas eventuais diferenças na interação triádica (pai-mãe-bebê) e diádica (mãe-bebê, pai-bebê e mãe-pai) em famílias cuja mãe apresentava ou não depressão e que tinham bebês de um ano de idade. Participaram do estudo 19 famílias, das quais nove de mães deprimidas e 10 de mães não-deprimidas. As famílias foram filmadas em laboratório durante uma sessão de interação livre pai-mãe-bebê. O teste *Mann-Whitney* não indicou diferenças significativas nas interações entre as famílias com e sem depressão materna. Para examinar as interações diádicas mãe-bebê e pai-bebê, dentro de cada grupo de famílias, utilizou-se o teste de *Wilcoxon* que revelou algumas diferenças significativas apenas no grupo sem depressão materna, em que a categoria *afeto positivo* apareceu significativamente mais intensa no contexto interativo mãe-bebê do que pai-bebê. Tendência semelhante, mas marginalmente significativa, também apareceu na categoria *sensibilidade*, mais intensa nas díades mãe-bebê, e *desengajamento*, mais intenso nas díades pai-bebê. A ausência de diferenças nas interações examinadas levaram os autores a sugerirem que no contexto de interação triádico, o pai pode desempenhar um papel moderador, ao amenizar os eventuais efeitos da depressão materna para a família. Após a realização desse estudo, o protocolo foi ampliado para incluir as demais subcategorias, descritas neste capítulo com vistas a aumentar sua capacidade de discriminação nas codificações das interações.

Os protocolos apresentados neste capítulo foram utilizados mais amplamente na codificação dos vídeos das famílias participantes do *"Estudo Longitudinal de Porto Alegre: Da Gestação à Escola"* (Piccinini e cols., 1998). Este estudo iniciou acompanhando 81 gestantes, que não apresentavam intercorrências clínicas seja com elas

INTERAÇÕES DIÁDICAS E TRIÁDICAS EM FAMÍLIAS COM CRIANÇAS... **203**

mesmas ou com o bebê, que era seu primeiro filho. Os maridos ou companheiros, também foram convidados a participar do estudo caso residissem juntos em situação matrimonial. Os participantes representavam várias configurações familiares (nucleares, monoparentais ou re-casados), de diferentes idades (adultos e adolescentes) e com escolaridade e níveis socioeconômicos variados. O estudo envolveu várias fases coletas de dados desde a gestação até os sete anos das crianças (gestação, 3º, 8º, 12º, 18º, 24º, 36º mês e 6º e 7º ano de vida da criança) e teve por objetivo investigar tanto os aspectos subjetivos e comportamentais das interações iniciais pai-mãe-bebê, assim como o impacto de fatores iniciais do desenvolvimento nas interações familiares, no comportamento social de crianças pré-escolares e na transição para a escola de ensino fundamental. Aos doze meses as famílias foram filmadas na Sala de Brinquedos da UFRGS.

Após o estabelecimento dos índices de fidedignidade descritos acima, dois codificadores analisaram os vídeos das 81 famílias do referido estudo. Os codificadores trabalhavam separadamente em cada vídeo e, após a codificação, checavam as eventuais discrepâncias, reviam os episódios e, através de discussão, eliminavam as diferenças. As análises estatísticas previstas buscarão examinar o impacto do contexto de interação (diádico vs triádico) para os comportamentos infantis e parentais.

Considerações finais: vantagens, limitações e sugestões

Os protocolos descritos neste capítulo foram extensamente baseados em Cox (1998) e, secundariamente, em Ainsworth e colegas (1978). Embora o instrumento de Cox tenha sido desenvolvido para avaliar interações familiares com crianças a partir de dois anos, adaptações foram feitas para interações com bebês de um ano de idade, visto que é esperado que os instrumentos captem os contextos interativos adequados aos diferentes períodos do desenvolvimento (Kerig, 2001).

É importante pontuar que os protocolos são instrumentos flexíveis que permitem novas adaptações. Entre elas pode-se destacar o seu uso durante um período de tempo de filmagem maior, possibilitando que os intervalos de avaliação possam ser maiores ou menores, dependendo do nível de detalhamento das interações que se pretende abordar. Além disso, constitui uma opção de análise que pode ser utilizada tanto no contexto do laboratório, como no contexto naturalístico em situações de interação livre. O protocolo pode ser adaptado também para ser usado em situações estruturadas, como sugere Paley, Cox e Kanoy (2001), que utilizaram uma estrutura de categorias semelhante na avaliação de uma sessão de interação em que a família deveria construir algo com peças de encaixe e depois deveriam organizar o material utilizado.

No que se refere à análise, as categorias podem ser analisadas de modo macroanalítico, isto é, classificadas com base no tempo total de observação da interação, o que permite melhor captar o sentido e a intensidade das interações familiares (Lindhal, 2001). No entanto, um nível de análise mesoanalítico, como o proposto neste capítulo, que é de um minuto, pode ser mais adequado em alguns casos, pois permite analisar também as mudanças de comportamento ao longo da observação, sem que as vantagens da macroanálise sejam totalmente perdidas (Mahoney, Coffield, Lewis e Lashley, 2001). Contudo, sugere-se que novos estudos analisem também as seqüências específicas dos comportamentos e suas freqüências, utilizando tanto a análise micro como a mesoanálise. Uma outra possibilidade é que as categorias possam ser, ao invés de pontuadas numa escala, utilizadas como base para a descrição das sessões de interação, tal como sugerido por Paley, Cox e Kanoy (2001).

Como limitações do instrumento apresentado, destaca-se que o processo de análise é bastante demorado e necessita de extenso treinamento dos codificadores, a fim de atingir um nível de fidedignidade satisfatório. Outra limitação que afeta o uso dos protocolos é qualidade técnica da filmagem, visto que esta é fundamental para a visualização das categorias analisadas no protocolo. Espera-se que essas e outras limitações sejam superadas com futuras investigações.

INTERAÇÕES DIÁDICAS E TRIÁDICAS EM FAMÍLIAS COM CRIANÇAS... 205
REFERÊNCIAS BIBLIOGRÁFICAS

AINSWORTH, M.; BLEHAR, M.; WATERS, E. & WALL, S. (1978). *Patterns of attachment: A psychological study of the strange situation.* Hillsdale, Erlbaum Associates.

ANDOLFI, M. (1996). O triângulo como unidade mínima de observação. *A linguagem do encontro terapêutico.* (Tradução de R. S. di Leoni) Porto Alegre, Artes Médicas.

BELSKY, J.; GILSTRAP, B. & ROVINE, M. (1984). The Pennsylvania infant and family development project, I: Stability and change in mother-infant and father-infant interaction in a family setting at one, three and nine months. *Child Development, 55,* 692-705.

BOWLBY, J. (1989). *Uma base segura – aplicações clínicas da teoria do apego.* (Tradução de S. M. Barros). Porto Alegre, Artes Médicas.

BRAZELTON, T. B. & CRAMER, B. G. (1992). *As primeiras relações.* (Tradução de M. B. Cipolla). São Paulo, Martins Fontes.

CLARKE-STEWART, A. K. (1978). And daddy makes 3: the father's impact on mothers and young children. *Child Development, 49,* 466-478.

COX, M. J. (1998). *The young family interaction coding system.* UNCCH, Chapel Hill. Instrumento não-publicado.

COX, M. J. & PALEY, B. (1997). Families as systems. *Annual Review of Psychology, 48,* 243-267.

FELDMAN, R. (2000). Parent's convergence on sharing marital satisfaction, father involvement and parent-child relationship at the transition to parenthood. *Infant Mental Health Journal, 21* (3), 176-191.

FRIZZO, G. B. & PICCININI, C. A. (2004). Impacto da depressão materna para a interação familiar triádica pai-mãe-bebê. *Estudos de Psicologia,* artigo submetido para publicação.

JOHNSON, V.K. (2001). Marital interaction, family organization and differences in parenting behavior: Explaining variations across family interaction contexts. *Family Process, 40(3),* 333-342.

KERIG, P. K. (2001). Introduction and overview: conceptual issues in family observational research. In: KERIG, P. K. & LINDHAL, K. M. (orgs.).

206 Cesar Augusto Piccinini, Giana Bitencourt Frizzo e Angela Helena Marin

Family observational coding systems. Mahwah, New Jersey, Lawrence Earlbaum Associates.

KROB, A. D. (1999) *A transição para a paternidade e a interação pai-bebê*. Dissertação de Mestrado não-publicada. Curso de Pós-Graduação em Psicologia do Desenvolvimento, Universidade Federal do Rio Grande do Sul. Porto Alegre-RS.

LAMB, M. E. (1979). The effects of social context on dyadic social interaction. In: LAMB, M. E.; SUOMI, S. T. & STEPHENSON, G. R. (orgs.). *Social Interactive analysis: Methodological issues*. Madison, University of Wisconsin Press.

LINDHAL, K. M. (2001). Methodological issues in family observational research. In: KERIG, P. K. & LINDHAL, K. M. (orgs.). *Family observational coding systems* (pp.23-32). Mahwah, New Jersey, Lawrence Earlbaum Associates.

MAHONEY, A.; COFFIELD, A.; LEWIS, T. & LASHLEY, S. L. (2001). Meso-analytic behavioral rating system for family interactions: observing play and forced-compliance tasks with young children. In: KERIG, P. K. & LINDHAL, K. M. (orgs.). *Family observational coding systems*. Mahwah, New Jersey, Lawrence Earlbaum Associates.

McHALE, J.P. (1995). Coparenting and triadic interactions during infancy: the roles of marital distress and child gender. *Developmental Psychology, 31(6),* 985-996.

MINUCHIN, P. (1985). Families and individual development: provocations from the field of family therapy. *Child Development, 56,* 289-302.

MINUCHIN, S. (1982). *Famílias: Funcionamento e tratamento.* (Tradução de J. A. Cunha) Porto Alegre, Artes Médicas.

MINUCHIN, S. & FISHMAN, H.C. (1990). Famílias. *Técnicas de terapia familiar.* (Tradução de C. Kinsch e M. E. R. F. Maia). Porto Alegre, Artes Médicas.

Núcleo de Infância e Família (NUDIF) do Grupo de Interação Social, Desenvolvimento e Psicopatologia – GIDEP/UFRGS/CNPq (2003). *Protocolo de Avaliação da Interação Diádica*. Instituto de Psicologia – UFRGS, Porto Alegre. Instrumento não publicado.

Núcleo de Infância e Família (NUDIF) do Grupo de Interação Social,

INTERAÇÕES DIÁDICAS E TRIÁDICAS EM FAMÍLIAS COM CRIANÇAS... **207**

Desenvolvimento e Psicopatologia – GIDEP/UFRGS/CNPq (2003). *Protocolo de Avaliação da Interação Triádica*. Instituto de Psicologia – UFRGS, Porto Alegre. Instrumento não publicado.

PALEY, B.; COX, M. J. & KANOY, K. (2001). The young family interaction coding system. In: KERIG, P. K. & LINDHAL, K. M. (orgs.). *Family observational coding systems*. Mahwah, New Jersey, Lawrence Earlbaum Associates.

PARKE, R.D. (1996). *Fatherhood*. London, Harvard University Press.

PICCININI, C. A.; SEIDL DE MOURA, M. L. ; RIBAS, A. F. P. ; BOSA, C. A. ; OLIVEIRA, E. F. ; PINTO, E. B. ; SHERMANN, L. ; CHAHON, V. (2001). Diferentes perspectivas na análise da interação pais-bebê£criança. *Psicologia Reflexão e Crítica, 14*(3), 469-485.

PICCININI, C.A. ; TUDGE, J. R.; LOPES, C. C. S. & SPERB, T. M. (1998). *Estudo longitudinal de Porto Alegre: da gravidez à escola*. Instituto de Psicologia – UFRGS, Porto Alegre. Projeto não publicado.

STERN, D. (1997). *A constelação da maternidade: O panorama da psicoterapia pais/bebê*. (Tradução de M. A. V. Veronese). Porto Alegre, Artes Médicas.

Anexo A
Protocolo de Avaliação da Interação Diádica[13]
(NUDIF, 2003, baseado em Cox, 1998, Ainsworth & cols., 1978)

N °. caso: _____ Codificador _____ (   ) Mãe-criança (   ) Pai-criança

Categorias de Comportamentos Infantis								Escores totais
Envolvimento								
Mantém contato visual com genitor								
Responde à fala do genitor e/ou brincadeiras propostas								
Explora o brinquedo								
Explora o ambiente								
Interação								
Busca de contato e proximidade								
Manutenção de contato								
Interação à distância								
Resistência								
Esquiva								
Afeto positivo								
Apresenta vocalizações positivas								
Sorri e/ou dá gargalhada								
Abraça, beija ou mostra outras expressões físicas de afeto								
Movimenta o corpo para demonstrar entusiasmo								
Afeto negativo								
Apresenta vocalizações negativas								
Chora								
Expressa descontentamento								
Fica irrequieta								
Demonstra raiva e/ou hostilidade								

---

13. Participaram da elaboração deste protocolo (ordem alfabética): Ana Paula Kroeff Vieira, Angela Helena Marin, Cesar Augusto Piccinini, Daniela Centenaro Levandowski, Giana Bitencourt Frizzo, Clarissa Côrrea Menezes e Rita de Cássia Sobreira Lopes.

INTERAÇÕES DIÁDICAS E TRIÁDICAS EM FAMÍLIAS COM CRIANÇAS... 209

Categorias de Comportamentos Parentais								Escores totais
Sensibilidade								
Fornece disciplina adequada à natureza da atividade e ao nível de entendimento da criança								
Fornece um nível de estimulação e/ou uma variedade de atividades								
Responde ao conteúdo da fala e/ou atividade da criança								
Aproveita o interesse da criança por um brinquedo e/ou atividade								
Propõe brincadeira/atividade, mas respeita o interesse da criança								
Respeita o interesse da criança por um brinquedo e/ou atividade								
Muda o ritmo quando a criança parece pouco estimulada, superexcitada ou cansada								
Estimulação cognitiva								
Ensina /dá oportunidade de experimentar materiais que ilustram ou ensinam conceitos								
Encoraja as tentativas de domínio da criança ou a desafia para tentar novas atividades								
Apresenta atividades em uma seqüência organizada de passos								
Descreve ou faz perguntas sobre brinquedos/objetos								
Mostra à criança como utilizar um brinquedo								
Estimula a linguagem da criança e suas verbalizações								
Nomeia as experiências da criança								
Afeto positivo								
Mantém contato visual enquanto interage								
Fala em tom de voz afetuoso								
Sorri e/ou dá gargalhada								
Abraça, beija ou mostra outras expressões físicas de afeto								
Entusiasma-se com o que a criança está fazendo								
Afeto negativo								
Apresenta expressões faciais negativas								
Fala em tom de voz seco								
Reprime atitudes da criança								
Ameaça								
Grita								
Desengajamento								
Não acompanha visualmente a atividade da criança								
Não responde às vocalizações, sorrisos ou outros comportamentos da criança								
Ignora coisas interessantes que a criança faz								
Apresenta objetos à criança sem convidá-la à interação								
Intrusividade								
Não permite que a criança faça escolhas ou selecione atividades /brinquedos								
Insiste que a criança faça alguma coisa sem estar interessada								
Modifica a atividade quando a criança aparenta interesse								
Invade o espaço da criança								
Oferece uma barreira à interação								

Anexo B
Protocolo de Avaliação da Interação Triádica[14]
(NUDIF, 2003, baseado em Cox, 1998)

N°. caso: _____ Codificador: _____

										Escores totais
Alianças familiares	*Avaliação triádica*									
	Mãe-criança									
	Pai-criança									
	Mãe-Pai									
Um membro não é respeitado pelos outros em relação a palavras e ações										
Dois membros dificultam a interação de um terceiro										
Dois membros tomam decisões importantes/relevantes sem considerar o terceiro										
Dois membros dividem mais conversações e afetos físicos entre si										
Afeto positivo	*Avaliação triádica*									
	Mãe-criança									
	Pai-criança									
	Mãe-Pai									
Mantêm contato visual enquanto interagem										
Falam em tom de voz afetuoso										
Sorriem e/ou dão gargalhadas										
Abraçam, beijam ou mostram outras expressões físicas de afeto										
Entusiasmam-se com que os membros da família fazem										
Afeto negativo	*Avaliação triádica*									
	Mãe-criança									
	Pai-criança									
	Mãe-Pai									
Apresentam expressões faciais negativas										
Falam em tom de voz seco										
Reprimem atitudes de algum membro da família										
Ameaçam										
Gritam										

---

14. Participaram da elaboração deste protocolo (ordem alfabética): Ana Paula Kroeff Vieira, Angela Helena Marin, Cesar Augusto Piccinini, Daniela Centenaro Levandowski, Giana Bitencourt Frizzo, Clarissa Côrrea Menezes e Rita de Cássia Sobreira Lopes.

INTERAÇÕES DIÁDICAS E TRIÁDICAS EM FAMÍLIAS COM CRIANÇAS... 211

										Escores totais
Desengajamento	*Avaliação triádica*									
	Mãe-criança									
	Pai-criança									
	Mãe-Pai									
Não acompanham visualmente a atividade dos outros membros										
Não respondem a vocalizações, sorrisos ou outros comportamentos dos demais membros										
Ignoram coisas interessantes que os outros membros estão fazendo										
Apresentam objetos para os outros membros, sem convidar à interação										
Sensibilidade*	*Avaliação triádica*									
	Mãe-criança									
	Pai-criança									
Fornecem disciplina adequada à natureza da atividade e ao nível de entendimento da criança										
Fornecem um nível de estimulação e/ou uma variedade de atividades										
Respondem ao conteúdo da fala e/ou atividade da criança										
Aproveitam o interesse da criança por um brinquedo e/ou atividade										
Propõem brincadeira/atividade, mas respeitam o interesse da criança										
Respeitam o interesse da criança por um brinquedo e/ou atividade										
Mudam o ritmo quando a criança parece pouco estimulada, superexcitada ou cansada										
Estimulação Cognitiva*	*Avaliação triádica*									
	Mãe-criança									
	Pai-criança									
Ensinam/ dão oportunidade de experimentar materiais que ilustram ou ensinam conceitos										
Encorajam as tentativas de domínio da criança ou a desafiam para tentar novas atividades										
Apresentam atividades em uma seqüência organizada de passos										
Descrevem ou fazem perguntas sobre brinquedos/objetos										
Mostram à criança como utilizar um brinquedo										
Estimulam a linguagem da criança e suas verbalizações										
Nomeiam as experiências da criança										
Intrusividade*	*Avaliação triádica*									
	Mãe-criança									
	Pai-criança									
Não permitem que a criança faça escolhas ou selecione atividades/brinquedos										
Insistem que a criança faça alguma coisa sem que demonstre interessada										
Modificam a atividade quando a criança aparenta interesse										
Invadem o espaço da criança										
Oferecem uma barreira à interação										

---

* Nestas categorias não se prioriza a interação mãe-pai, tendo em vista que as subcategorias não contemplam esta relação.

Capítulo 8

OBSERVANDO A DÍADE PAI/MÃE-CRIANÇA EM SITUAÇÃO CO-CONSTRUTIVA

Ebenézer A. de Oliveira, Angela Helena Marin, Jodi Long
e Stephane Solinger

Neste capítulo, introduzimos o co-construtivismo Vygotskyano como um paradigma fundamentado na teoria sócio-histórica. Inicialmente, apresentamos alguns conceitos teóricos básicos que justificam o uso da situação co-construtiva em observações da díade pai/mãe-criança na pesquisa em desenvolvimento, principalmente com crianças em idade pré-escolar (3-6 anos). Em seguida, revisamos como alguns desses usos têm sido feitos na pesquisa empírica, especialmente com ênfase cognitiva. Por fim, introduzimos um sistema observacional com sugestões para a investigação científica, ressaltando possíveis aplicações na pesquisa em desenvolvimento com um enfoque socioemocional.

Conceitos Teóricos Básicos

Ao estabelecer a base teórica do co-construtivismo a partir da ênfase sócio-histórica, é preciso considerar como Vygotsky (1994) e seus seguidores (John-Steiner e Souberman, 1978) vêem a relação entre aprendizado e desenvolvimento, bem como as relações do desenvolvimento cognitivo, social e físico com o brincar, nas diversas formas em que se apresenta em diferentes culturas ou níveis socioeconômicos. Nota-se que, em alguns pontos, os postulados teóricos do co-construtivismo Vygotskyano podem se contrapor àqueles do construtivismo mais individualista de Piaget (1927). Na perspectiva sócio-histórica, o desenvolvimento humano depende do aprendizado dos indivíduos em um determinado grupo cultural, a partir da interação com os demais membros. Assim sendo, o aprendizado possibilita e impulsiona o processo de desenvolvimento. Ele é uma espécie de garantia do desenvolvimento das características psicológicas especificamente humanas e culturalmente organizadas (Valsiner e Van der Veer, 2000). Segundo Valsiner e Van der Veer, Vygotsky identifica dois níveis de desenvolvimento: o primeiro se refere às conquistas já efetivadas, o nível de desenvolvimento real e, o segundo, às capacidades em vias de serem construídas, o nível de desenvolvimento potencial. O primeiro nível pode ser entendido como referente ao que a criança já aprendeu e domina, ao que consegue fazer sozinha, e indica os processos mentais já completos. O segundo nível, por sua vez, se refere àquilo que a criança é capaz de fazer com a ajuda de outros mais experientes, através do diálogo, da colaboração, da imitação, da experiência compartilhada e de pistas fornecidas. A distância entre o que a criança é capaz de fazer sozinha e o que faz com a ajuda de outros elementos e de seu grupo social é denominada de zona de desenvolvimento proximal. Esse conceito define as funções mentais que estão em processo de amadurecimento. Portanto, o conhecimento adequado do desenvolvimento individual envolve a consideração tanto do nível real, quanto do potencial.

Nesse sentido, pode-se afirmar que a atividade humana constitui uma unidade simultaneamente individual e social. O entendimento da criança sobre os eventos e convenções é descrito como uma relação co-construída entre o ambiente e a criança (Winegar, 1988; Valsiner, 1988; Valsiner, Branco e Dantas, 1997). O ambiente externo inclui as informações providas pelos artefatos culturais e representações promovidas pelos parceiros sociais. Também são importantes o nível de entendimento da criança e suas experiências passadas pelos mesmos

OBSERVANDO A DÍADE PAI/MÃE-CRIANÇA EM SITUAÇÃO CO-CONSTRUTIVA 215

eventos ou similares. Assim, um modelo co-construtivista reconhece a co-contribuição dos fatores individuais e ambientais para o desenvolvimento. As crianças passam a usar suas habilidades para se apropriarem das atividades através do uso de ferramentas de sua cultura, e assim fazem dela parte integral de seu desenvolvimento (Göncü, Tuermer, Jain e Johnson, 1999).

De acordo com Vygotsky (1993b), desde muito pequena, a criança, através da interação com o meio físico e social, realiza uma série de aprendizados. Como membro de um grupo sócio-cultural determinado, ela vivencia um conjunto de experiências e age sobre o meio cultural a que tem acesso. Deste modo, a criança já tem construído uma série de conhecimentos do mundo que a cerca antes mesmo de entrar na escola. Assim sendo, o papel que cabe à escola, segundo Rego (1995), é o de propiciar à criança um conhecimento sistemático sobre aspectos que não estão associados à sua vivência direta, possibilitando que o indivíduo tenha acesso ao conhecimento científico construído e acumulado pela humanidade. Além disso, a escola permite que a criança se conscientize dos seus próprios processos mentais, pois envolve operações que exigem consciência e controle deliberado.

Contudo, segundo Vygotsky (1994), antes mesmo da experiência escolar, o ato de brincar também pode ser considerado como uma importante fonte de desenvolvimento e, quando envolve a participação de outros, cria uma zona de desenvolvimento proximal para a criança. Para o autor, é através do brincar que a criança se torna capaz de imaginar situações cujo funcionamento ultrapassa seu nível de competência e, também, serve como um mecanismo necessário para a aquisição da linguagem e da coordenação de ações motoras. Ele afirma que a habilidade de representar uma experiência sensorial e física através de um significado simbólico auxilia a criança a adquirir a noção de que as palavras representam o sentido da experiência. O brincar imaginário social, portanto, ocupa um lugar de destaque na teoria de Vygotsky por promover tanto a competência cognitiva, quanto a social e a física.

216 Ebenézer A. de Oliveira, Angela Helena Marin, Jodi Long e Stephane Solinger

De modo semelhante, o brincar co-construtivo pode ter igual papel, na medida em que a criança interage com outros membros do seu grupo cultural a fim de atingir determinada meta através do uso de sinais, instrumentos e outros objetos físicos realísticos. Como indicam alguns autores (Fromberg, 2002; Göncü e cols., 1999), o contexto co-construtivo rompe as barreiras teórico-metodológicas entre o brincar e a tarefa, pois é pelas ações e operações do primeiro que a criança ensaia as ações e operações do adulto, e mesmo que as ações da criança ainda não tenham uma função econômica, nem por isso deixam de constituir uma tarefa real. Assim, quando uma criança interage com outra ou com um adulto a fim de montar, por exemplo, uma casa de bonecas, um navio ou avião modelo, ou qualquer outro objeto culturalmente relevante, criam-se inúmeras oportunidades para o exercício e desenvolvimento coordenado físico, social e cognitivo, através da mediação verbal.

Em contraste, Piaget vê o brincar como parte de uma ampla teoria do desenvolvimento cognitivo (Nicolopoulou, 1993). Na teoria piagetiana, segundo Nicolopoulou, o brincar é um processo puramente individual e idiossincrático, privado de símbolos para as atividades lúdicas sociais. Para Piaget (1928), o brincar é proveniente de uma estrutura mental da criança e pode ser explicado somente por esta estrutura. Essa redução fez com que a teoria piagetiana fechasse qualquer oportunidade de ver o brincar como um contexto para novas formas de desenvolvimento. De acordo com Nicolopoulou, foi particularmente a ausência da dimensão sociocultural na pesquisa de Piaget que abriu espaço para a influência de Vygotsky, para quem o brincar é sempre uma atividade simbólica e social.

Um dos pontos a que Piaget (1927) se dedicou foi entender se todos os traços característicos do pensamento infantil por ele observados estavam inter-relacionados. Ele constatou que o elo de ligação de todas as características específicas da lógica das crianças era o egocentrismo do pensamento infantil, e foi a esse traço que relacionou todos os demais que descobriu, tais como o realismo intelectual, o sincretismo e a dificuldade de compreender as relações (ver crítica

OBSERVANDO A DÍADE PAI/MÃE-CRIANÇA EM SITUAÇÃO CO-CONSTRUTIVA **217**

de Vygotsky, 1993a). Piaget (1927) descreveu o egocentrismo como ocupando uma posição genética, estrutural e funcionalmente intermediária entre o pensamento autístico e o pensamento dirigido. O pensamento dirigido é definido como social e, à medida que se desenvolve, passa a ser mais influenciado pelas leis da experiência e da lógica. Já o pensamento autístico é definido como individualista e obedece a um conjunto de leis próprias.

Para Piaget (1927, 1959), o desenvolvimento do pensamento é a história da socialização gradual dos estados mentais autísticos, profundamente íntimos e pessoais. Como alega Vygotsky (1993a), Piaget interpreta até mesmo a fala social como subseqüente, e não anterior, à fala egocêntrica. Assim, fala e pensamento, segundo Piaget (1959), seguem a mesma trajetória, da fala autística à fala socializada, da fantasia subjetiva à lógica das relações. No curso dessa transformação, a influência do adulto é deformada pelos processos psíquicos da criança, mas acaba se sobrepondo.

Em contraposição, a hipótese sugerida por Vygotsky (1993a) propõe o percurso inverso. Para o autor a fala tem como função primordial a comunicação e o contato social. Portanto, a fala mais primitiva da criança é essencialmente social, tornando-se diferenciada *a posteriori*. Em uma certa idade, a fala social da criança irá se dividir em fala egocêntrica e fala comunicativa, sendo que esta apresenta o mesmo sentido de fala socializada, atribuído por Piaget (1959), pois de acordo com a concepção Vygotskyana, embora diferentes, as falas egocêntrica e comunicativa são sociais. A fala egocêntrica surge quando a criança transfere formas sociais e cooperativas de comportamento às funções psíquicas interiores e pessoais. Algo similar passa a acontecer quando alguma circunstância obriga a criança a parar e pensar, como, por exemplo, durante uma tarefa desafiante. O mais provável que aconteça é que ela pense em voz alta e converse consigo mesma, assim como conversa com os outros, para tentar resolver a tarefa. A fala egocêntrica, dissociada da fala social, leva à fala interior, que serve ao pensamento autístico e também ao pensamento lógico (Vygotsky, 1993a).

218 Ebenézer A. de Oliveira, Angela Helena Marin, Jodi Long e Stephane Solinger

Devido à fala egocêntrica ser o elo genético na transição da fala oral para a fala interior, as concepções teóricas variam de acordo com a interpretação que for dada ao papel da fala egocêntrica. Assim, a seqüência de desenvolvimento de Vygotsky (fala social, depois egocêntrica e, então, fala interior) diverge da de Piaget (parte do pensamento autístico não-verbal à fala socializada e ao pensamento lógico, através do pensamento e da fala egocêntricos). Desta forma, de acordo com Vygotsky (1993a), o curso de desenvolvimento do pensamento vai do social para o individual e não ao contrário.

Em um de seus experimentos, Vygotsky (1993a) relata que uma criança se prepara para desenhar, mas descobre que não tem o papel ou o lápis da cor que deseja, o que se caracteriza como uma situação problemática para ela e faz com que seu coeficiente de fala egocêntrica aumente. Nesse instante, a criança tenta dominar e remediar a situação falando consigo mesma. Como descrito anteriormente, esse tipo de estudo mostra que a fala egocêntrica é parte integrante de um processo de atividade racional. Revela também que ela se torna progressivamente apropriada para planejar e resolver problemas, à medida que as atividades da criança se tornam mais complexas. Esse processo é desencadeado pelas ações da criança, especialmente em situações co-construtivas, pois os objetos com os quais ela lida representam a realidade e dão forma aos seus processos mentais. Além disso, a atenção/ação partilhada rumo a um objetivo comum ocasiona avanços na fala e coordenação motora, bem como no potencial intelectual dentro da sua zona de desenvolvimento potencial. Tais experiências, por sua vez, refletem a cultura partilhada e ao mesmo tempo influenciam uma cultura pessoal internalizada por cada indivíduo interagente (adulto e criança) de modo subjetivo singular (Valsiner, 1988).

Uma linha de pesquisa transcultural recente tem enfocado etnoteorias parentais e suas implicações na experiência lúdica da criança em contextos diversos, além da escola. Por exemplo, Parmar, Harkness e Super (2004) relatam que pais asiáticos valorizam a educação acadêmica e acreditam no poder do desenvolvimento cognitivo do brincar mais do que seus pares euro-americanos, o que reflete em

OBSERVANDO A DÍADE PAI/MÃE-CRIANÇA EM SITUAÇÃO CO-CONSTRUTIVA *219*

maior envolvimento daqueles do que destes com seus filhos em atividade co-construtiva pré-acadêmica (ex.: com letras e números) e mais brinquedos para atividade educativa nos lares de crianças pré-escolares asiáticas do que de euro-americanas. Não obstante, em relação ao ambiente familiar asiático, o euro-americano tem um total de brinquedos bem maior e os pais euro-americanos acreditam mais no brincar como mera diversão. Já em outras pesquisas (Farver, 1999; Morelli, Rogoff e Angelillo, 2003), pais latinos, quando comparados aos euro-americanos, parecem pouco valorizar ou envolver a criança no brincar educativo ou em outras atividades co-construtivas estruturadas para fins de aquisição acadêmica. Como sugerem Morelli e colegas, isso talvez se deva, em parte, ao fato de as crianças latinas terem acesso mais cedo ao trabalho do que as euro-americanas, e essa atividade constitui seu contexto co-construtivo (ex.: aprendiz de artesanato ou ofício na lavoura, pesca, etc.). Tais diferenças podem ser explicadas mais por fatores de ordem socioeconômica, do que geralmente se admite em estudos transculturais comparativos (Tudge e cols., 1999). Estas pesquisas sugerem, portanto, que fatores culturais ou socioeconômicos podem influenciar o acesso e a variedade de tipos de atividades lúdicas infantis através de valores, crenças ou expectativas dos pais e da sociedade em geral.

Com base no exposto, parece-nos recomendável o uso do brincar ou tarefa co-construtiva em estudos observacionais da díade pai/mãe-criança, por três razões. Primeiro, ao contrário do brincar imaginário, que envolve temas socialmente definidos (Haight, Wang, Fung, Williams e Mintz, 1999; Vygotsky, 1994), o brincar co-construtivo enfoca um tema realístico mais transcultural. Por exemplo, casas co-construídas com blocos ou lâminas representam a moradia de crianças em muitas culturas. Parmar e colegas (2004) encontraram diferenças culturais significativas de freqüência do brincar imaginário, mas não do brincar construtivo. Em segundo lugar, como já foi dito, o contexto co-construtivo transcende a diferenciação teórico-metodológica entre brincar e tarefa/trabalho, o que reforça ainda mais o seu uso em contextos culturais em que o acesso à escola seja mais restrito do que o acesso ao

220 Ebenézer A. de Oliveira, Angela Helena Marin, Jodi Long e Stephane Solinger

trabalho, ou em que os pais estejam menos interessados em se envolver no brincar com seus filhos como mera forma de lazer do que como uma tarefa acadêmica. Finalmente, como já argumentamos a partir do ponto de vista Vygotskyano, a situação co-construtiva promove várias dimensões do desenvolvimento infantil mediadas pela fala e experiência social. Tendo em vista esses aspetos, serão revisados a seguir alguns dos usos do paradigma co-construtivista na pesquisa empírica.

Paradigma Co-Construtivista na Pesquisa Empírica

Conforme já aludido na seção introdutória deste capítulo, o paradigma co-construtivista compreende os seguintes elementos distintivos: a) uso de tarefa ou brincar construtivo, em que se parte de um estado atual rumo a um alvo pré-estabelecido (solução de problema); b) participação da criança em interação direta com um adulto ou outra criança mais experiente (nesse sentido, o construir é partilhado diadicamente e se torna *co*-construção); c) diferentes graus de facilitação do adulto ou criança mais experiente (andaime, sustentação), proporcionando o progresso desenvolvimental da criança-alvo. Nesta seção, consideramos como esses elementos do paradigma co-construtivista evoluíram desde os primeiros estudos Vygotskyanos dos processos cognitivos superiores até as mais recentes tentativas de se estudar o desenvolvimento moral sob a perspectiva sócio-histórica. Com essa revisão, preocupamo-nos especialmente com detalhes metodológicos e contextuais, que justificam nossa sugestão de novos usos do co-construtivismo em questões de natureza mais social e emocional, as quais têm sido menos exploradas na literatura empírica.

Co-construção Cognitiva

Embora resistente ao estudo artificial da mente em laboratórios, Vygotsky (1978) entendia que o uso de uma tarefa estruturada ofere-

OBSERVANDO A DÍADE PAI/MÃE-CRIANÇA EM SITUAÇÃO CO-CONSTRUTIVA   221

ce certas vantagens, tais como a eliciação de comportamentos-alvos raramente observados no contexto natural e a facilidade de registro e medição dos aspectos comportamentais de maior interesse do pesquisador. Isso se aplica tanto a estudos fenotípicos (ex.: análise dos aspectos externos de certo fenômeno), como a estudos genotípicos (ex.: busca da origem de certo fenômeno). Portanto, em seus estudos empíricos da memória distintamente humana (mediada socialmente), Vygotsky usou uma tarefa co-construtiva que muito se assemelhava ao jogo recreativo *"Taboo"*, que é hoje bem popular nos Estados Unidos (Dixon Jr., 2003). O procedimento era bem simples: perguntava-se aos participantes uma série de questões, algumas tendo uma cor específica como resposta. Por exemplo: "Qual a cor do telhado da casinha?" Para tornar a tarefa mais difícil, algumas vezes os participantes eram instruídos a responder sem empregar certas palavras "tabus". Assim, se o telhado era vermelho e o participante usasse a palavra "vermelho" como resposta quando tal uso fosse proibido, a resposta seria marcada como incorreta. Além de se graduar a dificuldade da tarefa por meio da distribuição de cartões com restrições ou palavras tabus, também se graduava a facilitação da tarefa por meio da distribuição de cartões com cores que poderiam ser as respostas às perguntas. Ao se compararem os números de erros dos participantes de várias faixas etárias, entre crianças e adultos, pretendia-se descobrir a partir de que idade os cartões eram eficazmente usados (Dixon Jr.). Ou seja, buscava-se estabelecer a ontogênese da memória mediada por sinais socialmente providos no contexto da tarefa.

Semelhantes usos desse paradigma, apenas com pequenas modificações, vêm se multiplicando no estudo do desenvolvimento cognitivo nas duas últimas décadas. Na pesquisa do potencial de aprendizagem e da avaliação dinâmica da inteligência humana (ex.: Brown e Ferrara, 1985; Feuerstein, Feuerstein e Gross, 1997), os pesquisadores geralmente medem a zona do desenvolvimento proximal tanto através da velocidade, como da transferência da aprendizagem de uma tarefa. A primeira pode ser operacionalizada pelo número de dicas ou ajudas necessárias para que a criança atinja o desejado nível de su-

222 Ebenézer A. de Oliveira, Angela Helena Marin, Jodi Long e Stephane Solinger

cesso em uma atividade co-construtiva em que ela inicialmente fracassa na ausência de qualquer ajuda. A tarefa pode ser uma matriz do tipo Raven ou o completar de uma série de letras, para crianças em idade escolar (Brown e Ferrara, 1985). Para pré-escolares, a tarefa pode ser a construção de uma casa, ponte, fazenda, ou outras entidades familiares, dependendo do contexto cultural (Elbers, Maier, Hoekstra e Hoogsteder, 1992). Igualmente, a medida da transferência de aprendizagem pode ser feita pelo número de dicas necessárias para obtenção do sucesso, sendo que o pesquisador varia o domínio ou o conteúdo da tarefa sem, todavia, alterar o processo ou a estrutura mental requerida para se completar a tarefa. Por exemplo, a tarefa de completar uma série de letras pode ser introduzida em sua forma simples e repetitiva: A B A B A B A... Em seguida, mantendo-se a periodicidade de duas letras, o pesquisador pode modificar a corrente de letras para: A B A C A D A... Outras versões podem, ainda, ser utilizadas, quase que sem limites, variando em grau, desde uma transferência próxima a uma transferência muito distante (ver Brown e Ferrara, 1985). Seguindo o argumento Vygotskyano, Brown e Ferrara acham que as medições da zona de desenvolvimento proximal informam tanto a rapidez quanto o grau de transferência que cada criança pode exercer na aprendizagem, dados esses bem mais úteis para a prática educacional do que a tradicional medição estática do QI.

Além do estudo do potencial de aprendizagem, pesquisadores do desenvolvimento têm examinado processos cognitivos mais específicos, tais como a aquisição de vocabulário (Weizman e Snow, 2001), da escrita (Bivens e Smolka, 1994; Levin e Bus, 2003), da resolução de problemas (Fagot e Gauvain, 1997; Rogoff, 1998; Winsler e Naglieri, 2003), da falsa crença (Ruffman, Perner, Naito, Parkin e Clements, 1998), ou ainda de outras habilidades cognitivas consideradas importantes para o sucesso escolar (Hubbs-Tait, Culp, Culp e Miller, 2002; Rochat, 2001). O que há de comum nessas pesquisas é o reconhecimento da experiência social, quer pelo uso da linguagem, quer pelo uso de sinais externos, como mediadora do desenvolvimento cognitivo. O grande benefício prático reside nas abordagens didáticas que reco-

OBSERVANDO A DÍADE PAI/MÃE-CRIANÇA EM SITUAÇÃO CO-CONSTRUTIVA **223**

nhecem o papel ativo do aprendiz e enfatizam o ensino recíproco (ver Palincsar e Herrenkohl, 1999). Contudo, em grau bem menor, se tem explorado empiricamente a pressuposição Vygotskyana de que a experiência intersubjetiva co-construtiva pode também facilitar o desenvolvimento moral e social.

Co-Construção Moral e Social

Devido à ênfase de Vygotsky no desenvolvimento cognitivo no contexto escolar e talvez, pela falta de reconhecimento das diferenças culturais quanto à estruturação de atividades enfocadas na criança (Morelli e cols., 2003), pouco se tem empregado o paradigma co-construtivista no campo do desenvolvimento moral ou social. Isso é surpreendente, pois a internalização de valores e a orientação de crenças da criança e do adulto podem refletir em aspectos da interação diádica durante o brincar ou tarefa co-construtiva, tais como: tipos de verbalização da criança ou do pai/mãe, estratégias facilitadoras ou disciplinares, sincronia ou cooperação diádica, entre outros.

Várias tarefas ou jogos realísticos co-construtivos têm sido utilizados por pesquisadores para estudar a regulação e co-regulação comportamental e emocional (Dumas, LaFreniere e Serketich, 1995), bem como mudanças na díade adulto-criança decorridas de uma participação guiada e apropriação participatória (Rogoff, 1998). A ida ao supermercado de brinquedo, por exemplo, em que se usam dinheiro e produtos de brinquedo, oferece uma excelente situação co-construtiva para a obtenção de dados no nível molecular, tais como as ações seqüenciadas de cada indivíduo rumo ao objetivo de comprar certos produtos através do uso apropriado de ferramentas culturais, como o dinheiro, o lápis, a lista de compras, entre outras. Igualmente, dados no nível molar (ex.: nível de controle, sincronia diádica, clima emocional) podem ser coletados nesse contexto co-construtivo (ver Dumas e LaFreniere, 2000). Uma outra alternativa é o uso de situações problemáticas reais (não hipotéticas ou imaginárias) que forçem os par-

224 Ebenézer A. de Oliveira, Angela Helena Marin, Jodi Long e Stephane Solinger

ticipantes a uma interação verbal coordenada em busca de soluções com variáveis níveis de sucesso e de internalização de valores, costumes e responsabilidade social. Exemplos na literatura empírica variam desde a venda de doces por crianças escoteiras em interação com pares e adultos (Rogoff, 1995), à resolução de problemas domésticos por adolescentes em interação com seus pais (Rueter e Conger, 1995) e discussões diádicas sobre fé religiosa entre adolescentes e seus pais (Flor e Knapp, 2001). Todos esses estudos corroboram a utilidade da situação co-construtiva na pesquisa do desenvolvimento moral ou socioemocional, o que nos leva a sugerir o seguinte sistema observacional.

Sistema Observacional da Co-Construção de uma Casa

O sistema observacional que apresentamos neste capítulo segue o padrão co-construtivo laboratorial de introdução de uma tarefa demasiadamente difícil para a criança completar sozinha, requerendo, portanto, a participação, em graus experimentalmente controlados, de uma pessoa adulta. A tarefa é a co-construção de uma casinha de dois pavimentos com lâminas de madeira, segundo um modelo à vista. O presente sistema foi utilizado pelo primeiro autor em sua tese de doutorado, desenvolvida no Human Emotions Lab, Universidade de Delaware, e está atualmente sendo empregado em um projeto de dois colegas daquela instituição em parceria com o primeiro autor. Os dados dessa pesquisa ainda não estão disponibilizados, e, portanto, limitamo-nos apenas a descrever o sistema, incluindo seu protocolo e sugestões para usos potenciais na pesquisa empírica.

Ambiente e Material

A sala onde se coletam os dados deve ser, preferencialmente, sem objetos (brinquedos, aparelhos eletrônicos, cartazes) que pos-

OBSERVANDO A DÍADE PAI/MÃE-CRIANÇA EM SITUAÇÃO CO-CONSTRUTIVA **225**

sam distrair a criança participante. É necessária uma mesa pequena com duas cadeiras posicionadas frente a frente. Sobre a mesa, põe-se um modelo tri-dimensional de cartolina da casinha a ser construída (sem base de sustentação), e com medidas (exceto a espessura) e cores exatamente correspondentes àquelas das lâminas de madeira a serem utilizadas para as paredes e os telhados, conforme segue:

1) Quatro paredes do andar térreo – em amarelo, medindo 9,9 X 0,3 X 15,9 cm.

2) Quatro paredes do andar superior – em vermelho, medindo 7,5 X 0,3 X 13,4 cm.

3) Duas peças servindo de telhado para o primeiro e segundo pavimentos, respectivamente – em preto, medindo 20,3 X 0,3 X 20,3 cm e 16,5 X 0,3 X 15,5 cm.

4) As lâminas citadas nos itens 1-3 devem ter 1/16 polegadas de espessura.

5) Oito bases de sustentação – incolores, medindo 3,8 X 2 X 6,9 cm, com uma fenda de 0,4 X 1 cm cortando o bloco ao longo, no meio da superfície superior.

Os dados são registrados através de uma câmera de vídeo, que pode ser operada por um auxiliar de pesquisa dentro da sala, mas sem interagir com os participantes. Nesse caso, alguns minutos de habituação, antes da coleta de dados, é recomendável. Outra alternativa, menos intrusiva, é ter uma câmera fixa ao teto e operada por controle remoto, ou o uso de espelho unilateral.

A Tarefa Co-construtiva

A tarefa é recomendada para crianças entre 3 e 6 anos de idade, quando as habilidades motoras finas estão suficientemente avançadas e o interesse por brincadeira construtiva aumenta (Johnson, Christie e Yawkey, 1999). Em quatro fases, controla-se o nível de ajuda ofereci-

226 Ebenézer A. de Oliveira, Angela Helena Marin, Jodi Long e Stephane Solinger

da à criança participante, e cada uma delas fase deve ter uma duração de 2 minutos e 30 segundos, com exceção da última fase, que pode durar mais tempo. Na primeira fase (Individual-Frustrante), a criança tenta construir a casa sozinha, sem nenhuma ajuda. Esta fase estabelece a linha de base do engajamento da criança[15]. Na segunda fase (Ajuda Distal) o pai ou a mãe é trazido para a sala onde se encontra a criança, toma assento do outro lado da mesa, de frente para a criança, e passa a ajudar a criança somente por meio de verbalizações[16]. Na fase seguinte (Ajuda Proximal) permite-se ao pai ou a mãe sentar-se lado a lado com a criança e participar junto com ela na tarefa, inclusive pelo engajamento físico com as lâminas de madeira[17]. Finalmente, na última fase (Sucesso) o pai ou a mãe deixa a sala e a criança tenta novamente construir a casa sozinha, mas desta vez recebe do experimentador as peças de encaixe que servem de base para garantir o sucesso na tarefa. Essa fase final visa garantir o sucesso de todos os participantes, fechando o experimento em um clima positivo.

Instruções

As instruções do experimentador precisam ser padronizadas para efeitos comparativos, evitando-se grandes desvios do seguinte roteiro:

Fase Individual-Frustrante – O experimentador apresenta os blocos das paredes e dos telhados, mas não as bases de sustentação: "Você vê esses blocos aqui?" Apontando para a casinha modelo, o experimentador continua, "Eu quero que você construa uma casinha igual a esta, aqui na mesa (experimentador aponta para espaço na mesa, separado da casinha modelo), usando esses blocos aqui, entendeu?"

---

15. Nota: a câmera deve enfocar bem a criança e os bloquinhos por ela utilizados, evitando-se bloqueios da casinha modelo ou do experimentador ao sair da sala.
16. Nesta fase, o pai ou a mãe não precisa ser enfocado pela câmera; o enfoque é só na criança com os blocos, embora as falas do pai ou mãe estejam sendo captadas também.
17. É importante que *ambos* os participantes – criança e pai/mãe – sejam enfocados pela câmera e que suas mãos e blocos sejam bem visualizados; o posicionamento da cadeira onde o adulto senta é fundamental.

OBSERVANDO A DÍADE PAI/MÃE-CRIANÇA EM SITUAÇÃO CO-CONSTRUTIVA 227

É importante que essas instruções sejam dadas pausadamente, com ênfase ao apontar para o modelo, o espaço de trabalho sobre a mesa e os bloquinhos a serem utilizados. O experimentador deve ser sensível a qualquer sinal de confusão ou dúvida emitido pela criança, repetindo ou reformulando as instruções quantas vezes forem necessárias. Após se certificar de que a criança não tem mais dúvidas sobre a tarefa, o experimentador procede com as seguintes palavras, enquanto se prepara para deixar a sala: "Eu vou precisar sair por alguns minutos, mas eu quero que você construa a casinha enquanto eu não volto. Está pronto? 1-2-3, já!" (o experimentador então aciona o cronômetro e deixa a sala rapidamente).

Fase de Ajuda Distal – Antes de trazer o pai ou a mãe para a sala de observação, o experimentador dará a ela(e) as seguintes instruções: "_____ (nome da criança) está tentando construir uma casinha com bloquinhos como esse (apresentar uma amostra). É difícil. Eu vou lhe pedir para ajudar _____ (nome da criança) a continuar tentando por 2-3 minutos, mas você não pode tocar os blocos. Você pode dar umas dicas, sugestões, mas, por favor, não toque nos blocos, tá?"

O experimentador e o pai ou a mãe entram na sala ao final da Fase 1. O experimentador dirige-se à criança: "Veja, _____ (nome da criança), seu pai (ou sua mãe) está aqui para lhe ajudar a construir a casinha com esses blocos, igual àquela ali" (apontar). Ao puxar a cadeira (já posicionada frente à criança, do outro lado da mesa) para o pai ou a mãe se assentar, o experimentador diz: "Pode sentar aqui, por favor". Dirigindo-se novamente à criança, prossegue: "Seu pai (sua mãe) não vai poder tocar os blocos, mas ele(a) vai se sentar ali e lhe dar uma força, tá bom? Eu vou ter de sair novamente, mas volto logo; enquanto isso, você continua tentando montar a casinha igual àquela dali (apontar). Alguma pergunta?". Caso não haja perguntas, o experimentador autoriza o re-início da tarefa enquanto aciona o cronômetro: "1-2-3, já!". O experimentador se retira rapidamente.

Fase de Ajuda Proximal – Ao entrar mais uma vez na sala, o experimentador diz: "Agora, _____ (nome da criança), seu pai (ou

228 Ebenézer A. de Oliveira, Angela Helena Marin, Jodi Long e Stephane Solinger

sua mãe) vai poder lhe ajudar bem de perto". Dirigindo-se ao pai ou à mãe, o experimentador diz:[18] "Por favor, mova a cadeira para aqui, ao lado de _____ (nome da criança). Você agora pode ajudar como quiser, com palavras e também segurando os blocos, mas deixe _____ (nome da criança) também participar o quanto puder. A casa deve ser igual àquela. Eu vou sair por mais alguns minutos e já volto. Alguma pergunta?" Caso não haja perguntas, o experimentador autoriza o início da tarefa e sai da sala: "1-2-3, já!"

Fase de Sucesso – Ao final da fase anterior, o experimentador entra novamente na sala e pergunta à criança: "E então, como é que vai indo a casinha?". Dependendo do progresso ou falta de progresso na construção, o experimentador pode então elogiar ("puxa, vocês já fizeram todo o primeiro andar! Muito bem!") ou confortar e encorajar ("é mesmo difícil montar essa casinha, mas o importante é que vocês não desistiram! Tem gente que vai logo desistindo, mas vocês não!"). O experimentador prossegue, acompanhando o pai ou a mãe para fora da sala, agradecendo pela sua participação e informando que a criança estará novamente disponível em alguns minutos. Retornando, o experimentador tira da sacola as oito bases de madeira que sustentam as paredes da casinha: "Veja só o que eu achei! Esses bloquinhos deviam estar juntos com esses que eu lhe dei... Vê como eles se encaixam?". O experimentador demonstra manualmente com apenas uma parede amarela e uma base. "Agora eu quero que você siga completando a casinha igual aquela ali, enquanto eu saio por mais alguns minutos e já volto. 1-2-3, já!"

Quase todos os participantes pré-escolares completam a tarefa com sucesso entre 3 e 5 minutos, no máximo, nessa fase. Ao final, o experimentador entra novamente na sala e elogia o trabalho da criança, ou, caso necessário, encoraja-a a completar a tarefa, provendo mínima ajuda. Em todas as fases, é importante a observação rigorosa da duração, mas o experimentador deve ser flexível caso haja neces-

---

18. Nota: novamente, é bom conferir o ângulo de filmagem para que o adulto não bloqueie a filmagem da participação da criança.

OBSERVANDO A DÍADE PAI/MÃE-CRIANÇA EM SITUAÇÃO CO-CONSTRUTIVA **229**

sidade de interromper alguma fase mais cedo. Por exemplo, se a criança exibir sinal de excessiva frustração (ex.: deixa a mesa por mais de 60 segundos, começa a chorar ou a jogar os blocos ao léu). Nesse caso, a pessoa que faz a filmagem pode sinalizar para o experimentador retornar e interromper a tarefa.

Categorias e Definições

As possibilidades de categorias a serem codificadas nas quatro fases da tarefa são inúmeras e dependem do enfoque que se queira dar no estudo (ver exemplos em Piccinini e cols., 2001). Aqui, limitamo-nos a apresentar as categorias de engajamento individual da criança (Fases 1, 2 e 3) e do pai ou da mãe (Fase 3), bem como a cooperação diádica (Fase 3), que podem ser codificados em sistema de intervalos parciais de 5 segundos. A codificação pode ser feita eletronicamente através do Observer (2002), que tem a vantagem de não somente codificar, mas também guardar e processar os dados (ex.: teste de concordância entre observadores), ou manualmente, através de protocolo (ver Apêndice). Neste caso, o tempo de gravação (disponível em muitos modelos de *VCR/DVD player*) é preenchido no início da codificação e a cada cinco intervalos de 5 segundos (para evitar descompasso entre a gravação e o tempo de codificação), na ficha de codificação. A cada 5 segundos, a fita ou DVD pára manualmente ou através de *timer box* acoplado ao *VCR/DVD player*. O codificador então marca "S" (sim) ou "N" (não) para cada intervalo, conforme haja ou não qualquer ocorrência do comportamento-alvo. Intervalos não-codificáveis (falha de filmagem, bloqueio da visão, retorno antecipado do experimentador à sala etc.) podem ser marcados com um "X," sendo especificada a razão na parte inferior do protocolo. Como em qualquer codificação desse tipo, o somatório de intervalos com ocorrências do comportamento-alvo reflete, para cada fase, uma estimativa da freqüência do comportamento (engajamento ou cooperação). As seguintes definições operacionais se aplicam:

1) *Engajamento na tarefa* (da criança ou do pai/mãe) – O participante manipula um ou mais blocos de modo que o(s) bloco(s) faça(m) um ângulo maior que zero com a mesa, ou esteja(m) suspenso(s) sobre a mesa. A manipulação de blocos fora da mesa não contam como engajamento, nem o simples tocar de blocos deitados sobre a mesa.

2) *Cooperação diádica* – A criança e o adulto seguram, cada qual, ao menos um bloco, de modo que os blocos segurados por cada participante satisfaçam a definição de engajamento e também estejam contíguos. Outrossim, quando a criança e o adulto seguram um único bloco, considera-se que haja cooperação.

Considerações Finais: Sugestões e Limitações

As categorias acima podem ou não ser acompanhadas de muitas outras, tais como: verbalizações paternas/maternas diretivas, encorajadoras, críticas; verbalizações da criança de desânimo/pessimismo; fala egocêntrica da criança; expressões emocionais do pai/mãe ou da criança; etc. Conforme já indicamos, a escolha de categorias depende do enfoque da pesquisa e, em se tratando de um enfoque socioemocional, todos esses exemplos nos parecem ter significância, pois refletem, de modo mensurável, importantes aspectos da relação pai/mãe-criança e do processo de internalização.

Entretanto, reconhecemos também algumas limitações na escolha do paradigma observacional proposto como, por exemplo, a diferença entre os sexos quanto ao interesse natural no tipo de atividade co-construtiva utilizado. Ou seja, meninos parecem mais interessados em construção com blocos do que meninas, o que pode contribuir para um desenvolvimento mais avançado das habilidades espaciais dos meninos do que das meninas (Fagot e Leve, 1998). Contudo, como alerta Fromberg (2002), a participação mediadora de adultos pode minimizar tais estereótipos sociais e permitir melhor acesso indiscriminatório de ambos os sexos ao tipo de brincar ou tarefa aqui proposto.

OBSERVANDO A DÍADE PAI/MÃE-CRIANÇA EM SITUAÇÃO CO-CONSTRUTIVA   **231**

Outras limitações são de natureza metodológica, como a dificuldade de se estabelecer um nível de concordância entre observadores independentes e a validade externa da situação laboratorial. Tais dificuldades podem ser minimizadas, porém, pela adoção de medidas apropriadas. As categorias comportamentais ilustradas acima têm sido codificadas de modo confiável (correlação de intraclasse acima de .90) e a artificialidade da situação observacional pode ser compensada pela escolha de um ambiente familiar aos participantes (ex.: a filmagem pode ser feita na creche que a criança freqüenta). Enfim, cabe ao pesquisador ponderar as vantagens e desvantagens de cada escolha que faz, pois todo e qualquer paradigma de pesquisa apresenta seus próprios desafios e benefícios. Esperamos com este capítulo ter contribuído com mais uma opção para melhor entendimento do paradigma co-construtivista.

REFERÊNCIAS BIBLIOGRÁFICAS

BIVENS, J. A. & SMOLKA, A. L. B. (1994). Speaking aloud while writing: Beginning written language acquisition among American and Brazilian children. In: ALVAREZ, A. e DEL RIO, P. (orgs.). *Education as cultural construction.* Madrid, España, Fundacion Infancia y aprendizaje.

BROWN, A. L. & FERRARA, R. A. (1985). Diagnosing zones of proximal development. In: WERTSCH, J. V. (org.). *Culture, communication, and cognition: Vygotskyan perspectives.* New York, Cambridge University Press.

DIXON JR., W. E. (2003). *Twenty studies that revolutionized child psychology.* Upper Saddle River, NJ, Prentice Hall.

DUMAS, J. E. & LeFRENIERE, P. J. (2000). "Going to the store": An observational measure of parent-child interactions for preschoolers. In: GITLIN-WEINER, K. (org.). *Play diagnosis and assessment.* 2. ed. New York, John Wiley & Sons.

DUMAS, J. E.; LaFRENIERE, P. J. & SERKETICH, W. J. (1995). "Balance of power": A transactional analysis of control in mother-child dyads

232 Ebenézer A. de Oliveira, Angela Helena Marin, Jodi Long e Stephane Solinger

involving socially competent, aggressive, and anxious children. *Journal of Abnormal Psychology, 104,* 104-113.

ELBERS, E.; MAIER, R.; HOEKSTRA, T. & HOOGSTEDER, M. (1992). Internalization and adult-child interaction. *Learning and instruction, 2,* 101-118.

FAGOT, B. & GAUVAIN, M. (1997). Mother-child problem solving: Continuity through the early childhood years. *Developmental Psychology, 33,* 480-488.

FAGOT, B. & LEVE, L. (1998). Gender identity and play. In: FROMBERG, D. P. e BERGEN, D. (orgs.). *Play from birth to twelve and beyond: Contexts, perspectives, and meanings.* New York, Garland.

FARVER, J. A. M. (1999). Activity setting analysis: A model for examining the role of culture in development. In: GÖNCÜ, A. (org.). *Children's engagement in the world.* New York, Cambridge University Press.

FEUERSTEIN, R. & GROSS, S. (1997). The learning potential assessment device. In: FLANAGAN, D. P.; GENSHAFT, J. L. e HARRISON, P. L. (orgs.). *Contemporary intellectual assessment: Theories, tests, and issues.* New York, Guilford.

FLOR, D. L., & KNAPP, N. F. (2001). Transmission and transaction: Predicting adolescents' internalization of parental religious values. *Journal of Family Psychology, 15,* 627-645.

FROMBERG, D. P. (2002). *Play and meaning in early childhood education.* Boston, MA, Allyn and Bacon.

GÖNCÜ, A.; TUERMER, U.; JAIN, J. & JOHNSON, D. (1999). Children's play as cultural activity. In: GÖNCÜ, A. (org.). *Children's engagement in the world.* New York, Cambridge University Press.

HAIGHT, W. L.; WANG, X.; FUNG, H. H.; WILLIAMS, K. & MINTZ, J. (1999). Universal, developmental, and variable aspects of young children's play: A cross-cultural comparison of pretending at home. *Child Development, 70,* 1477-1488.

HUBBS-TAIT, L.; CULP, A. M.; CULP, R. E. & MILLER, C. E. (2002). Relation of maternal cognitive stimulation, emotional support, and intrusive behavior during Head Start to children's kindergarten cognitive abilities. *Child Development, 73,* 110-131.

OBSERVANDO A DÍADE PAI/MÃE-CRIANÇA EM SITUAÇÃO CO-CONSTRUTIVA   233

Human Emotions Lab (n.d.). Co-construção: ficha de codificação de intervalos (Tradução de Ebenézer A. de Oliveira). University of Delaware, Newark, E.U.A. Autor.

JOHNSON, J. E.; CHRISTIE, J. F. & YAWKEY, T. D. (1999). *Play and early childhood development.* 2ª ed. New York, Longman.

JOHN-STEINER, V. & SOUBERMAN, E. (1978). Afterword. In: VYGOTSKY, L. S. *Mind in society: The development of higher psyhological processes.* Cambridge, MA, Harvard University Press.

LEVIN, I. & BUS, A. G. (2003). How is emergent writing based on drawing? Analyses of children's products and their sorting by children and mothers. *Developmental Psychology, 39,* 891-905.

MORELLI, G. A.; ROGOFF, B. & ANGELILLO, C. (2003). Cultural variation in young children's access to work or involvement in specialized child-focused activities. *International Journal of Behavioral Development, 27,* 264-274.

NICOLOPOULOU, A. (1993). Play, cognitive development, and the social world: Piaget, Vygotsky, and Beyond. *Human Development, 36,* 1-23.

Observer®: Professional system for collection, analysis, presentation and management of observational data (2002). Noldus Information Technology. Wageningen: Autor.

PALINCSAR, A. S. & HERRENKOHL, L. R. (1999). Designing collaborative contexts: Lessons from three research programs. In:O'DONNELL, A. M. e KING, A. (orgs.). *Cognitive perspectives on peer learning. The Rutgers Invitational Symposium on Education Series.* Mahwah, NJ, Erlbaum.

PARMAR, P.; HARKNESS, S. & SUPER, C. M. (2004). Asian and Euro-American parents' ethnotheories of play and learning: Effects on preschool children's home routines and school behavior. *International Journal of Behavioural Development, 28,* 97-104.

PIAGET, J. (1927). La première année de l'enfant. *British Journal of Psychology, 18,* 97-120.

_____. (1928). *Judgment and reasoning in the child* (Tradução de M. Warden). New York, Harcourt, Brace and Co. (publicado originalmente em 1924).

234 Ebenézer A. de Oliveira, Angela Helena Marin, Jodi Long e Stephane Solinger

_____. (1959). *The language and thought of the child.* London, Routledge and Kegan Paul.

PICCININI, C. A.; SEIDL DE MOURA, M. L.; RIBAS, A. F. P.; BOSA, C. A.; OLIVEIRA, E. A.; PINTO, E. B. Schermann, L. & Chohon, V. L. (2001). Diferentes perspectivas na análise da interação pais-bebê/criança. *Psicologia: Reflexão e Crítica, 14,* 469-485.

REGO, T. C. (1995). A cultura torna-se parte da natureza humana. In: REGO, T. C. *Vygotsky: Uma perspectiva histórico-cultural da educação.* 6. ed. Petrópolis, Vozes.

ROCHAT, P. (2001). Dialogical nature of cognition. *Monographs of the Society for Research in Child Development, 66,* 133-143.

ROGOFF, B. (1995). Observando a atividade sociocultural em três planos: apropriação participatória, participação guiada e aprendizado. In: WERTSCH, J. V.; DEL RÍO, P. e ALVAREZ, A. (orgs.). *Estudos socioculturais da mente.* Porto Alegre, Artes Médicas.

_____. (1998). Observando a atividade sociocultural em três planos: apropriação participatória, participação guiada e aprendizado. In: WERTSCH, J. V.; DEL RÍO, P. e ALVAREZ, A. (orgs.). *Estudos socioculturais da mente.* (Tradução de M. G. G. Paiva e A. R. T. Camargo). Porto Alegre, Artes Médicas. (Obra original publicada em 1995).

RUETER, M. A. & CONGER, R. D. (1995). Interaction style, problem-solving behavior, and family problem-solving effectiveness. *Child Development, 66,* 98-115.

RUFFMAN, T.; PERNER, J.; NAITO, M.; PARKIN, L. & CLEMENTS, W. A. (1998). Older (but not younger) siblings facilitate false belief understanding. *Developmental Psychology, 34,* 161-174.

TUDGE, J.; HOGAN, D.; LEE, S.; TAMMEVESKI, P.; MELTSAS, M.; KULAKOVA, N.; SNEZHKOVA, I. & PUTNAM, S. (1999). Cultural heterogeneity: Parental values and beliefs and their preschoolers' activities in the United States, South Korea, Russia, and Estonia. In: GÖNCÜ, A. (org.). *Children's engagement in the world.* New York, Cambridge University Press.

VALSINER, J. (1988). Ontogeny of co-construction of culture within socially organized environmental settings. In: VALSINER, J. (org.). *Child development within culturally structured environments: Social co-*

OBSERVANDO A DÍADE PAI/MÃE-CRIANÇA EM SITUAÇÃO CO-CONSTRUTIVA 235

construction and environmental guidance in development. v. 2. Norwood, NJ, Ablex.

VALSINER, J.; BRANCO, A. V. & DANTAS, C. M. (1997). Co-construction of human development: Heterogeneity within parental belief orientations. In: GRUSEC, J. E. e KUCZYNSKI, L. (orgs.). *Parenting and children's internalization of values: A handbook of contemporary theory.* Hoboken, NJ, John Wiley & Sons.

VALSINER, J. & VAN DER VEER, R. (2000). Vygotsky's world of concepts. In: VALSINER, J. & VAN DER VEER, R. (orgs.). *The social mind.* Cambridge: Cambridge University Press.

VYGOTSKY, L. S. (1978). Problems of method. In: VYGOTSKY, L. S. *Mind in society: The development of higher psychological processes.* Cambridge, MA, Harvard University Press.

_____. (1993a). A teoria de Piaget sobre a linguagem e o pensamento das crianças (Tradução de J. L. Camargo). In: VYGOTSKY, L. S. *Pensamento e linguagem.* São Paulo, Martins Fontes. (Original publicado em 1934).

_____. (1993b). O desenvolvimento dos conceitos científicos na infância. (Tradução de J. L. Camargo). In: VYGOTSKY, L. S. *Pensamento e linguagem.* São Paulo, Martins Fontes. (Original publicado em 1934).

_____. (1994). O papel do brinquedo no desenvolvimento. (Tradução de J. C. Neto, L. S. Menna Barreto, S. C. Afeche). In: VYGOTSKY, L. S. *A formação social da mente: O desenvolvimento dos processos psicológicos superiores.* 5. ed. São Paulo, Martins Fontes.

WEIZMAN, Z. O. & SNOW, C. E. (2001). Lexical input as related to children's vocabulary acquisition: Effects of sophisticated exposure and support for meaning. *Developmental Psychology, 37,* 265-279.

WINEGAR, L. T. (1988). Children's emerging understanding of social events: Co-construction and social process. In: VALSINER, J. (org.). *Child development within culturally structured environments: Social co-construction and environmental guidance in development.* v. 2. Norwood, NJ, Ablex.

WINSLER, A. & NAGLIERI, J. (2003). Overt and covert verbal problem-solving strategies: Developmental trends in use, awareness, and relations with task performance in children aged 5 to 17. *Child Development, 74,* 659-678.

Apêndice
Protocolo de Codificação (Human Emotions Lab, n.d.)

Co-Construção

Ficha de Codificação de Intervalos

Nr do Participante:
Data de Codificação: / /
Codificador:
Data de Entrada dos Dados: / /

Fase 1: Engajamento da criança; pai/mãe fora da sala.

Tempo																														
Intervalo	1	2	3	4	5	6	7	8	9	10	11	12	13	14	15	16	17	18	19	20	21	22	23	24	25	26	27	28	29	30
Engajamento (S/N)																														

Fase 2: Engajamento da criança; pai/mãe presente provê ajuda verbal.

Tempo																														
Intervalo	1	2	3	4	5	6	7	8	9	10	11	12	13	14	15	16	17	18	19	20	21	22	23	24	25	26	27	28	29	30
Engajamento (S/N)																														

Fase 3: Engajamento da criança; pai/mãe presente provê ajuda verbal e física.

Tempo																														
Intervalo	1	2	3	4	5	6	7	8	9	10	11	12	13	14	15	16	17	18	19	20	21	22	23	24	25	26	27	28	29	30
Engajamento (S/N)																														

Fase 3: Engajamento do pai/mãe; pai/mãe presente provê ajuda verbal e física.

Tempo																														
Intervalo	1	2	3	4	5	6	7	8	9	10	11	12	13	14	15	16	17	18	19	20	21	22	23	24	25	26	27	28	29	30
Engajamento (S/N)																														

Fase 3: Cooperação diádica; pai/mãe presente provê ajuda verbal e física.

Tempo																														
Intervalo	1	2	3	4	5	6	7	8	9	10	11	12	13	14	15	16	17	18	19	20	21	22	23	24	25	26	27	28	29	30
Cooperação (S/N)																														

Comentários (em caso de intervalos incodificáveis, explicar motivos):

Capítulo 9

INTERAÇÃO MÃE-CRIANÇA E DESENVOLVIMENTO ATÍPICO: A CONTRIBUIÇÃO DA OBSERVAÇÃO SISTEMÁTICA

Cleonice Bosa e Ana Delias Souza

O foco do presente trabalho é a metodologia de análise de observação sistemática utilizada para investigar o estilo de interação entre mães e crianças com transtornos do desenvolvimento, incluindo autismo (Bosa, 1998; Sanini e Bosa, no prelo); deficiência visual congênita (Souza, Bosa e Hugo, 2005) e síndrome de Down (Di Nápoli e Bosa, 2005), ao tentar engajar os seus filhos em brincadeiras, bem como as respostas das crianças a essas solicitações. Particularmente importantes são os comportamentos espontâneos das crianças para iniciar e manter a interação com seus cuidadores (atenção compartilhada) – habilidade que tem sido preditora de transtornos do desenvolvimento da linguagem e interação social, ainda no primeiro ano de vida. Desta forma, o protocolo foi desenvolvido para atender a duas demandas essenciais: a) identificar comportamentos de risco que distinguem crianças com possíveis transtornos do desenvolvimento (ex.: autismo) daquelas com desenvolvimento típico e b) identificar estratégias maternas que facilitam ou, ao contrário, sejam impeditivos do desenvolvimento da linguagem e interação social, principalmente em crianças de risco, nesta área.

Inicia-se com a discussão dos principais conceitos teóricos subjacentes à definição operacional dos comportamentos maternos e infantis utilizados no protocolo para, em seguida, descrever o protocolo e formas de codificação.

Fundamentos teóricos

Diferentes teóricos têm destacado que existe uma preferência do bebê, logo após o nascimento, para olhar o rosto humano, em especial para o rosto da mãe (Bowlby, 1969; Messer, 1994). Quanto mais um bebê olha para a mãe, mais é provável que ela se mova em sua direção, faça gestos, fale ou cante para ele, acaricie-o ou o abrace, favorecendo, portanto, o desenvolvimento de habilidades comunicativas mais complexas. No final do primeiro ano de vida, um bebê possui um vocabulário restrito, mas procura trocar experiências com pessoas significativas, investigando e agindo sobre esse mundo compartilhado. Nesta mesma etapa, a mãe, ao estar atenta ao nível de complexidade que o filho pode compreender, vai gradualmente permitindo que a criança tome mais iniciativa e independência (Bruner, 1978). Essa atitude materna seria fundamental para a aquisição de potenciais relacionados à interação social recíproca, conceito amplamente discutido por Piccinini e colaboradores (2001). Desta forma, a monitorização mútua do olhar entre o cuidador e o bebê, no primeiro semestre de vida, a troca de sorrisos e jogos interativos face-a-face (interação diádica para Trevarthen, 2000), permitem a emergência da habilidade de atenção compartilhada[19], definida como um conjunto de comportamentos sociocomunicativos (ex.: gestos e olhar) que objetiva dividir a experiência acerca das propriedades dos objetos e eventos ao redor (Mundy, Sigman e Kasari, 1990; Trevarthen, 2000). Neste período, o bebê aponta e mostra objetos para o cuidador, por exemplo, explicitando a sua *intenção* em compartilhar com ele, o prazer quanto à descoberta que experienciou. Essa habilidade emerge, de forma

---

19. Optou-se por esta tradução para o termo em inglês *joint attention* por se considerar que a palavra "compartilhada" reflete melhor o conceito subjacente do que a tradução comumente utilizada (i.e.conjunta).

INTERAÇÃO MÃE-CRIANÇA E DESENVOLVIMENTO ATÍPICO   239

mais clara, durante a fase triádica da interação com a mãe (assim denominada por Trevarthen porque a interação é mediada por objetos/eventos). A questão da intencionalidade é crucial neste conceito, pois envolve ações de um elemento da díade para ocasionar mudanças no comportamento do parceiro, em uma direção previsível e vice-versa (ver Bosa, 2002, para uma discussão mais detalhada sobre o conceito de intencionalidade). O estudo da atenção compartilhada é importante porque tem sido considerado como um dos mais significativos precursores da capacidade de refletir sobre os estados mentais do *self* e os dos outros – Teoria da Mente – (Baron-Cohen, 1993). Isso porque o gesto de apontar e mostrar objetos, por exemplo, representa os primórdios da capacidade do bebê em perceber os desejos e necessidades do outro, exercitando a capacidade de se colocar no ponto de vista afetivo do parceiro (estados mentais do outro). Constitui, portanto, um alicerce para o desenvolvimento de relações sociais recíprocas porque, ao contrário da fase diádica onde o foco é exclusivamente o cuidador, a fase triádica envolve a coordenação entre os interesses do bebê e os do cuidador, em relação a um terceiro objeto/evento. Em outras palavras, o bebê percebe que seu parceiro na interação é capaz de se comprazer com as mesmas situações que ele e, portanto, "trabalha" para dirigir a atenção do outro para o seu foco de atenção, a fim de compartilhá-la. Vocalizações e gestos combinam-se, num esforço para fazer comentários e indicações sobre o foco do seu interesse – pelo simples prazer que isso traz (Carpenter, Nagell e Tomasello, 1998). Gestos como apontar, atos de trazer e mostrar objetos para o adulto, alternados com o olhar em direção a ele, por exemplo, são formas "não-verbais" de fazer convites, perguntas para obter informações ou esclarecimentos sobre os objetos. A capacidade de diálogo parece, deste modo, surgir muito antes da emergência da "fala". É nesse contexto que a criança desenvolve a capacidade de avaliar situações do ambiente (por exemplo, como ameaçadoras ou afáveis), a partir da "leitura" das expressões emocionais maternas (facial e gestual) – uma área de estudos da psicologia do desenvolvimento, denominada "referência social" (Messer, 1997).

Em contrapartida, a experiência de atenção compartilhada com uma pessoa significativa desperta no bebê um senso de competência social (Bruner, 1981), pois ele sente que seu comportamento tem um impacto nos outros, desde que estes respondam apropriadamente. Infelizmente nem todos os bebês têm esta experiência, como é o caso do autista. Um dos motivos pelo qual o desenvolvimento é afetado pode estar associado à qualidade das interações iniciais da mãe com o bebê. Inicialmente pensava-se que a limitação ou ausência do olhar, como no caso da deficiência visual, pudesse trazer dificuldades ao compartilhamento de experiências da díade mãe-bebê, durante a interação, e, conseqüentemente, dificultar o desenvolvimento da atenção compartilhada. Entretanto esta premissa precisa ser redimensionada. Há evidências de que crianças com deficiência visual congênita não apresentam déficits na habilidade de AC, se seus cuidadores forem suficientemente sensíveis para usar canais de comunicação alternativos (em especial o tato) durante a interação (Souza e cols., 2005). A noção de que crianças com autismo apresentam dificuldades para fixar o olhar da mãe *nos primeiros meses* também tem sido desafiada (Nogueira e Seidl de Moura, neste volume). Os dados deste estudo demonstram que um bebê, mais tarde diagnosticado como autista, apresentou comprometimentos na fase triádica da interação, mas não na diádica.

A literatura na área de deficiência visual permite concluir que a qualidade da interação envolve outros aspectos (toque, expressão afetiva etc.) além da visão que, embora sendo fundamental, não é prerrogativa para que a interação ocorra. Seidl de Moura e Ribas (em Piccinini e cols. 2001) parecem concordar com esta premissa ao salientarem que a interação envolve aspectos implícitos e explícitos.

Sobre o autismo, a teoria afetiva de Hobson (1993) e Trevarthen (2000) retoma a idéia inicial de Kanner (1943) de que crianças com autismo apresentam um distúrbio afetivo inato que as impede de desenvolver relações sociais recíprocas devido a um déficit básico de compreender a expressão de emoções dos outros e seus estados mentais. Evidentemente, as questões em torno da etiologia do autismo

INTERAÇÃO MÃE-CRIANÇA E DESENVOLVIMENTO ATÍPICO 241

são complexas, conforme discutidas por Lampreia (2004). De qualquer modo, há um consenso na literatura de que os comprometimentos na capacidade de atenção compartilhada acarretam déficits sociocomunicativos subseqüentes, afetando o desenvolvimento da linguagem e da interação social. De fato, existem fartas evidências de comprometimento nessa habilidade em crianças com autismo. Por exemplo, uma situação estruturada de interação criança-experimentador foi utilizada por Mundy, Sigman, Ungerer, e Sherman (1986) em seu estudo, que foi um dos pioneiros nesta área. O grupo com autismo distinguiu-se dos grupos controle (deficiência mental e um grupo com desenvolvimento típico) quanto à capacidade de mostrar/apontar para objetos e quanto ao olhar de referência. Também foram reportados déficits na capacidade de seguir o olhar do experimentador, acompanhado ou não por gestos.

Os dados que apóiam a visão de que a habilidade de atenção compartilhada é tanto um preditor quanto um correlato do desenvolvimento da linguagem em crianças com autismo são provenientes de um estudo de Mundy, Sigman e Kasari (1990). Os resultados desse estudo indicaram que o comportamento de atenção compartilhada foi um preditor mais poderoso do desenvolvimento da linguagem do que o nível de vocabulário ou o QI. Por outro lado, os comportamentos de pedido de assistência diferenciam-se dos de atenção compartilhada pelo desfecho da ação: no primeiro, a meta é buscar e manter a interação, enquanto que no segundo caso, o objetivo é instrumental. Desta forma, ao atingir a meta (obter assistência) cessa a busca pelo outro (Bruner, 1981). Este comportamento tende a estar preservado em crianças com autismo, diferentemente do que ocorre com o de atenção compartilhada. Hobson (1993), ao explicar este fato, parte da premissa de que os sujeitos com autismo compreendem os outros como agentes de ação, mas não de contemplação – o que requer capacidades metacognitivas mais sofisticadas.

Em relação ao comportamento das mães, Bruner (1981) coloca que os cuidadores utilizam os objetos do mundo físico para mediar a interação com o bebê e o fazem através de, por exemplo, canções e jogos sociais. O interessante é que muitos aspectos da qualidade desses jogos (ritmo, batidas etc.) são similares em diferentes culturas, cujos costumes e linguagem são totalmente distintos. O bebê descobre as propriedades do mundo físico, motivado não somente pelas suas próprias capacidades para agir sobre os objetos, mas pelas "mensagens" enviadas por pais sensíveis às suas vivências. O adulto atento "lê", "traduz", "narra" e confere um "sentido" às atividades do bebê que, por sua vez, experimenta um senso de maestria (Bruner, 1997).

No que se refere à interação social cuidador-criança diante de condições atípicas do desenvolvimento, alguns achados merecem ser destacados. De acordo com alguns autores (Kasari, Sigman, Mundy e Yirmina, 1988; Trevarthen, Aitken, Papoudi e Robarts, 1996), o estilo diretivo de interação identificado em mães de crianças com autismo, por exemplo, teria como objetivo, tentativas de eliciar a habilidade de atenção compartilhada. Semelhante a este achado, o estudo de Sigolo (2000) também mostrou que a presença de comportamentos diretivos em mães de crianças com atraso de desenvolvimento apresenta qualidades adaptativas. Isto quer dizer que, em decorrência das dificuldades que estas crianças apresentam, tais comportamentos podem ser considerados como adequados, diferente de quando se pensa em crianças com desenvolvimento típico.

Cabe ressaltar que na literatura encontram-se diferentes definições para o termo *diretividade materna* (Borges e Salomão, 2003; Sigolo, 2000). Por exemplo, Souza e cols. (2005) definiram comportamentos diretivos como gestos e/ou comportamento verbal que a mãe usa para dar instruções e estimular a exploração do filho ou, ao contrário, indicar discordância referente às ações do mesmo. Na verdade, esta definição incorpora elementos de intrusividade. Entretanto, a importância de se estudar este tipo de estratégia materna e diferenciá-lo do conceito de intrusividade, justifica-se pela sua relação com o desenvolvimento favorável da linguagem, em especial do vocabulário da criança (Carpenter e cols, 1998). Este conceito também pode ser considerado como uma das instâncias do constructo

INTERAÇÃO MÃE-CRIANÇA E DESENVOLVIMENTO ATÍPICO   243

denominado "responsividade materna", com implicações para o apego da díade. Em linhas gerais, pode-se dizer que responsividade materna refere-se à capacidade da mãe em interpretar os sinais infantis e responder em conformidade com os mesmos (ver Seidl de Moura e Ribas, neste volume, para uma revisão mais detalhada). Desta forma, compartilhar o foco de interesse da criança facilita a interação, promovendo o desenvolvimento infantil. A intrusividade materna, por outro lado, tem sido definida como as ações maternas que resultam na interrupção e reprovação dos atos da criança (Bosa, 1998) porque estes, em geral, se opõem às metas e interesses maternos. Esta estratégia tem sido associada a uma redução no engajamento espontâneo da criança na interação com a mãe (Bosa e Callias, no prelo), portanto com possíveis riscos para o desenvolvimento de apego seguro entre a mãe e a criança.

Resumindo, apresentou-se argumentos em favor da investigação de comportamentos sociais, tanto da criança quanto maternos, que possam constituir indicativos de problemas no desenvolvimento infantil ou no estilo interativo da díade. Para tanto, necessita-se de instrumentos que possam examinar esses comportamentos com relativa acurácia. Uma das possíveis alternativas é o uso de protocolos de observação.

Considerações metodológicas sobre o protocolo de observação

A definição operacional dos comportamentos investigados ocorreu, primordialmente, com base na contribuição das teorias da Intersubjetividade (Trevarthen, 2000) e sociocognitiva (Bruner, 1981). Deste modo, gestos, olhar, carícias, vocalizações e falas, tais como comentários e perguntas ou críticas, são elementos fundamentais em conceitos, tais como os de Atenção Compartilhada e Responsividade/ Diretividade Materna.

Aplicação do Protocolo de Observação

O protocolo aqui apresentado e originalmente desenvolvido por Bosa (1998) foi utilizado inicialmente em uma investigação que permitiu distinguir crianças com autismo daquelas com outros atrasos do desenvolvimento e com desenvolvimento típico, quanto à habilidade de atenção compartilhada. Desta forma, este instrumento tem implicações tanto para a pesquisa, auxiliando na compreensão das reais dificuldades e limitações destas crianças quanto para a clínica, principalmente no processo de identificação precoce do autismo. É interessante notar que, naquele estudo, não se pode dizer que tenha ocorrido ausência de atenção compartilhada nas crianças com autismo. De fato é errônea a idéia de que crianças com autismo não interagem. Entretanto, é a qualidade desta habilidade que se constituiu em um diferencial destas crianças em relação aos outros grupos. Desta forma, crianças com autismo apresentaram atenção compartilhada na forma de *respostas* às tentativas do adulto para engajá-las em brincadeiras. Contudo, as *iniciativas* para estabelecer e manter a interação, de modo *espontâneo* e *recíproco,* foram extremamente raras e idiossincráticas. Mais recentemente, o protocolo tem sido adaptado para estudar a interação entre mães e crianças com transtornos do desenvolvimento, incluindo autismo (Sanini e Bosa, 1998); deficiência visual congênita (Souza, Bosa e Hugo, 2005) e síndrome de Down (Di Nápoli e Bosa, 2005).

O protocolo contempla ainda a habilidade do adulto em seguir o foco de interesse da criança (o adulto foca e expande o tópico iniciado pela criança, mesmo que seja uma atividade estereotipada, no caso do autismo e deficiência visual congênita) ou, ao contrário, impor o seu próprio (o adulto ignora o interesse da criança por um determinado tópico e tenta persuadi-la a brincar, por exemplo, com os objetos de sua escolha). Conforme mencionado anteriormente, há evidências de que a primeira habilidade está fortemente associada ao desenvolvimento da linguagem no contexto do desenvolvimento típico (Carpenter e cols., 1998), enquanto a segunda parece reduzir a ativi-

INTERAÇÃO MÃE-CRIANÇA E DESENVOLVIMENTO ATÍPICO   **245**

dade interativa em crianças com autismo (Bosa, 1998). Neste sentido, o exame detalhado destas estratégias maternas, conforme propiciado pelo protocolo, tem óbvia implicação clínica.

Contexto de Observação

Nos diferentes estudos em geral utilizou-se uma sessão de 30 minutos de brinquedo livre para elicitar comportamentos sociocomunicativos infantis e maternos, em laboratório. Entretanto, este procedimento também pode ser realizado em ambiente naturalístico. Brinquedo livre foi definido como uma situação de brincadeiras entre mãe e criança na qual nenhum tipo de intervenção ocorre e nem qualquer exigência a respeito de como agir com a criança é feita à mãe (Bosa, 1998).

Estruturação da Sala de observação

A sala de observação, nos estudos aqui apresentados, foi mobiliada com uma cadeira, duas almofadas e brinquedos dispostos sobre um tapete. As sessões foram filmadas para posterior análise com o auxílio de duas videocâmaras, dispostas diagonalmente na sala e ocultas por cortinas. As videocâmaras foram manejadas à distância, por uma bolsista de iniciação científica, num compartimento anexo à sala de Observação. Os vídeos produzidos foram utilizados para a codificação dos comportamentos da díade e o subseqüente processo de análise.

Escolha dos Brinquedos

Os brinquedos devem ser escolhidos de acordo com a faixa etária dos participantes e necessidades dos participantes. Nos estudos realizados pelo NIEPED[*], por exemplo, foram utilizados brinquedos sonoros e de diferentes texturas no caso do estudo de crianças com DVC: bandeja de chá com 4 xícaras e colheres; bichinhos de pelúcia

---

[*] Núcleo de Estudos e Pesquisas em Transtornos de Desenvolvimento – UFRGS.

(2); bolas (uma de plástico, outra de pano); blocos de montar de madeira; cachorrinho sonoro; miniaturas de alimentos como carne, leite, manteiga, caixinha de ovos, sanduíche de borracha (sonoro, entre outros); caminhão de plástico; carrinho de bebê; casinha colorida de plástico; fogão com duas bocas; livro de estória pequeno e com ilustrações; pandeiro de plástico; palhaço de montar; peças cilíndricas (plástico) de montar. Parte dos brinquedos foi disposta no tapete, enquanto outros foram acondicionados em caixas transparentes com tampas deliberadamente difíceis de serem abertas pelas crianças, para eliciar pedidos de auxílio. O fato das caixas serem transparentes auxilia a despertar a curiosidade pelos brinquedos. Recomenda-se este tipo de material nos estudos sobre comunicação/interação em crianças com autismo.

Codificação dos Comportamentos

Os comportamentos são codificados com base em um manual de observação originalmente desenvolvido por Bosa (1998). O material original foi posteriormente adaptado pelos participantes do NIEPED. Algumas das adaptações foram as seguintes: A categoria de atenção compartilhada teve sua definição operacional ampliada e detalhada para facilitar a fidedignidade entre codificadores. Os comportamentos não verbais de atenção compartilhada passaram a ser comportamentos de orientação da cabeça/corpo e não mais direção do olhar, no caso do grupo de crianças com deficiência visual congênita. Outras alterações neste âmbito incluíram a ampliação quanto aos comportamentos gestuais da criança (Ex.: apontar, jogar, empurrar, entregar e mostrar objetos, no campo visual da mãe). O sorriso e o cantar enquanto meios importantes para a comunicação entre mãe e criança, os quais emergiram durante as sessões de observação também foram incluídos dentro da modalidade de atenção compartilhada. A definição operacional dos comportamentos maternos e infantis encontra-se no Anexo A.

INTERAÇÃO MÃE-CRIANÇA E DESENVOLVIMENTO ATÍPICO

Nos estudos feitos, dois bolsistas cegos aos objetivos do estudo foram treinados quanto à codificação dos comportamentos maternos e infantis, de forma independente. Este treinamento ocorreu em duas etapas: a primeira constituiu-se de discussão teórica e a segunda envolveu a prática sobre a codificação de comportamentos, num total de 20 horas aproximadamente. Uma folha de instruções continha orientações básicas sobre a forma de transcrição (Anexo B). Sugere-se esse procedimento nas aplicações do protocolo.

Da mesma forma que o manual dos comportamentos maternos e infantis, a versão original do protocolo de registro da observação foi modificado levando em conta a *codificação por episódios* de atividades conjuntas entre mãe e criança, ao invés da codificação por intervalos. Atividade Conjunta foi definida como episódios interativos onde mãe e criança estavam envolvidos com o(s) mesmo(s) objeto(s) ou ação. Esta mudança reflete a necessidade de se apreender a fluência e a qualidade da *interação da díade* e não comportamentos maternos e infantis isolados e assim favorecer a transcrição dos acontecimentos.

Considera-se que os episódios têm seu início quando a criança ou a mãe dirige-se ao parceiro para a realização de uma atividade e termina quando o foco de interesse mudava para outro objeto ou evento, registrando-se o tempo de início e término de cada episódio em minutos e segundos. Após a identificação do episódio, deve-se realizar a transcrição detalhada dos comportamentos maternos e infantis durante os episódios (gestos, falas e ações das díades), desconsiderando os 5 primeiros minutos filmados, por questões de ambientação da díade, utilizando um Protocolo de Registro (Anexo C). Na codificação por intervalo, codifica-se o comportamento diretamente do vídeo para a folha de registro, dispensando-se a transcrição, a qual é necessária para estudos qualitativos.

Para o processo de codificação foram criadas legendas para cada subcategoria das categorias maternas e infantis. A fim de tornar as legendas mais claras possíveis, estas foram configuradas em cores e fontes diferentes. As subcategorias maternas foram registradas em letra maiúscula; as infantis em letra minúscula e em negrito. O próximo passo foi colocar ao lado de cada fala ou ação, transcritas no protocolo de registro, as legendas das subcategorias correspondentes.

A análise pode ser feita tanto de forma quantitativa ou qualitativa. Na primeira, pode-se utilizar índices de freqüência para as categorias maternas (compartilhamento de tópico, diretividade e contato físico-afetivo) e para as categorias infantis (atenção compartilhada) calculando-se a percentagem com base no total de comportamentos maternos e infantis, assim com o índice de concordância entre os codificadores (Adam e Bakeman, 1994):

$$P_A = \frac{N_A}{N_A + N_D} \times 100$$

*A= concordância; D=discordância.

No caso do estudo de Souza e cols. (2005), este cálculo foi efetuado em dois momentos da pesquisa. O primeiro cálculo foi obtido no início do treinamento com base em apenas 1 vídeo. Após a intensificação do treinamento, o índice obtido foi superior ao primeiro, com base em 3 vídeos de crianças de um outro estudo. As dúvidas foram dissolvidas através de consenso, em discussões com o grupo de pesquisa. Ambos os índices situaram-se acima dos 70%, indicando que a definição operacional dos comportamentos é adequada.

A análise qualitativa permite a descrição e compreensão dos mecanismos envolvidos na interação, em particular das estratégias maternas que facilitam a manutenção da interação ou, ao contrário, levam ao retraimento/resistência da criança, sobretudo naquelas que já estão em risco para atrasos/desvios no comportamento social. O uso do protocolo revelou que a habilidade de compartilhar o interesse da criança, por parte da mãe, favorece a manutenção da interação em crianças com transtornos do desenvolvimento, como por exemplo, autismo. Neste caso, mesmo as atividades estereotipadas da criança podem servir como base para a interação.

INTERAÇÃO MÃE-CRIANÇA E DESENVOLVIMENTO ATÍPICO   *249*

Conclusão

A observação sistemática é uma ferramenta poderosa no sentido de identificar similaridades e peculiaridades em diferentes grupos, fornecendo informações valiosas, tanto sobre a sua ocorrência quanto sobre a qualidade, com importantes implicações para intervenção. A codificação "cega", por codificadores independentes, tem vantagens à medida que dissolve a influência de possíveis viéses ao se estudar a população atípica. Esta metodologia, ainda que requeira uma prática cuidadosa e detalhada, apresenta-se, ao mesmo tempo, suficientemente flexível para que esta seja repensada e redimensionada, conforme a natureza do problema de cada estudo. Por exemplo, mais recentemente o protocolo foi adaptado para investigar as estratégias interativas de educadores de berçários (Bressani e Bosa, submetido). Uma das limitações deste protocolo é a grande demanda de tempo e treinamento para a sua codificação, além de dúvidas sobre a exata duração dos episódios, isto é, comportamentos que realmente assinalam mudanças na atividade interativa da díade, sobretudo em crianças com comportamento atípico. Entretanto, as discussões e decisões em consenso, com o grupo de pesquisa, têm se revelados profícuos nestes casos. Finalmente, o conceito de diretividade e intrusividade fazem parte do mesmo continuum neste protocolo, podendo ser considerada a possibilidade de divisão. Finalmente, ressalta-se que a observação sistemática representa uma grande contribuição para a pesquisa e clínica pela sua pluralidade e flexibilidade sem que se perca o rigor científico.

REFERÊNCIAS BIBLIOGRÁFICAS

BARON-COHEN, S. (1995). *Mindblindness.* Cambridge, MA, MIT.

BORGES, L. C. & SALOMÃO, N. M. R. (2003). Aquisição da linguagem: Considerações da perspectiva da interação social. *Psicologia: Reflexão e Crítica, 16(2).* 327-336.

BOSA, C. (1998). *Affect, social communication and self-stimulation in children with and without autism: A sistematic observation study of requesting behaviours and joint attention.* Tese de Doutorado nãopublicada. Institute of Psychiatry, Universidade de Londres, Inglaterra.

_____. (2002). Atenção compartilhada e identificação precoce do autismo. *Psicologia: Reflexão e Crítica, 15* , 77-88.

BOWLBY, J. (1969). *Attachment and loss: Part I.* London, Hogarth Press.

BRUNER, J. (1978). Acquiring the uses of language. *Canadian Journal of Psychology, 32*(4),204-21.

_____. (1981). The social context of language as acquisition. *Language and Communication, 1* (2-3), 155-178.

_____. (1997). *Atos de significação* (Tradução de S. Costa). Porto Alegre, Artes Médicas. (Original publicado em 1990.)

CARPENTER, M.; NAGELL, K. & TOMASELLO, M. (1998). Social cognition, joint attention and communicative competence from 9 to 15 months of age. *Monographs of the Society for Research in Child Development, 63* (4), 1-143.

HOBSON, P. (1993). Understanding persons: The role of affect. In: BARON-COHEN, S.; TAGER-FLUSBERG, H. & COHEN, D. J. (orgs.). *Understanding other minds: Perspectives from autism.* Oxford, Oxford Medical Publications.

DI NÁPOLI & BOSA, C. (2005). As relações entre o reconhecimento da imagem de si, a qualidade da interação mãe-criança e autismo. *Revista Brasileira de Crescimento e Desenvolvimento Humano, 15* 11-25.

KANNER, L. (1943). Affective disturbances of affective contact. *Nervous Child, 2*, 217-250.

KASARI, C.; SIGMAN, M.; MUNDY, P. & YIRMIYA, N. (1988). Caregiver interactions with autistic children. *Journal of Abnormal Child Psychology, 16*, 45-56.

MESSER, D. (1994). *The development of communication: From social interaction to language.* Chichester, UK, John Wiley & Sons.

MUNDY, P.; SIGMAN, M.; UNGERER, J. A. & SHERMAN, T. (1986). Defining the social deficits of autism: The contribution of nonverbal

INTERAÇÃO MÃE-CRIANÇA E DESENVOLVIMENTO ATÍPICO 251

communication measures. *Journal of Child Psychology and Psychiatry, 27*, 657-669.

MUNDY, P.; SIGMAN, M. & KASARI, C. (1990). A longitudinal study of joint attention and language development in autistic children. *Journal of Autism and Developmental Disorders, 20*, (1), 115-128.

PICCININI, C.; SEIDL DE MOURA, M. L. S.; RIBAS, A.; OLIVEIRA, E. A.; PINTO, E.; SHERMANN, L.; CHAON, V. L. & BOSA, C. (2001). Diferentes perspectivas na análise da interação pais-bebê/criança. *Psicologia Reflexão & Crítica, 14*, 469-485.

SIGOLO, S. R. (2000). Diretividade materna e socialização de crianças com atraso de desenvolvimento. [Resumos]. In: Sociedade Brasileira de Psicologia do Desenvolvimento e Universidade Federal Fluminense (org.). *Anais, III Congresso Brasileiro de Psicologia do Desenvolvimento* (p. 67). Niterói, RJ, SBDP, UFF.

SOUZA, A. D., BOSA, C. & HUGO, C. (2005). As relações entre deficiência visual congênita, condutos do espectro do autismo e estilo materno de interação. *Estudos de psicologia, 22* (4), 355-364.

TREVARTHEN, C. (2000). Intrinsic motives for companionship in understanding: their origin, development, and significance for infant mental health. *Infant Mental Health Journal, 22* (1-2), 95-131.

TREVARTHEN, C.; AITKEN, K.; PAPOUDI, D. & ROBERTS, J. (1996). *Children with autism: Diagnosis and interventions to meet their needs.* Londres, Jessica Kingsley.

Anexo A
Manual de observação e codificação dos episódios de atividades conjuntas mãe-criança[20]

COMPORTAMENTOS MATERNOS

I. Compartilhamento de Tópico (CT): Gestos e/ou comportamento verbal usado pelas mães para compartilhar um tópico com seus filhos, engajar a criança em brincadeiras/ atividades, além de focalizar a atenção em atividades já iniciadas pela criança, mantendo a interação com esta através de objetos e eventos (Bosa, 1998).

MODALIDADES DE COMPARTILHAMENTO DE TÓPICO
a) Comportamento Verbal para Engajar a Criança nas Atividades (CV):

1. Repetição (R) – verbalizações maternas que repetem total ou parcialmente qualquer verbalização prévia da criança.
2. Expansão (E) – Ato de completar, elaborar ou transformar qualquer verbalização prévia da criança. Ex.: Criança diz: carro. Adulto responde - um carro vermelho.
3. Comentário (C) - Exclamações, comentários expressando surpresa ou aprovação (uau! Oh! Opa!).
    - Identificação de objetos, eventos, pessoas (é um carrinho), localização de objetos (ó meu filho, está aqui o carrinho, ao teu lado).
    - Descrições de ações, características de objetos, pessoas (a ponte caiu... o carrinho é amarelo).
    - Expressões de estados mentais maternos ou de outrem (emoções, sensações, intenções) (isso dói, gostei deste bolo, ele está triste etc.).
4. Pergunta (PE) - Pergunta com resposta – a mãe faz uma pergunta e fornece uma resposta concomitante (o que o ....está fazendo? Tomando suco?).
    - Pergunta com confirmação – a mãe faz uma pergunta que envolve uma confirmação por parte da criança, restringindo a resposta da criança a

---

20. As abreviaturas dos comportamentos, para fins de codificação, estão entre parênteses.

INTERAÇÃO MÃE-CRIANÇA E DESENVOLVIMENTO ATÍPICO

um "sim ou não" (depois nós vamos no parque, certo? Isso é muito chato, não é?).

- Pergunta direta – a mãe faz uma pergunta esperando obter uma informação da criança (o que é isso? O que você quer? O que você esta fazendo/desenhando?)
- Pergunta-convite – (vamos fazer uma casinha?).

5. Resposta materna à pergunta/informação/convite da criança (RES)

b) Comportamento Não Verbal para Engajar a Criança nas Atividades (CNV): O comportamento não verbal é definido por gestos com as mãos e pelo contato físico intencional entre o corpo da mãe e o da criança para guiar a exploração.

1. Gestos com as mãos (GM):
   - apontar;
   - acenar;
   - agitar dedos;
2. Gestos com a cabeça (GC):
   - agitar a cabeça;
   - assentir;
   - negar;
   - outro.
- Sempre que aparecer "outro" nas modalidades dos comportamentos, escrever por extenso qual é este comportamento.

3. Contato físico intencional entre o corpo da mãe (ou partes deste) e o da criança (CFI):
   Aproximação realizada com o objetivo de guiar a exploração da criança.
   Ex: para dar o objeto para a criança, mãe toca na mão dela e a coloca diante do objeto; mãe vira a criança, colocando-a diante do objeto ou próxima deste.
   Tipos de contato físico intencional:
   - tocar;
   - segurar o rosto;

- tocar braços ou mãos;
· Não são codificados comportamentos de atendimento à criança tais como limpar o nariz, mãos, etc.

II. Diretividade (D): Gestos e/ ou comportamento verbal usado por suas mães para a) chamar a atenção de seu filho para a realização de uma ação numa direção desejada; b) indicar discordância com as ações em andamento da criança. O comportamento verbal é caracterizado por imperativos e reprovação dos atos da criança (Bosa, 1998). O comportamento não verbal é caracterizado pela introdução de novos objetos, além daquele de interesse da criança, e remoção de objetos com os quais a criança já esteja envolvida, no seu campo de alcance.

MODALIDADES DE DIRETIVIDADE

a) Comportamento Verbal para Dirigir a Criança nas Atividades (CV):

1. Comando (C) - Comando positivo: Comandos ou sugestões/convites para que a criança execute determinadas ações (dá para mim, ponha o brinquedo na caixa, que tal guardar o brinquedo? Vamos fazer uma casinha!). Comando incompleto: Comando para que a criança complete uma frase dita previamente pelo adulto.
2. Reprovação (RP): Reprovações/críticas a respeito do comportamento da criança e tentativas de mudar o comportamento da criança numa direção desejada.

b) Comportamento Não-verbal para Dirigir a Criança nas Atividades (CNV):

1. Introduz objeto à criança (IO).
2. Introduz novo objeto à criança, além daquele de interesse da criança (ION).
3. Remove objeto (RO) – Retira da criança um objeto que está sendo manipulado por ela.

INTERAÇÃO MÃE-CRIANÇA E DESENVOLVIMENTO ATÍPICO 255

III. Contato Físico Afetivo (CFA): Contato físico materno direcionado à criança, de forma afetiva.

MODALIDADES DE CONTATO FÍSICO AFETIVO

- abraço;
- beijo;
- carinhos etc.

COMPORTAMENTOS INFANTIS

I. Atenção Compartilhada (AC): conjunto de comportamentos comunicativos (verbais e não-verbais) que objetivam iniciar e dividir com o cuidador, de forma recíproca, a experiência acerca das propriedades dos objetos e eventos ao redor.

Esses comportamentos verbais têm a sua correspondência no apontar, mostrar, trazer objetos, perguntas e comentários como o que é, para que serve, de que material é feito, espontaneamente. Os comportamentos não-verbais estão dados no intercâmbio do olhar entre o objeto e o parceiro. A meta desses comportamentos não é pedir coisas, mas sim interagir com o cuidador, compartilhar interesse e prazer. Tal interação é intermediada pelos objetos, eventos, situações. A contrapartida deste comportamento é ignorar, protestar ou resistir às tentativas do cuidador para interagir.

MODALIDADES DE ATENÇÃO COMPARTILHADA:

a) Orientação da Cabeça/Corpo

1. Cabeça/corpo dirigido à face da mãe (occ).
2. Cabeça/corpo a um objeto que está sendo manipulado pela própria mãe (oco).
3. Orientação do corpo em direção à mãe (com).

b) Gestos

1. Mostra objetos, espontaneamente, em direção ao campo visual da mãe (mm).
2. Aponta objetos em direção ao campo visual da mãe, espontaneamente (am).
3. Entrega objetos para a mãe, espontaneamente (et).
4. Empurra objetos em direção ao campo visual da mãe, espontaneamente (eo).
5. Joga objetos em direção ao campo visual da mãe, espontaneamente (j).

c) Verbalização/Vocalização

1. Verbaliza ou vocaliza algo (orientado para o adulto ou não) (v).
2. Comentários (co).
3. Perguntas (pe).

d) Sorriso (so).

Sorri orientando-se para a mãe.

e) Canta (ca)

Canta para ou com a mãe.

f) Resposta (Rp)

Comportamento verbal ou não verbal no sentido de executar uma atividade solicitada pela mãe.

INTERAÇÃO MÃE-CRIANÇA E DESENVOLVIMENTO ATÍPICO 257

Anexo B

Diretrizes para Transcrição dos Vídeos

- Elaborar critérios para o início da transcrição (ex.: a partir do momento em que a mãe fecha porta da sala, ao entrar) e término.
- Identificar seqüências de comportamentos, descrevendo os comportamentos dirigidos ao parceiro e reações de cada integrante da díade.
- A descrição deve ser baseada nas ações e não em inferências do observador (ex.: a criança manipula o carrinho para frente e para trás, ao invés de a criança BRINCA com o carrinho; a criança sorri, ao invés de criança está FELIZ)
- A descrição deve se referir ao que foi claramente observado no vídeo. Quando a situação não ficou clara deve-se fazer esta observação (quando não for possível ver ou ouvir o que está acontecendo).
- Descrever a localização física dos participantes na sala, onde e como cada um (mãe, criança, estranho) está (sentado, em pé, próximos, distantes, em círculo etc.) em relação ao outro.
- Registrar particularmente as trocas de olhar, sorriso, gestos, se encostar etc.
- Registrar gestos para compartilhar os brinquedos, tais como: apontar para o brinquedo, levar o brinquedo para o parceiro (mãe e/ou estranho), puxar o parceiro pela mão ou roupa para olhar o brinquedo etc.
- Quando a criança fala, registrar para o que ou para quem ela se dirige.
- Transcrever as falas das mães ou criança literalmente (entre aspas). Se a mãe permanecer em silêncio, também registrar.

Anexo C

Protocolo de Registro de Transcrição dos Episódios de Atividades Conjuntas
Atividades Conjuntas (mãe-criança): Compartilhamento de Tópico; Diretividade; Contato Físico Afetivo; Atenção Compartilhada.

Díade:
Mês/ano:
Projeto:

Início e Término dos Episódios		Transcrição dos episódios

Capítulo 10

AUTISMO E ENGAJAMENTO ATENCIONAL: PROPOSTA METODOLÓGICA PARA CODIFICAÇÃO E ANÁLISE DE VÍDEOS CASEIROS

Susana Engelhard Nogueira e Maria Lucia Seidl de Moura

A infância humana tem algumas características específicas, como o longo período gestacional e a maturação que se dá lentamente desde o período pré-natal até depois do nascimento. Os bebês humanos nascem com um cérebro "em desenvolvimento", são indefesos e pouco equipados para sobreviver sem os cuidados dos adultos de sua espécie. Com isso, necessitam de um ambiente de cuidados adequados e a relação com os cuidadores primários é essencial. Essa fragilidade inicial é, entretanto, contrastada com a presença, de um conjunto de predisposições específicas de grande complexidade, muitas das quais se desconhecia até bem pouco tempo (Klaus e Klaus, 1989; Seidl de Moura e Ribas, 2004). Essas prediposições apresentam-se como capacidades de discriminação e atenção diferenciada a tipos de estímulos do mundo de objetos e social. No âmbito social, um conjunto de capacidades tem sido constatado. Entre elas, observam-se as capacidades de distinguir vozes humanas de outros sons e responder diferencialmente às primeiras, de reconhecer a voz e o cheiro de sua mãe, de atender a estímulos de faces humanas, de reconhecer e imitar movimentos faciais, entre outras. Elas são de natureza adaptativa, parecem indicar uma sensibilidade e predisposição do bebê em direção a pessoas, seus co-

260 Susana Engelhard Nogueira e Maria Lucia Seidl de Moura

específicos, e são importantes para a sobrevivência desse bebê que depende de seus cuidadores.

Assim, apesar de o bebê humano apresentar desde o nascimento uma imaturidade quanto ao seu desenvolvimento físico, e uma dependência de cuidados, ele mostra predisposição a trocas com seus cuidadores. Essa predisposição torna-o de alguma forma sensível ao ambiente físico e social e o prepara para adquirir informações por meio das interações sociais. Estas últimas tendem a sofrer mudanças ao longo de seu desenvolvimento: inicialmente os bebês são capazes de se engajar em interações sociais, especialmente as de natureza face-a-face com seus cuidadores, caracterizando episódios diádicos (Seidl de Moura e Ribas, 2004). Estas primeiras trocas diádicas que ocorrem nos primeiros seis meses de vida do bebê com seus parceiros parecem apresentar uma natureza afetiva por envolverem essencialmente brincadeiras rítmicas corporais, vocalizações e expressões faciais (Trevarthen, 1974). Gradualmente, as interações precoces diádicas, especialmente as de natureza face-a-face, passam por uma transformação quando o bebê começa a se interessar pelo mundo dos objetos, mas sem abandonar interesses sociais, culminando com a emergência de interações triádicas (Trevarthen e Hubley, 1978). Assim, neste período, a criança é capaz de coordenar a atenção em relação a objetos, eventos e em relação a pessoas simultaneamente. Nestas interações triádicas, é comum estarem presentes os chamados comportamentos de atenção conjunta, onde uma criança pode olhar para um adulto, e em seguida orientar-se visualmente para a mesma direção onde este parceiro está olhando, demonstrando de alguma forma sensibilidade ao fato de que os outros com os quais interage podem ter intenções e perspectivas diferentes, porém, passíveis de serem compartilhadas. De uma maneira geral, tais comportamentos envolvem a capacidade infantil de compartilhar a atenção de um objeto com uma pessoa, seguir a direção do olhar ou o gesto de apontar de um adulto dirigido a um objeto e utilizar gestos não verbais para dirigi-lo a objetos que lhe interessam (Carpenter, Nagell e Tomasello, 1998).

AUTISMO E ENGAJAMENTO ATENCIONAL: PROPOSTA METODOLÓGICA... **261**

Esse processo é fundamental para o surgimento gradativo de uma compreensão acerca das intenções e crenças que orientam comportamentos de outras pessoas, permitindo que estes últimos possam ser monitorados ou preditos em algum nível. Neste sentido, a capacidade da criança em se colocar na perspectiva do outro e predizer qual seria sua ação, sentimento ou reação possivelmente experimentados em determinada situação constitui uma tarefa necessária para a aquisição de uma teoria da mente, a qual se torna mais explícita a partir dos três anos de idade (Baron-Cohen, 1995).

A literatura tem apontado que a atenção conjunta é a expressão mais precoce da capacidade infantil de compreender a mente de outros, de modo que é a partir dela que a criança demonstra sensibilidade ao que uma outra pessoa possa estar interessada ou atenta (Baron-Cohen, 1989). Assim, um simples gesto de apontar para algum objeto no ambiente pode ter significados diferentes a serem compreendidos, podendo, por exemplo, indicar interesse em compartilhar aquilo para o que se está apontando ("Olhe isto! Você vê o que eu vejo?") ou apenas indicar uma ordem ou pedido de ajuda ("Eu quero isso! Pegue para mim!"). Estes gestos podem, portanto, apresentar respectivamente uma natureza declarativa ou imperativa. Apesar de haver esta diferenciação, nem sempre o início da manifestação desses comportamentos ocorre de maneira simultânea ou integrada ao longo do desenvolvimento, o que pode ser especialmente observado em crianças portadoras de autismo.

Segundo o DSM-VI-TR (*Diagnostic and Statistical Manual of Mental Disorders*, APA, 2002), o autismo é uma síndrome cujos sintomas podem aparecer antes dos 30 meses de idade, estando os principais comprometimentos qualitativos relacionados às áreas de interação social, comunicação e padrões de comportamento, interesse ou atividades estereotipadas.

Diante destas contribuições, pode-se questionar: Como o estabelecimento deste conjunto de comportamentos de atenção conjunta pode se dar quando há comprometimentos em habilidades sociocognitivas no desenvolvimento infantil, especialmente em crian-

262 Susana Engelhard Nogueira e Maria Lucia Seidl de Moura

ças portadoras de autismo? Como estas crianças podem desenvolver, mesmo que de forma restrita, alguma intersubjetividade, uma vez que tendem a apresentar dificuldades manifestas em se colocar na perspectiva do outro e em se engajar em trocas sociais recíprocas, tanto diádicas como triádicas?

Parece haver no autismo exatamente um comprometimento nesta área, uma vez que, segundo Wetherby e Prutting (1984), crianças com autismo tendem a exibir comportamentos de requerer objetos ou de se engajar em trocas sociais (gestos imperativos), mas não esboçam comportamentos de indicação, ou seja, não exibem gestos no sentido de indicar ou compartilhar propriedades de certos objetos (declarativos). Isto significa, então, que a dificuldade quanto à responsividade social parece ser maior em episódios que envolvem comportamentos de atenção conjunta, em especial os que envolvem a iniciativa de compartilhamento, de forma espontânea. Nestes tipos de episódios, diferentemente da maioria das outras crianças, aquelas que apresentam autismo parecem não tentar captar a atenção ou monitorar a direção do foco visual de outras pessoas para mostrar-lhes algum objeto ou evento interessante que estariam desvinculados de seus interesses restritos ou repetitivos ou ainda, para descobrir se as coisas pelas quais estão interessadas são também alvo de interesse para outros, podendo esta experiência ser compartilhada.

Já existe uma literatura expressiva sobre as diferenças em comportamentos de atenção conjunta precoce e suas possíveis conseqüências para o estabelecimento de interações sociais recíprocas comparando-se amostras de crianças com e sem alterações no desenvolvimento, sobretudo em crianças que apresentam diagnóstico que apontam para suspeita de autismo. Essa literatura é recente, concentrando-se na última década. Dentre estes estudos, destacam-se os que têm demonstrado haver déficits em aspectos cognitivos como imitação (Smith & Bryson, 1994), atenção conjunta (Charman, Baron-Cohen, Swettenham, Baird, Cox e Drew, 2000) e brincadeira simbólica (Bernabei, Camaioni e Levi, 1998) em crianças com autismo.

AUTISMO E ENGAJAMENTO ATENCIONAL: PROPOSTA METODOLÓGICA... 263

Por outro lado, Adamson, McArthur, Markov, Dunbar e Bakeman (2001) ressaltam que ainda não está claro como crianças com autismo e seus correspondentes parceiros freqüentemente fracassam na tentativa de estabelecer a atenção conjunta nas trocas sociais. Esses autores afirmam que, apesar de já se saber que crianças com autismo apresentam dificuldades quanto a essas habilidades torna-se importante conhecer quais características estão presentes quando as trocas sociais ocorrem, mesmo que breves ou restritas, buscando-se identificar quais apelos estão envolvidos pelos parceiros para engajar a criança com autismo.

De uma maneira geral, este conjunto de evidências científicas é capaz de suscitar a seguinte pergunta: O quão cedo no desenvolvimento infantil é possível identificar os déficits sociais, especialmente os de atenção conjunta, que constituem indicadores do quadro clínico de autismo?

De acordo com Maestro e cols. (2002), a resposta a esta pergunta ainda permanece aberta. Como o diagnóstico para autismo é geralmente realizado de maneira mais segura quando a criança atinge por volta dos 3 ou 4 anos de idade, pouco acesso se tem aos dados de seu desenvolvimento infantil inicial, excetuando-se os relatos provenientes de entrevistas realizadas com seus familiares. Tendo em vista a importância de se fazer esse diagnóstico mais cedo, e de se compreender a ontogênese desses processos sociocognitivos, a formulação de um diagnóstico precoce para autismo tem sido foco de muitos estudos sobre o desenvolvimento infantil inicial. Esses estudos focalizam, especialmente, as manifestações de dificuldades sociais típicas deste quadro clínico nos primeiros meses ou no primeiro ano de vida.

Neste cenário, têm sido caracterizados como possíveis indicadores precoces de autismo a ausência de atividades de apontar declarativo, mostrar objeto para parceiros, durante a interação, e brincadeira simbólica (Baron-Cohen e cols., 1996). Em períodos anteriores aos 18 meses de idade, a validade preditiva destes comportamentos ainda é questionável (Maestro e cols., 2002). Por essa razão, várias pesquisas têm buscado analisar retrospectivamente as características

264 Susana Engelhard Nogueira e Maria Lucia Seidl de Moura

comportamentais de crianças posteriormente diagnosticadas com autismo, com base em registros de vídeos caseiros produzidos por suas famílias durante a infância.

A busca pela utilização de registros em vídeo dos primeiros meses de vida de uma criança posteriormente diagnosticada com autismo pode ser vista como um recurso capaz de permitir um acesso retrospectivo a um conjunto de dados do comportamento em um período precoce do desenvolvimento, especialmente anterior a formulações diagnósticas. Há ainda bem poucos estudos que utilizam e avaliam esse recurso.

Osterling e Dawson (1994) buscaram investigar vídeos caseiros de festas de aniversário do primeiro ano de vida de 11 crianças norte-americanas posteriormente diagnosticadas como autistas, comparando-as a outras 11 crianças com desenvolvimento típico. De uma maneira geral, os vídeos caseiros foram analisados a partir de um sistema de codificação por intervalos de 1 minuto de duração cada, com base no qual foi registrada a presença ou ausência de comportamentos específicos para autismo ou para desenvolvimento típico.Os resultados apontaram que as crianças com autismo exibiram significativamente menor freqüência de comportamentos sociais e de atenção conjunta (especialmente olhar para pessoas) e maior freqüência de comportamentos autísticos (e.g., auto-estimulação, cobrir orelhas, e falhar em orientar-se pelo nome quando chamadas) quando comparadas às crianças do outro grupo.

Seguindo esta tendência de analisar registros de vídeos produzidos por famílias de crianças durante a infância inicial, Baranek (1999) buscou investigar retrospectivamente diferentes categorias comportamentais (e.g. olhar, afeto, responder ao nome, estereotipias motoras, toque, modulações sensoriais, dentre outras) em um grupo composto por trinta e duas crianças norte-americanas no período de 9 a 12 meses, sendo 11 crianças posteriormente diagnosticadas com autismo, 10 com desordens de desenvolvimento, e 11 com desenvolvimento típico.

Os resultados deste estudo indicam nove variáveis comportamentais potencialmente preditoras, que discriminaram o grupo de

AUTISMO E ENGAJAMENTO ATENCIONAL: PROPOSTA METODOLÓGICA... 265

crianças com autismo dos demais: olhar a câmera, brincar com objeto, colocar objeto na boca, número de vezes em que o nome da criança é chamado, afeto, postura, aversão a toque social, fixação visual e orientação para estímulo visual. A partir destes dados, a autora sugere que alguns sintomas característicos para autismo já podem estar presentes dos 9 aos 12 meses de idade, sendo necessário aliar categorias sensório-motoras às de responsividade social em procedimentos de avaliação precoce infantil. Considerando a finalidade deste capítulo, alguns aspectos da metodologia do estudo de Baranek (1999) merecem ser relatados. Após recrutamento, foram selecionadas famílias em que as crianças foram diagnosticadas como autistas e que tivessem vídeos das mesmas entre os 9 e 12 meses de idade, sendo excluídas as crianças que apresentavam comprometimentos visuais, auditivos ou físicos significativos. As famílias convidadas a participar deveriam disponibilizar estes registros em vídeo aos pesquisadores. Cópias destes vídeos foram feitas e identificadas por um número para preservar a confidenciabilidade. As fitas foram observadas e avaliadas em termos de sua qualidade. Foi registrada a idade cronológica da criança em cada cena, assim como o contexto específico (brincadeira, cuidado, rotina familiar, celebração de aniversário etc). A idade cronológica foi calculada levando-se em conta a data de nascimento da criança e a data exibida na filmagem. Quando esta última estava ausente e não se podia determinar a idade da criança, a cena era excluída. Foram selecionados aleatoriamente trechos de cenas nas quais a criança estivesse inteiramente visível. As várias cenas foram agregadas em duas compilações de 5 minutos de duração cada, perfazendo um total de 10 minutos para cada criança participante. Todos os participantes que tiveram um total de cenas editadas com duração inferior a 10 minutos foram descartados. A autora utilizou categorias comportamentais (olhar e aversão ao olhar, afeto, toque social, ajustes posturais, responsividade ao nome, estereotipias motoras ou com uso de objeto, modulação sensorial) descritas em Baranek (1996). O método de codificação envolveu o registro de uma categoria por vez. Foi realizada a análise de 20 intervalos de 15 segundos de duração

266 Susana Engelhard Nogueira e Maria Lucia Seidl de Moura

para cada segmento de 5 minutos analisados. Para cada variável, as freqüências foram computadas ao longo dos 20 intervalos e posteriormente convertidas em índices (e.g. proporção de tempo do comportamento que foi observada para cada um dos segmentos de 5 minutos). Os resultados encontrados foram descritos acima.

Werner, Dawson, Osterling e Dinno (2000) aperfeiçoaram essa metodologia para análise de vídeos caseiros de crianças posteriormente diagnosticadas com autismo. O estudo envolveu 15 crianças norte-americanas com diagnóstico de autismo cujos vídeos caseiros, quando tinham 8 a 10 meses de idade, foram analisados e comparados com crianças com desenvolvimento típico. Os resultados revelaram que as crianças com autismo tenderam a apresentar dificuldades com relação à categoria de comportamentos sociais, principalmente em termos de atividades como orientar-se pelo nome quando chamadas e olhar para a face do parceiro enquanto sorriem, sugerindo haver diferenças precoces entre as crianças dos dois grupos.

Foram utilizadas pelos autores as mesmas fitas de vídeo de aniversário de 1 ano de idade de crianças que participaram do estudo anterior de Osterling e Dawson (1994), e que eram diagnosticadas como autistas. A duração de cada fita variou de dois a 38 minutos, e elas foram classificadas inicialmente segundo algumas variáveis do contexto das cenas: local de filmagem; posicionamento físico da criança, se no chão ou no colo, na cadeira; o número de adultos presentes; e o número de crianças. Os índices de fidedignidade para todas as variáveis foram avaliados por dupla codificação em 20% das fitas, e os coeficientes de Kappa variaram entre 0,68 e 0,91. Foi também verificado se os dois grupos apresentavam diferenças significativas com relação às variáveis de contexto, o que não ocorreu. Garantida a comparabilidade em relação a esse aspecto, um sistema de codificação comportamental foi desenvolvido para se registrar a presença ou ausência de vários comportamentos de desenvolvimento típico, ou comportamentos sintomáticos de autismo. Intervalos de dois segundos foram considerados para a codificação e três grandes grupos de categorias foram utilizados: *comportamentos sociais* (e.g. olhar para

AUTISMO E ENGAJAMENTO ATENCIONAL: PROPOSTA METODOLÓGICA... *267*

outro, olhar para a face de outro enquanto sorri e orientar-se pelo nome quando chamado); *comportamentos comunicativos* (vocalizações de estágio 1 – sons simples – "ahhh" ou de estágio 2 – combinação de vogal e consoante- "ba ba"); e *comportamentos repetitivos* (objetos usados apropriadamente para balançar, sacudir, etc ou objetos usados inapropriadamente para a sua finalidade). Reconhecendo a importância das evidências oriundas destes estudos, e dando continuidade a essa linha de investigações, Maestro e cols. (2001) também utilizaram registros de vídeos caseiros dos dois primeiros anos de vida da criança para pesquisar desenvolvimento infantil precoce em crianças italianas com autismo. Quinze filmagens caseiras de crianças posteriormente diagnosticadas como autistas foram comparadas com outras quinze de crianças com desenvolvimento típico, em termos de ocorrência ou não ocorrência de categorias comportamentais subdivididas em três áreas: comportamento social, intersubjetividade e atividade simbólica. Foram observadas diferenças significativas para os dois grupos quanto às categorias de intersubjetividade no período de 0 a 6 meses e atividade simbólica nos períodos de 6 a 12 meses e posteriormente, 18 a 24 meses, onde crianças com autismo tenderam a apresentar menor ocorrência destas atividades. Vale ressaltar que este estudo considerou como intersubjetividade um conjunto de comportamentos que se referem explicitamente à atenção conjunta. São eles: contexto de trocas triádicas, apontar declarativo, compreensão do apontar, imitação e atos referenciais.

Foram incluídos neste estudo apenas vídeos sem qualquer edição realizada pela família, com duração mínima de uma hora e meia, onde fosse possível observar a criança em seqüências de atividades naturais de sua rotina (alimentação, banho, brincadeira, sozinha ou em interação com outros parceiros, primeiro aniversário, primeiro banho, primeira alimentação, primeiros passos, e quaisquer outros contextos). Para analisar os vídeos, os mesmos foram divididos em quatro grupos: 0-6 meses, 6-12 meses, 12-18 meses e 18-24 meses. Para comparar com o grupo de controle, foram selecionadas cenas sem interrupção por no mínimo três minutos. Os filmes foram misturados e avaliados por observadores cegos à condição clínica dos bebês dos dois grupos do estudo (autista ou não autista), previamente treinados para avaliar as categorias comportamentais segundo um inventário próprio (Comportamentos Normais em Crianças e Bebês a partir de Vídeos Caseiros). Esse inventário é composto por itens de situações de vida diária do bebê, extraídos da observação de vídeos caseiros e envolve três áreas. A primeira é de *comportamento social*: e.g. olhar para pessoas, sintonia postural ao corpo do parceiro, busca por contato, sorrir para alguém de modo dirigido, compartilhar atividade com alguém, demonstrando incluí-lo na tarefa, vocalizar ou emitir sons para uma pessoa. A segunda é de *intersubjetividade:* e.g., compartilhar atenção dirigindo o foco do olhar a alguma atividade de outra pessoa, apontar declarativo para compartilhar interesse por algo com alguém, compreensão do apontar seguindo com o olhar a direção do gesto feito por outra pessoa, imitação de um som ou ação, atos referenciais de empatia ou olhar referencial. Finalmente, a terceira é o *comportamento simbólico:* e.g., brincadeira simbólica em que a criança faz de conta usar um objeto como se fosse outra coisa; gestos comunicativos como dar tchau, vocalização com significado semântico compreensível. Nesse inventário, eram registradas a presença ou ausência de cada comportamento em cada idade da criança. A análise dos dados consistiu em calcular o escore total, para cada criança, de cada área do que foi registrado nas quatro faixas etárias de observação, levando-se em conta a presença ou ausência de cada comportamento. Foi calculado o teste qui-quadrado para cada item, nos diferentes grupos, para investigar as diferenças de cada grupo em comportamentos específicos.

De maneira a complementar esta investigação, Maestro e cols. (2002) buscaram comparar quinze crianças italianas diagnosticadas como autistas com outras quinze com desenvolvimento típico, a partir de registros de vídeos caseiros durante os primeiros 6 meses de idade. As categorias comportamentais de observação e análise foram subdivididas em três grupos: atenção social (e.g., olhar para pessoas, orien-

AUTISMO E ENGAJAMENTO ATENCIONAL: PROPOSTA METODOLÓGICA... 269

tar-se para pessoas, sorrir para pessoas e vocalizar para pessoas), atenção não social (e.g., olhar para objetos, orientar-se para objetos, sorrir para objetos e vocalizar para objetos) e comportamento social (e.g., sintonia postural, busca por contato e comportamentos sintonizados com parceiro). Os resultados deste estudo apontaram para diferenças significativas entre os dois grupos com relação à categoria de atenção social. A partir das observações de crianças com autismo, as mesmas tenderam a focalizar sua atenção em menor freqüência para estímulos sociais, embora não tenham sido observadas diferenças entre os dois grupos para estímulos não sociais. Uma contribuição importante deste estudo ao cenário das discussões apresentadas até o momento está justamente no fato dos autores sugerirem que parece haver no autismo um déficit específico relacionado não à capacidade de atenção em geral, mas, sim, de preferência pelo estímulo da atenção. Assim, crianças com autismo tenderiam a ser capazes de focalizar a atenção, mas seletivamente a estímulos não sociais.

Alguns aspectos metodológicos originais desse estudo foram a seleção de cenas em que a criança estivesse visível e envolvida em interação humana ou com objeto, e que tinham duração de mais de 40 segundos, e sua classificação quanto aos contextos (rotinas familiares de banho, alimentação, troca de roupa; eventos especiais como datas comemorativas; e situações de brincadeira, sejam com pessoas ou com objetos). Um ajuste foi feito para levar em conta as diferenças de duração das diversas fitas. Foram calculadas as freqüências de cada comportamento por minuto, sendo posteriormente convertidas em um índice de número de comportamentos por tempo.

Apesar do conjunto de estudos relatados acima trazer contribuições importantes para a compreensão do desenvolvimento de crianças portadoras de autismo, observa-se que a maioria deles tendeu a incluir metodologicamente comportamentos classificados em diferentes categorias, inclusive de atenção conjunta, não sendo relatada em nenhum deles a contextualização da manifestação dos comportamentos observados. O registro de comportamentos em termos de "presença" ou "ausência", se esses comportamentos forem considerados de forma isolada de seu contexto, pode negligenciar algumas interpretações alternativas dos resultados. Por exemplo, pode-se perguntar se um comportamento registrado como estando ausente deve-se ao fato de que a criança não o apresentou por falta de oportunidade explícita para sua ocorrência na cena produzida pela família (e.g. atividade de apontar realizada pela criança x contexto de amamentação ao seio) ou porque de fato existiram oportunidades, mas a criança não foi capaz de realizá-las (e.g., ver um objeto distante e apontar). Neste sentido, parece haver uma lacuna metodológica nestes estudos, a qual indica a necessidade de, além de análises quantitativas, também se realizarem análises qualitativas do material em questão.

Mesmo que seja aperfeiçoado o sistema de codificação, sabe-se que a metodologia de análise de vídeos caseiros envolve algumas limitações. Parte destas refere-se ao fato dos registros em vídeo constituírem uma representação limitada dos comportamentos da criança, ao serem produzidos por familiares em situações específicas e, na maioria das vezes, agradáveis. Com isso, tem-se pouco acesso aos comportamentos da criança em condições adversas, além de uma dificuldade de controle de múltiplas variáveis, como interrupções de filmagens, duração de tempo das imagens, idade da criança em cada cena, número de parceiros, contextos variados, dentre outros. Apesar destes aspectos, este recurso tem sido considerado uma importante ferramenta de observação naturalística, uma vez que provê oportunidade única de acesso ao comportamento infantil em um momento anterior ao da caracterização plena do quadro clínico.

Mesmo com essas limitações e com a necessidade de cuidados em seu emprego, a análise de vídeos caseiros se constitui em uma ferramenta de acesso direto a dados retrospectivos da criança, contribuindo para esclarecer eventuais esquecimentos dos pais sobre alguns sinais comportamentais importantes, durante seus relatos em entrevistas com diferentes profissionais.

Levando-se em conta os aspectos discutidos acima, busca-se neste capítulo oferecer como contribuição a essa linha de investigação um modelo de protocolo para pesquisa empírica a partir da observação

AUTISMO E ENGAJAMENTO ATENCIONAL: PROPOSTA METODOLÓGICA... 271

de vídeos caseiros de crianças posteriormente diagnosticadas com autismo. Tal protocolo foi inicialmente utilizado em estudo desenvolvido por Nogueira (2005), cujo objetivo principal foi o de investigar retrospectivamente o desenvolvimento precoce de comportamentos em uma criança autista através da observação de vídeos caseiros dos seus primeiros sete meses de vida. Os vídeos foram analisados qualitativa e quantitativamente em termos da percentagem de ocorrência de categorias específicas, tais como: instância de intersubjetividade infantil, comportamentos gerais do bebê e de seus parceiros, comportamentos de atenção conjunta infantil, estados de engajamento da atenção, apelos de regulação da atenção infantil realizados pelos parceiros e responsividade infantil a estes apelos. Alguns resultados interessantes foram observados: no primeiro mês de vida, o bebê apresentou instância atencional de intersubjetividade e ocorrências de "olhar passivo". Dos 2 aos 7 meses de idade, observou-se uma instância contemplativa de intersubjetividade e certa dificuldade de manter o foco de atenção sobre estímulos sociais. Em contraste, desde os 3 meses de vida o bebê apresentou capacidade de responder ao nome, além de diferentes comportamentos sociais. Conforme o bebê foi crescendo, observou-se uma maior ocorrência de seu engajamento a pessoas, embora a ocorrência de estado não engajado da atenção tenha sido registrada em todos os meses. Do mesmo modo, ocorrências de apelos convencionais e literais foram observadas e a responsividade infantil aos mesmos foi predominantemente caracterizada por aceitação.

Protocolo para observação a partir de vídeos caseiros

Sobre a realização de coleta de dados – Seguindo a tendência de estudos mencionados anteriormente, sugere-se que o levantamento de materiais como vídeos caseiros possa ser feito a partir de contatos com diferentes profissionais (psicólogos, fonoaudiólogos, pedia-

272 Susana Engelhard Nogueira e Maria Lucia Seidl de Moura

tras, psiquiatras infantis etc.), instituições (escolas, hospitais da rede pública e privada, centros de diagnósticos etc.), ou até mesmo familiares de crianças que foram diagnosticadas como portadoras do quadro clínico de autismo.

Deve-se realizar um primeiro contato com as famílias das crianças que farão parte do estudo. Neste contato inicial, devem ser prestados esclarecimentos sobre os objetivos gerais da pesquisa e formalizado o convite para a participação da mesma. Os responsáveis devem concordar em preencher dois formulários de consentimento: um referente à sua participação e a de sua criança nas diferentes idades cronológicas consideradas no estudo, e outro no qual concederão a permissão para que qualquer dado referente aos vídeos realizados seja posteriormente utilizado com finalidades de pesquisa.

Especificamente, deve ainda ser solicitada à família da criança a autorização para que sejam disponibilizados os registros em vídeo caseiro produzidos durante os seus primeiros meses de idade. Cópias destes vídeos devem ser realizadas pelo pesquisador e o material original deve ser prontamente devolvido à família sem envolver custos ou desconforto.

Categorias de Observação – As categorias de observação utilizadas neste estudo baseiam-se nas utilizadas por Nogueira (2005) e referem-se a manifestações comportamentais de regulação atencional e engajamento, que podem estar relacionadas à atenção conjunta, além dos comportamentos gerais do bebê e de seu parceiro. A definição adotada para atenção conjunta foi a mesma utilizada por Bakeman e Adamson (1984). De acordo com as autoras, compreende-se atenção conjunta como uma coordenação ativa realizada pela criança entre o foco de sua atenção dirigida a uma outra pessoa e a um objeto/evento, caracterizando um contexto triádico. Para tanto, são considerados indícios de atenção conjunta a ocorrência de diversos comportamentos inter-relacionados que aparecem por volta dos 9 meses (Carpenter, Nagell e Tomasello, 1998): seguir o olhar, seguir o apontar, apontar, mostrar objeto, imitar, alternar o olhar entre uma pessoa e um objeto

AUTISMO E ENGAJAMENTO ATENCIONAL: PROPOSTA METODOLÓGICA... 273

dentre outros, para compartilhar interesses e não em contextos de busca de assistência. Como na observação de vídeos caseiros de crianças posteriormente diagnosticadas como autistas, os períodos a que se referem são, em geral, os seus primeiros meses de vida, optou-se por utilizar categorias que avaliam tanto o engajamento quanto a regulação atencional infantil, as quais incluem comportamentos de atenção relacionados ou não a comportamentos de atenção conjunta. O conjunto destas categorias é apresentado no quadro a seguir.

Quadro 1

CATEGORIAS DE OBSERVAÇÃO		
	PARCEIRO	*BEBÊ*
ENGAJAMENTO ATENCIONAL	(não é avaliado)	- Não engajamento (NE) - Estado Observador (EO) - Pessoas (P) - Objetos (O) - Engajamento conjunto passivo (Ecp) -Engajamento conjunto coordenado (Ecc)
REGULAÇÃO ATENCIONAL	Apelos: - Não ocorrência (NO) - Literal (AL) - Convencional (AC) - Ambos (AMB)	Responsividade: - Aceitação (A) - Não-percepção (NP) - Percepção e declínio (D) - Rejeição (R)
COMPORTAMENTOS GERAIS E DE ATENÇÃO CONJUNTA	- Gestos (G) - Vocalizações (V) - Fala (F) - Sorriso (S) - Toque (T) - Olhar bebê (OB) - Mostrar Objeto	- Busca contato (BC) - Sorrir para pessoas (SP) - Sorrir para Objetos (SO) - Vocalizar para Pessoas (VP) - Vocalizar para Objetos (VO) - Olhar Ativo (OAT) - Olhar Passivo (OPAS) - Olhar Parceiro (OP) - Olhar Objeto (OO) - Olhar Ambiente (OA) - Seguir o Olhar (Sol) - Seguir o Apontar (Sap) - Apontar Imperativo (AI) - Apontar Declarativo (AD) - Mostrar Objeto (MO)

Engajamento atencional

São utilizadas as seis categorias de observação de engajamento da atenção infantil relacionada a objetos e/ou pessoas, desenvolvidas por Bakeman e Adamson (1984), as quais podem ser descritas da seguinte maneira:

1. *Estado de não engajamento (NE)* – A criança parece estar alheia a qualquer pessoa, objeto ou atividade específica, embora possa estar examinando o ambiente como se estivesse procurando por algo a fazer.
2. *Estado observador (EO)* – A criança se comporta apenas como espectador. Exemplo: Criança observa a atividade realizada por outro parceiro, mas sem realizar qualquer participação.
3. *Pessoas (P)* – A criança se mostra engajada apenas com uma outra pessoa. A interação é exclusivamente diádica e tal engajamento pode envolver jogos face-a-face. Exemplo: O bebê sorri e vocaliza quando sua mãe posiciona sua face próxima a ele e lhe faz cócegas.
4. *Objetos (O)* – A criança se envolve exclusivamente em brincadeiras com objetos, sem envolver a participação de outros parceiros. Exemplo: Criança focaliza a atenção apenas no brinquedo que está em suas mãos.
5. *Engajamento conjunto passivo (Ecp)* – A criança e o parceiro podem estar ativamente envolvidos com um mesmo objeto, mas a criança mostra pouca ou nenhuma evidência de consciência da presença ou envolvimento do outro. Exemplo: Mãe balança um chocalho, de modo a tentar captar a atenção do bebê para este objeto. Neste contexto, o bebê pode focalizar sua atenção apenas sobre o chocalho, sem mostrar evidências de ter percebido a participação ou o foco comum de atenção da mãe nesta mesma atividade.
6. *Engajamento conjunto coordenado (Ecc)* – A criança é capaz de coordenar ativamente seu foco de atenção a uma outra pessoa e a um objeto ou evento com o qual esta última esteja envolvida. Exemplo: Bebê vê a mãe brincar de empurrar um carrinho, em seguida o empurra também e depois alterna seu olhar entre a face materna e o carrinho.

Cabe ressaltar que estas categorias apresentadas não são mutuamente excludentes, ou seja, podem-se considerar concomitantemente

AUTISMO E ENGAJAMENTO ATENCIONAL: PROPOSTA METODOLÓGICA... **275**

momentos em que a criança não está com a atenção engajada (NE) e em seguida, estar com o foco da mesma dirigido a pessoas (P). A ocorrência do item 6 pode ser identificada como a própria ocorrência de atenção conjunta na medida em que atende à definição operacional adotada.

Regulação atencional

A metodologia de observação de comportamentos de regulação da atenção infantil é a mesma utilizada por Adamson e cols. (2001), a qual se apresenta subdividida nas seguintes áreas:

1. *Apelos de engajamento utilizados pelo parceiro* – São considerados apelos de engajamento os comportamentos realizados pelo parceiro no sentido de tentar regular a atenção da criança em direção a um foco particular. Um apelo de engajamento é considerado como sendo finalizado quando a criança o aceita ou quando o parceiro interrompe as suas tentativas de atrair a atenção infantil em direção ao foco pretendido. São categorias de apelos de engajamento:

· *Apelos literais (AL)* – O parceiro tenta atrair a atenção da criança em direção a um foco particular, tornando-o mais saliente perceptualmente. Exemplo: Mãe mostra um brinquedo à criança, balançando-o diante de seu campo visual ou batendo-o contra uma superfície de modo a emitir ruídos que chamem a atenção.

· *Apelos convencionais (AC)* – O parceiro busca regular a atenção da criança utilizando significados negociados socialmente os quais não modificam qualidades perpetuais do foco de atenção. Exemplo: Mãe aponta para algum objeto ou utiliza apenas palavras para indicar algo interessante.

· *Ambos (AMB)* – O parceiro utiliza tanto apelos literais quanto convencionais como forma de manter a regulação da atenção da criança a um foco específico.

· *Não ocorrência (NO)* – O parceiro não utiliza qualquer apelo para regular a atenção infantil.

276   Susana Engelhard Nogueira e Maria Lucia Seidl de Moura

2. *Nível de responsividade da criança* – A criança pode responder aos apelos de engajamento do parceiro de diferentes maneiras. A seguir, são apresentadas as seguintes categorias:

· *Aceitação (A)* – Ocorre quando a criança dirige sua atenção ao foco indicado pelo parceiro.

· *Não percepção do apelo (NP)* – A criança parece não estar consciente do apelo oferecido pelo parceiro, seja por se mostrar exclusivamente voltada a uma outra atividade ou objeto, seja por parecer alheia à presença do parceiro mesmo quando não engajada com algum estímulo particular.

· *Percepção do apelo e declínio de resposta (D)* – Ocorre quando o parceiro não teve êxito em captar a atenção da criança para compartilhar a atenção sobre um foco específico. Embora a criança possa mostrar indícios de estar consciente do apelo, posteriormente o abandona.

· *Rejeição do apelo (R)* – Ocorre quando a criança recusa ou evita ativamente o apelo para compartilhar atenção realizado pelo parceiro. Exemplo: O parceiro pode oferecer ou mostrar um brinquedo e a criança pode olhá-lo e, em seguida, afastá-lo de si.

Comportamentos gerais de atenção conjunta

1. *Comportamentos do bebê* – Algumas das categorias utilizadas para compor este grupo de observação são as mesmas desenvolvidas por Maestro e cols. (2002) para avaliação da atenção em crianças de 0 a 6 meses de idade. Podem ser descritas da seguinte maneira:

· *Busca por contato (BC)* – A criança realiza movimentos espontâneos para atingir contato com outra pessoa.

· *Sorrir para pessoas (SP)* – A criança sorri para alguém.

· *Sorrir para objetos (SO)* – A criança sorri para objetos.

· *Vocalizar para pessoas (VP)* – A criança produz vocalizações, sons ou balbucios dirigidos a pessoas.

AUTISMO E ENGAJAMENTO ATENCIONAL: PROPOSTA METODOLÓGICA... **277**

· *Vocalizar para objetos (VO)* – A criança produz vocalizações, sons ou balbucios dirigidos a objetos, olhando para eles e interrompendo esta vocalização ao dirigir-se para outro objeto, pessoa ou evento presente no ambiente.

A fim de complementar este conjunto de itens de observação, são ainda incluídos como comportamentos gerais do bebê algumas categorias utilizadas por Osterling e Dawson (1994) e por Nogueira e Seidl de Moura (2000):

· *Olhar ativo (OAT)* – Entende-se que sua característica principal envolve uma focalização visual ativa de estímulos do ambiente.

· *Olhar passivo (OPAS)* – Caracterizado por uma dispersão visual evidente.

· *Olhar o parceiro (OP)* – A criança olha para o parceiro, podendo ser diretamente para a sua face ou para alguma parte de seu corpo.

· *Olhar objeto (OO)* – A criança olha exclusivamente para algum objeto específico.

· *Olhar ambiente (OA)* – A criança dirige o olhar para o ambiente à sua volta, não olhando especificamente nem para um objeto e nem para uma pessoa.

· *Seguir o olhar (Sol)* – A criança segue visualmente ou vira sua cabeça na mesma direção indicada pela linha visual de seu parceiro.

· *Seguir o apontar (Sap)* – A criança segue visualmente ou vira sua cabeça na mesma direção indicada por algum gesto manual de seu parceiro.

· *Apontar imperativo (AI)* – A criança aponta para algum objeto ou pessoa, no sentido de requerer ajuda do parceiro para alcançar aquilo que lhe despertou interesse.

· *Apontar declarativo (AD)* – A criança aponta para algum objeto ou pessoa, no sentido de compartilhar com o parceiro algo que lhe despertou interesse.

· *Mostrar objeto (MO)* – Atividade evidente de se dirigir a um terceiro com o intuito de mostrar algum objeto ou evento interessante do ambiente, trazendo o objeto para o campo visual do parceiro ou colocando-o em seu colo ou mãos.

Cabe ressaltar que as categorias Sol, Sap, AI, AD e MO configuram as instâncias comportamentais que caracterizam especificamente atenção conjunta, segundo a definição operacional adotada.

2. *Comportamentos do parceiro* – As categorias que compõem este grupo de observação são as mesmas utilizadas em estudo anterior (Nogueira e Seidl de Moura, 2000), as quais foram desenvolvidas inicialmente por Seidl de Moura e Ribas (1996). São elas:

* *Gestos dirigidos ao bebê (incluindo expressões faciais) (G)* – Fazer gestos com as mãos, movimentos com partes do corpo (como o apontar), movimentos com a cabeça ou expressões faciais dirigidos ao bebê.

* *Vocalizações dirigidas ao bebê (V)* – Vocalizar, ou seja, emitir sons que não sejam classificados como fala, como sílabas soltas, repetições de vogais (Exemplos: *Ba, Didi, Ti-co, Agú, An-gu* etc.). Sendo estas vocalizações dirigidas ao bebê.

* *Fala dirigida ao bebê (F)* – Falar, sendo esta fala dirigida ao bebê. As interjeições, como: *hein, psiu, upa, epa, hum, oh, ui, ai, oh, ah, ei, ih, uai, ô*, entre outras, são consideradas como fala. A caracterização do que vem a ser interjeição seguiu as definições do dicionário Buarque de Holanda (1994).

* *Sorriso dirigido ao bebê (S)* – Sorrir, sendo este sorriso dirigido ao bebê.

* *Toque (T)* – Tocar propositadamente com alguma parte do corpo em alguma parte do corpo do bebê. O toque pode estar ligado a atividades de acariciar, brincar, cuidar fisicamente do bebê etc. Exemplos: toque com as pontas do dedo no corpo do bebê, com se estivesse chamando por ele, acariciar o corpo ou rosto do

AUTISMO E ENGAJAMENTO ATENCIONAL: PROPOSTA METODOLÓGICA... 279

bebê, fazer cócegas, usar o toque para fazer brincadeiras com o bebê, cuidado com a higiene, limpeza, arrumação da roupa do bebê e troca de fralda. A ocorrência desta categoria independe do bebê estar ou não no colo da mãe.

* *Olhar para o bebê (OB)* – Voltar o olhar ou o rosto na direção do bebê. Dependendo do ângulo da câmara é possível observar a direção do olhar da mãe ou apenas a direção do rosto dela.

* *Mostrar objeto (MO)* – Mostrar propositadamente um objeto para o bebê, podendo estar este objeto com a mãe, perto ou longe dela. Ou seja, quando a mãe destacar determinado objeto no ambiente e mostrá-lo ao bebê.

Codificação dos Dados – Sugere-se que o material obtido a partir das cópias realizadas dos vídeos caseiros seja identificado com códigos numéricos a fim de garantir o caráter confidencial da identidade de seus participantes. Deve ainda ser registrada a idade cronológica da criança para cada filmagem obtida, além da codificação dos diferentes contextos nela apresentados (e.g. alimentação, cuidados/higiene, brincadeira, datas comemorativas, dentre outros).

Os procedimentos gerais para codificação deste material envolvem os seguintes passos:

· Por se tratar de filmagens caseiras, o tempo de duração dos registros levantados para cada idade cronológica (e.g., 0 a 7 meses) pode ser variável. Devem ser selecionadas apenas as imagens sem interrupções nas quais a criança aparece visivelmente, e cuja duração tenha sido igual ou superior a 40 segundos. Opta-se por utilizar este período com base nos estudos realizados por Maestro e cols. (2002) sobre análises de vídeos caseiros, já que até o presente momento não há na literatura da área muita concordância sobre os critérios utilizados.

· Para cada cena selecionada, deve ser realizada uma análise qualitativa e quantitativa. A análise qualitativa envolve o preenchimento do Formulário Descritivo de Cenas (FDC; vide Anexo),

280 Susana Engelhard Nogueira e Maria Lucia Seidl de Moura

no qual diferentes aspectos devem ser registrados, tais como: idade do bebê, duração do intervalo, contexto, número de parceiros e indicação dos mesmos, descrição da cena e nível de intersubjetividade observado.

· Já a análise quantitativa deve ser realizada a partir do preenchimento do Protocolo de Registro de Comportamentos Gerais e de Atenção Conjunta (PRCAC; vide Anexo), tanto do bebê, quanto de seu parceiro, caso este tenha estado presente ou não na imagem.

· A análise de cada cena deve ser realizada seqüencialmente a partir de intervalos de duração sempre igual a 8 segundos[21]. Para cada um destes intervalos, deve-se registrar a ocorrência ou não das categorias de observação propostas. Para cada uma das cenas devem ser levantadas as ocorrências ou não das diferentes categorias de observação descritas no protocolo. Inicialmente estes dados podem ser analisados em termos de percentagem de ocorrência dos diferentes comportamentos do bebê, em relação ao número total de intervalos da cada observação. Em seguida, podem ainda ser realizadas comparações das percentagens de ocorrência dos comportamentos gerais (e específicos para atenção conjunta) realizados pelo bebê durante as suas diferentes idades, seguidas de uma análise qualitativa das mesmas, e dos níveis de intersubjetividade apresentados.

· Deve-se ainda levantar e selecionar um total de cenas que atendam aos critérios acima mencionados, subdivididos de acordo com as diferentes idades do bebê: 1 mês, 2 meses, 3 meses, 4 meses, e assim sucessivamente. Cada cena selecionada, apesar de obedecer aos critérios considerados, poderá apresentar duração variável e características distintas, por isso deve-se agrupá-las da seguinte maneira: cenas em que somente o bebê aparece sozinho na imagem, sem qualquer participação de um ou mais parceiros; cenas em que o bebê e um ou mais parceiros estejam

---

21. Como o tempo mínimo de duração da cena é de 40 segundos, optou-se por dividir intervalos em 8 segundos.

AUTISMO E ENGAJAMENTO ATENCIONAL: PROPOSTA METODOLÓGICA... *281*

visíveis na imagem, e cenas em que o bebê aparece sozinho na imagem, mas há a presença e participação de parceiros que, apesar de não estarem visíveis, falam ou vocalizam para o bebê.

Avaliação de Fidedignidade – Após o levantamento dos dados provenientes das diferentes observações de cada bebê, deve ser calculado o índice de fidedignidade interavaliadores. Há várias opções para esse cálculo, como discutido em outros capítulos desse livro. Para atender a este objetivo, no estudo de Nogueira (2005) foi utilizado o índice de concordância entre avaliadores. Foi selecionado aleatoriamente um intervalo de 8 segundos de cada uma das cenas, de um conjunto total de 40 cenas codificadas, no período de 0 a 7 meses de idade do bebê. Todos estes intervalos foram submetidos à avaliação de dois juízes previamente treinados na metodologia de observação utilizada. A fórmula utilizada para este cálculo foi a mesma proposta por Kazdin (1982) : IF = SAcordos / S (Acordos+Desacordos) x 100 – considerando a ocorrência de cada categoria observada nos intervalos analisados por juízes e observador, separadamente.

No estudo citado, os índices de fidedignidade foram calculados para cada uma das categorias de observação. Foram ainda calculadas as médias dos índices de fidedignidade por grupos de categorias: comportamentos de engajamento da atenção infantil; comportamentos de regulação da atenção infantil e comportamentos gerais (do bebê e dos parceiros com ele envolvidos). Os resultados encontrados variaram entre 80% e 86%, com uma média geral de 83%.

Considerações Finais

Entende-se que a metodologia de observação de vídeos caseiros constitui atualmente uma ferramenta importante de acesso retrospectivo a dados comportamentais exibidos no decorrer do desenvolvimento infantil. Contudo, em função de inúmeras limitações descritas ao longo deste capítulo, esta ferramenta necessita ser ainda aper-

282 Susana Engelhard Nogueira e Maria Lucia Seidl de Moura

feiçoada. Para tal, estudos devem ser desenvolvidos com diferentes populações.

O protocolo apresentado neste capítulo foi originalmente desenvolvido para estudos com bebês sem comprometimentos de desenvolvimento sendo posteriormente expandido e adaptado, visando uma aplicação em estudos sobre o diagnóstico precoce de autismo. Desta forma, uma possível limitação do protocolo, quando aplicado em casos de identificação precoce de autismo, é a necessidade de contemplar os desvios qualitativos (bizarros) dos comportamentos sociais que distinguem o autismo de outras síndromes (ex.: formas peculiares do gesto de apontar – com a palma da mão; olhar periférico em episódios de atenção compartilhada, estereotipias – que diferem de comportamentos repetitivos –, ecolalias – que podem ser confundidas com imitação etc.) Considera-se, no entanto, que ele pode ser utilizado em investigações sobre o desenvolvimento inicial em geral. Ter acesso a este material e a esta opção metodológica permitirá ao pesquisador a realização de um cotejamento de dados sobre alterações precoces do desenvolvimento e desenvolvimento típico. Por outro lado, pode-se também utilizar esta metodologia em estudos sobre interações iniciais, comparando-se as filmagens realizadas pelos experimentadores (onde algumas variáveis podem ter sido controladas, mas há o efeito do observador) e as filmagens caseiras realizadas pelas próprias famílias (observação naturalística).

REFERÊNCIAS BIBLIOGRÁFICAS

ADAMSON, L. B.; McARTHUR, D.; MARKOV, Y.; DUNBAR, B. & BAKEMAN, R. (2001). Autism and joint attention: young children's responses to maternal bids. *Applied Developmental Psychology, 22,* 439-453.

American Psychiatric Association (2002). *Manual Diagnóstico e Estatístico de Transtornos Mentais – DSM- IV-TR,* 4ª ed. Porto Alegre, Artes Médicas.

AUTISMO E ENGAJAMENTO ATENCIONAL: PROPOSTA METODOLÓGICA... **283**

BAKEMAN, R. & ADAMSON, L. B. (1984). Coordinating attention to people and objects in mother-infant and peer-infant interaction. *Child Development*, *55*, 1278-1289.

BARANEK, G. T. (1996). *Early predictors of autism using retrospective video analysis*. Doctoral dissertation, University of Illinois at Chicago. (UMI Microform n. 9713247).

_____. (1999). Autism during infancy: a retrospective video analysis of sensory-motor and social behaviors at 9-12 months of age. *Journal of Autism and Developmental Disorders*, *29* (3), 213-224.

BARON-COHEN, S. (1989). Perceptual role-taking and protodelarative pointing in autism. *British Journal of Development Psychology*, 7, 113-127.

_____. (1995). *Mindblindness: an essay on theory of mind.* Cambridge, Massachusetts Institute of Technology.

BARON-COHEN, S.; COX, A.; BAIRD, G.; SWETTENHAM, J.; NIGHTINGALE, N.; MORGAN, K.; DREW, A. & CHARMAN, T. (1996). Psychological markers of autism at 18 months of age in a large population. *British Journal of Psychiatry, 168*, 158-163.

BERNABEI, P.; CAMAIONI, L. & LEVI, G. (1998). An evaluation of early development in children with autism and pervasive developmental disorders from home movies: preliminary findings. *Autism*, 2 (3), 243-258.

CARPENTER, M.; NAGELL, K. & TOMASELLO, M. (1998). Social cognition, joint attention and communicative competence from 9 to 15 months of age. *Monographs of the Society for Research in Child Development*, 255, v. 63, n. 04.

CHARMAN, T.; BARON-COHEN, S.; SWETTENHAM, J.; BAIRD, G.; COX, A. & DREW, A. (2000). Testing joint attention, imitation and play as infancy precursors to language and theory of mind. *Cognitive Development*, 15, 481-498.

KLAUS, M. & KLAUS, P. (1989). *O surpreendente recém-nascido*. Porto Alegre, Artes Médicas.

MAESTRO, S.; MURATORI, F.; BARBIERI, F.; CASELLA, C.; CATTANEO, V.; CAVALLARO, M. C.; CESARI, A.; MILONE, A.; RIZZO, L.; VIGLIONE, V.; STERN, D. & PALACIO-ESPASA, F. (2001). Early behavioral development in autistic children: the first 2 years of life through home movies. *Psychopathology*, 34, 147-152.

MAESTRO, S.; MURATORI, F.; CAVALLARO, M. C.; PEI, F.; STERN, D.; GOLSE, B. & PALACIO-ESPASA, F. (2002). Attentional skills during the first 6 months of age in autism spectrum disorder. *Journal of the American Academy of Child & Adolescent Psychiatry*, 41 (10), 1.239-1.245.

NOGUEIRA, S. E. & SEIDL DE MOURA, M. L. (2000). Diagnóstico precoce de autismo e desenvolvimento infantil: Um estudo comparativo de dois bebês com um mês de vida. *Temas sobre Desenvolvimento*, 9 (53), 17-24.

NOGUEIRA, S. E. (2005). Atenção conjunta e intersubjetividade em crianças autistas e com desenvolvimento típico: Um estudo longitudinal e um estudo comparativo. *Dissertação de Mestrado*. Programa de Pós-Graduação em Psicologia Social da UERJ, Rio de Janeiro, janeiro de 2005.

OSTERLING, J. & DAWSON, G. (1994). Early recognition of children with autism: a study of first birthday home videotapes. *Journal of Autism and Developmental Disorders*, 24, 247-257.

ROCHAT, P. & STRIANO, T. (1999). Social-cognitive development in the first year. In: ROCHAT, P. (org.). *Early social cognition: understanding others in the first months of life*. Mahwah, New Jersey & London, Lawrence Erlbaum.

SEIDL DE MOURA, M. L. (1996). *Interação social e desenvolvimento: Natureza da interação precoce mãe-bebê e a relação com fatores cognitivos da mãe*. Projeto de pesquisa. Mestrado em Psicologia, Universidade do Estado do Rio de Janeiro.

SEIDL DE MOURA, M. L & RIBAS, A. F. P (1996). Mother and infant interaction: The genesis of zones of proximal development. *Abstracts, IInd Conference for Sociocultural Research*, Geneva, p. 45.

_____. (2004). Evidências sobre características de bebês recém-nascidos: um convite a reflexões teóricas. In: SEIDL DE MOURA, M. L. (org.). *O bebê do século XXI e a psicologia em desenvolvimento*. São Paulo, Casa do Psicólogo.

SMITH, I. M. & BRYSON, S. E. (1994). Imitation and praxis in autism: a critical review. *Psychological Bulletin*, 116, 259-273.

TOMASELLO, M. (1995). Joint attention as social cognition. In: MOORE, C. & DUNHAM, P. (orgs.). *Joint attention: it´s origins and role in development*. New Jersey, Lawrence Erlbaum.

TREVARTHEN, C. (1974). Conversations with a two-month-old. *New Scientist*, 2, 230-235.

TREVARTHEN, C. & HUBLEY, P. (1978). Secondary intersubjectivity: confidence, confiding and acts of meaning in the first year. In: LOCK, A. (org.). *Action, gesture and symbol: the emergence of language* (pp.183-229). London, Academic Press.

WERNER, E.; DAWSON, G.; OSTERLING, J. & DINNO, N. (2000). Brief report – Recognition of autism spectrum disorder before one year of age: a restrospective study based on home videotapes. *Journal of Autism and Developmental Disorders*, 30 (2), 157-162.

WETHERBY, A. & PRUTTING, C. (1984). Profiles of communicative and cognitive-social abilities in autistic children. *Journal of Speech and Hearing Research*, 27, 364-377.

Anexo 1

FORMULÁRIO DESCRITIVO DE CENAS
(FDC)

CR: ID/CR:

Cena No.:   Intervalo: Duração:

Contexto: No. Parceiros:

Descrição:

ATIVIDADES/CR:
ATIVIDADES/PARCEIRO:
NÍVEL DE INTERSUBJETIVIDADE: ( ) PA   ( ) PC   ( ) PI

Anexo 2

FOLHA I DE REGISTRO DE COMPORTAMENTOS GERAIS E DE AC
(FRCAC I)

CR:

Cena No.:   ID/CR: No. Parceiros: Intervalo: Duração:

Int	Tempo	ENGAJ. DA ATENÇÃO						COMPS. GERAIS CRIANÇA												COMPS. GERAIS PARCEIRO							APELOS DO PARCEIRO				RESPONSIV. CR			
		ÑE	EO	P	O	Ecp	Ecc	BC	SP	SO	VP	VO	OAT	OPAS	AI	AD	MO	Sap	Sol	G	V	F	S	T	OB	MO	ÑO	AL	AC	AMB	R	ÑP	D	A
1	0:00 - 0:08																																	
2	0:09 - 0:17																																	
3	0:18 - 0:26																																	
4	0:27 - 0:35																																	
5	0:36 - 0:44																																	
6	0:45 - 0:53																																	
7	0:54 - 1:02																																	
8	1:03 - 1:11																																	
9	1:12 - 1:20																																	
10	1:21 - 1:29																																	
11	1:30 - 1:38																																	
12	1:39 - 1:47																																	
13	1:48 - 1:56																																	
14	1:57 - 2:05																																	
15	2:06 - 2:14